西北政法大学陕西省理论经济学优势学科建设经费资助出版

基于国际视角的反洗钱政策研究

孙陵霞 / 著

JIYU GUOJI SHIJIAO DE FANXIQIAN ZHENGCE YANJIU

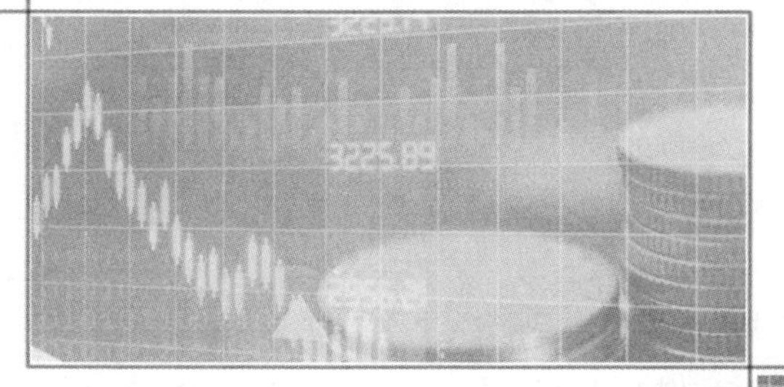

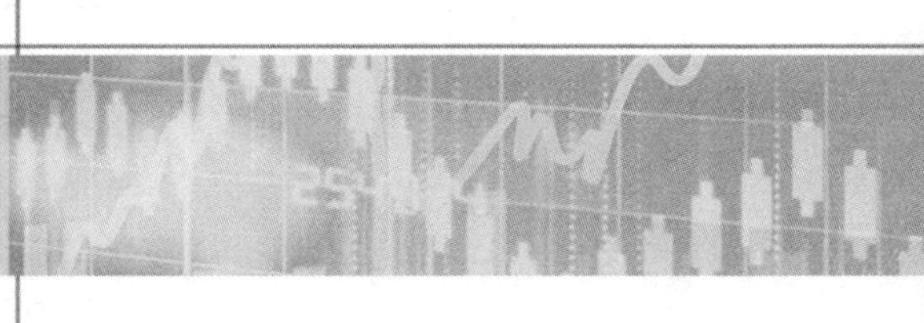

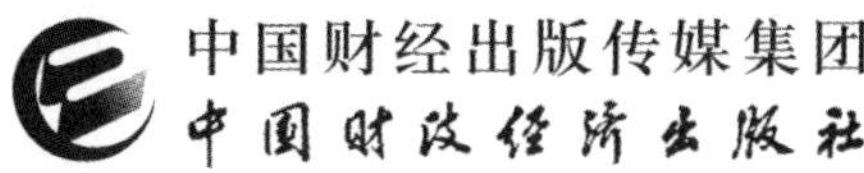

中国财经出版传媒集团
中国财政经济出版社

图书在版编目（CIP）数据

基于国际视角的反洗钱政策研究／孙陵霞著. --北京：中国财政经济出版社，2019.11
ISBN 978-7-5095-9411-7

Ⅰ. ①基… Ⅱ. ①孙… Ⅲ. ①洗钱罪－研究－中国
Ⅳ. ①D924.334

中国版本图书馆 CIP 数据核字（2019）第 246345 号

责任编辑：彭　波　　　　责任印制：党　辉
封面设计：王　颖　　　　责任校对：张　凡

中国财政经济出版社 出版
URL：http：//www.cfeph.cn
E-mail：cfeph@cfemg.cn

社址：北京市海淀区阜成路甲 28 号　邮政编码：100142
营销中心电话：010-88191537
北京财经印刷厂印装　各地新华书店经销
710×1000 毫米　16 开　13.75 印张　230 000 字
2019 年 11 月第 1 版　2019 年 11 月北京第 1 次印刷
定价：68.00 元
ISBN 978-7-5095-9411-7
（图书出现印装问题，本社负责调换）
本社质量投诉电话：010-88190744
打击盗版举报热线：010-88191661　QQ：2242791300

前　言

国际反洗钱政策采取的是“双轨制”：一是包含“了解你的客户”和可疑交易报告等制度的预防性政策；二是包含洗钱定罪化和严厉处罚的压制性政策。美国20世纪末颁布的反洗钱法令开始强调“两大合作”：国际合作和公私合作，其主要目的是防止洗钱行为通过私人银行和国际银行系统发生，这里的“两大合作”就是反洗钱的预防性政策①。随着国内外洗钱犯罪的日益猖獗和复杂化，反洗钱政策涉及的利益主体也越来越多，包括国际组织、各国反洗钱监管部门、私人中介部门和社会协同组织等，这些利益主体通力合作，付出大量人力和财力，但是，反洗钱政策的有效性却不断受到质疑。究其根源，一方面是由于反洗钱存在先天困境；另一方面是由于缺乏对国际反洗钱政策实施机制及政策总体效果的有效性分析。因此，将国际反洗钱政策作为一个完整的体系，分析其实施机制乃至整个政策的实施效果，对国际反洗钱政策的调整和更有效地实施具有深远的理论意义和实践价值。

本书在文献综述和反洗钱经济学分析的基础上，首先分析了包括政策工具、中介指标、政策目标等内容及其内在关系的国际反洗钱政策实施机制，并用双层委托-代理模型、局部均衡模型等经济学方法，从理论角度，论证了激励机制、形式合作、内在合作等对国际反洗钱政策有效性的影响。其次从实证角度分析了反洗钱国际合作最重要的激励机制——不合作国家或地区(NCCTs)黑名单制度的有效性。再次从实证角度对国际反洗钱政策的总体有效性进行了分析和评价。最后对国际反洗钱政策实施有效性不足的原因进行了剖析，并提出了相关对策建议和对我国反洗钱政策实施的启示。

本书的主要研究工作如下：

(1) 构建了国际反洗钱政策的双层委托-代理模型。既有文献并未提出

---

① 如不做特别说明，书中的反洗钱特指“反洗钱/反恐融资”，反洗钱政策特指“反洗钱预防性政策”。

国际反洗钱政策的实施过程及其内在关系。本书根据政策实施的一般原理，在系统梳理文献和国内外反洗钱实践探索的基础上，分析了国际反洗钱政策的实施过程，描述了从政策工具到中介指标，最后实现政策目标的过程。在此基础上，将“两大合作”涉及的各个利益主体集合在一条委托－代理链中，构建了国际组织、各国反洗钱监管部门、中介部门的双层委托－代理模型，对反洗钱政策实施机制的问题进行了理论剖析。通过理论推导，从国际层面和国内层面论证了“两大合作”遵守程度和激励机制的重要性。该研究弥补了现有文献对国际反洗钱政策传导过程缺乏理论分析的不足。

（2）综合分析了“形式合作”和“内在合作”对反洗钱政策有效性的影响。既有文献主要分析了“形式合作”，即反洗钱制度的遵守程度对反洗钱政策有效性的影响，而忽视了“内在合作”的影响。本书综合考虑了这两个因素，用国家容忍洗钱数量表示国家的反洗钱意愿，即“内在合作”程度，通过构建非法产品供需的局部均衡模型，从理论角度论证了国家规模等对国际反洗钱“内在合作”的影响，并在反洗钱政策有效性的实证分析中，加入了该因素的影响。研究结果表明，“形式合作”和“内在合作”对反洗钱政策有效性都具有极大的影响作用。该研究为制定有效的全球反洗钱政策提供了理论依据。

（3）论证了反洗钱 NCCTs 黑名单制度的有效性。既有文献对反洗钱激励制度的论述大多从理论角度展开，缺乏对 NCCTs 黑名单制度这一最重要的反洗钱国际合作激励机制有效性的系统研究。本书首先对黑名单制度进行了系统梳理和 NCCTs 在列国家或地区基本特征的定性描述。其次假设一国或地区的反洗钱努力程度可以表现为该国或地区的金融监管宽松程度，NCCTs 名单中的国家或地区代表了较宽松的金融监管，并从经济学理论角度得出一国或地区自然禀赋、经济金融禀赋、国内犯罪数量等对该国或地区金融监管宽松程度的影响。最后选取 156 个国家或地区作为样本国，构建关于这些影响因素的实证模型。实证结果表明，2008 年之前的黑名单制度存在任意性，2008 年之后的黑名单制度大致是有效的，但是一国或地区成为 NCCTs 在列国或地区的可能性与该国或地区犯罪活动和恐怖活动程度呈正向变动关系，这与理论分析相违背，说明当前的黑名单制度仍有缺陷。该研究为国际反洗钱激励制度的评价、修订与完善提供了理论依据。

（4）评价了国际反洗钱政策的实施效果。既有文献缺乏对国际反洗钱政策总体实施效果具有说服力的评价结果，1989 年伊始的国际反洗钱政策，急需一套规范的研究体系来分析其政策有效性。本书通过计量经济学的实证方法，对国际反洗钱政策的实施效果进行了初次评价。首先利用微观经济学、博弈论等方法，分析了非法资金在不同国家或地区之间的流转行为和特征，并据此建立实证模型。其次构建了基于45个国家或地区的异质面板数据模型，论证人口规模、金融行动特别工作组（FATF）的成立对非法资金流转的影响。最后通过国家或地区之间的横向对比和跨年度的纵向对比，得出人口规模较大的国家、FATF成员的反洗钱已经取得了一定的效果，FATF的地位和作用不容忽视等结论。该研究为反洗钱政策实施效果的评价提出了一套研究模式。

本书是由西北政法大学经济学院孙陵霞老师对近年来国际反洗钱政策及其实施相关问题研究的部分成果的系统总结，得到了西北政法大学经济学院项目“基于‘三反’金融监管的洗钱风险评估机制研究”（19XYKY11）的资助。西安交通大学经济与金融学院张成虎教授，在本书的撰写过程中给予了大量帮助和支持，在此表示衷心的感谢。

本书在撰写过程中，参考了大量国内外的相关研究成果，在此，对涉及的所有专家和学者表示衷心感谢。

本书的出版得到了中国财政经济出版社段钢老师、经济科学出版社程晓云老师的鼓励和支持，没有他们多次给予的鼓励和催促，本书不可能按时出版。对此，也向段钢老师、程晓云老师表示深深的感谢。

由于时间仓促，书中难免有谬误之处，敬请读者指正，出现的错误由作者负责。

作 者

2019年9月于西安

目　　录

第1章 绪　　论

反洗钱制度实施多年，涉及的利益主体日益增多，反洗钱成本不断增加，因此，关于国际反洗钱政策是如何实施的、是否已经取得预期的效果等问题的研究也就显得更加重要。然而，金融行动特别工作组（Financial Action Task Force，FATF）等反洗钱国际组织一直以来更注重反洗钱国际标准的执行，反洗钱政策及其实施效果的研究曾是一个禁忌的话题（Pieth M.，Aiolfi G.，2004）。20 世纪末，学者们开始对实施多年的反洗钱政策的成果回顾和总结，政府当局的相关政策也多次更新。2007 年，FATF 首次把反洗钱政策实施的考核列入其评估手册中，并明确提出将深入开展反洗钱政策实施效果的研究（Tang X.，Shi Y. Y.，Cao Z. Y.，2010）。总之，基于国际视角的反洗钱政策的实施及其实施效果的研究对于国际（国内）反洗钱政策的有效实施、制度修订和政策工具调整意义重大，已经成为反洗钱国际组织和发达国家日益关注的重点问题之一。

1.1　研究背景

1.1.1　洗钱带来的危害是层层递进的

联合国、FATF 等国际组织及其统计部门对近年来的洗钱规模进行了测度。从洗钱规模的数量来看，洗钱规模已经发展成国民经济的重要组成部分，洗钱甚至已经是一种产业。联合国的数据显示，洗钱数量已经达到贸易总额的 8%（Reuter P. and Truman E. M.，2005）；FATF 的估计数据是，全球洗钱规模已经达到世界 GDP 的 2% ~5%（Unger B.，Hertog J. D.，2012）。这些数据表明，洗钱规模已经发展到对世界经济、金融、贸易具有极大影响的程度。反恐融资也是反洗钱斗争的主要内容之一。这与近年来伊拉克和黎凡特伊斯兰国（Islamic State of Iraq and the Levant，ISIL）、基地组织等发起的恐怖主义活动日益猖獗息息相关。根据全球恐怖主义数据库（Global Terrorism Database）的统计，1970～2017年，全球发生的恐怖主义事件超过18万起。

从整体来看，洗钱不仅会纵容上游犯罪的发生，还会污染经济环境，给社会带来不安定因素，也就是说，洗钱的危害是层层递进的。第一，洗钱的上游犯罪给社会带来危害。洗钱是二级犯罪，据其定义，凡是隐匿不法收入来源的行为，都可以被称作洗钱。因此，洗钱犯罪常常与毒品交易、恐怖活动、组织犯罪等上游犯罪有着紧密的关联。反洗钱的失效，使得这些犯罪行为更加猖獗，严重威胁一国乃至一经济体的经济安全和政治稳定。第二，洗钱是其上游犯罪迅猛发展的助推引擎。洗钱是贪污、贿赂和恐怖活动等犯罪的乘数器。洗钱行为的存在，使得非法收入可以通过清洗再次投资，产生巨大的派生效应，进一步加剧犯罪活动的增长。加上经济金融的全球化发展，使得洗钱行为向国际化、专业化和集团化发展，带来难以估量的社会成本。第三，清洗过的非法资金会污染合法经济环境。由于洗钱行为的存在，非法资金被清洗后，再次流入合法经济领域，这类资金的大量流动，对原有经济资源的分配方式产生影响，对资产价格、利率和汇率等经济变量产生扭曲作用。此外，洗钱行为本身还会产生寻租行为，给国际金融体系乃至一些国家或地区带来一系列不稳定影响。因此，清洗过的非法资金会给合法的经济、社会、政治环境等带来深远的影响。第四，洗钱行为具有“破窗效应”①，危害社会公平正义。对洗钱犯罪不进行打击，在增强一部分人群经济福利的同时，也损害了公众的社会福利和国家的法律效力。同时会削弱宏观经济调控效果，阻碍国民经济健康发展，助长贪污腐败行为，从而腐蚀国家机体，危害社会公平正义，损害政府声誉。

总之，为了避免洗钱带来更大的危害，如何更有效地控制和打击洗钱犯罪已经成为国际组织乃至各国政府亟待解决的主要问题之一（张成虎、孙陵霞，2015）。恐怖主义活动的高发率和灾难性，也使得打击恐怖主义已经成为国际组织和各国政府必须要积极应对的重要问题之一。“9·11事件”以

---

① 破窗效应（Broken Window Theory）是犯罪学的一个理论，该理论由詹姆士·威尔逊及乔治·凯林提出，并刊于《The Atlantic Monthly》1982年3月版的一篇题为“Broken Windows”的文章。该理论认为环境的不良现象如果被放任存在，会诱使人们仿效，甚至变本加厉。

来，国际社会从军事、执法、情报、金融和外交等五个方面实施了全球反恐战争。其中，金融方面的反恐战争，即反恐融资，由国际间的反洗钱组织FATF承担。

1.1.2　反洗钱政策的实施效果备受质疑

近年来，相对于国际组织和各国政府付出的努力，反洗钱政策的效果并不显著，反洗钱的有效性不断受到质疑。究其原因，主要有两点。

一是"两大合作悖论"所带来的先天不足。在反洗钱公私合作和国际合作过程中，往往存在利益主体权衡收益成本后的逆向选择行为，这里称之为"合作悖论"。公私合作中，公共部门和私人部门之间存在"两大合作悖论"（Masciandaro D.，Filotto U.，2001）。一方面是委托－代理合作悖论。与一般的委托－代理关系类似，反洗钱监管部门（委托人）希望反洗钱中介部门（代理人）自觉地尽职工作，然而中介部门常常会权衡利弊和得失，当成本较高，就会选择不尽职抑或形式上的尽职；另一方面是有选择性合作悖论。反洗钱义务在私人部门之间的分配往往有不均衡的现象，反洗钱制度主要是在银行部门实施，银行为主的中介部门承担绝大多数的反洗钱义务，这必然使证券、保险、基金、房地产、会计等其他中介部门[①]出现"搭便车"行为，甚至成为反洗钱"洼地"，而吸引洗钱者，大大影响了反洗钱的有效性（张成虎、孙陵霞，2013）。国际合作中，国际组织和各国政府之间也存在这样的"合作悖论"。反洗钱国际组织（委托人），希望各国政府当局（代理人）能够积极努力的反洗钱，但是各国政府在综合考虑收益和成本后，可能会选择对洗钱行为视而不见，甚至竞相吸引非法资金等消极反洗钱态度。FATF对其成员的反洗钱管制相对严格，这也出现了选择性合作的问题，非成员可能成为"洗钱天堂"，从而大大削弱各国或地区的反洗钱积极性[②]。

二是反洗钱有效性的衡量方法难以统一。衡量反洗钱政策有效性的指标主要有三个：洗钱规模、合规程度或者遵守度、可疑和大额交易报告数量。但是，在实际运用过程中，这三个指标都或多或少地存在弊端（张成虎、孙

---

① 反洗钱制度的实施已经涉及其他部门，但是难以囊括所有部门，因此，这样的合作悖论依然存在。

② FATF已经促使绝大多数国家或地区承诺实施反洗钱制度，但是各国或地区所受到的监管难免不同，反洗钱的积极性就会有所差异。

陵霞，2013）。首先，洗钱规模的衡量不精确，难以统一。如前所述，FATF、联合国等国际组织给出了洗钱规模的大概数据，但是这些数据如何获知却鲜少提及，这样的估计结果误差较大。20世纪以来，一些学者，如犯罪学家和经济学等开始从经济学、统计学角度测度洗钱规模，却仍然无法通过具有共识的方法来计算洗钱规模。其次，根据FATF的“40条建议”可以对各国或地区反洗钱遵守程度进行评估，但是这本质上仍是“形式上的遵守”，有些国家或地区会迫于国际压力而遵守反洗钱国际标准，并建立相关的反洗钱制度，但是本质上仍然无视、甚至纵容洗钱。最后，大疑交易（大额、可疑交易）报告数量作为反洗钱有效性的评估指标也往往有失准确，报告中常常掺杂虚假信息。这种情况下，报告数量成为洗钱者和纵容洗钱人员掩盖自己非法行为的屏障。因此，大疑（大额、可疑）报告数量仍然无法说明反洗钱政策的有效性。

总之，虽然反洗钱“两大合作悖论”所带来的先天不足会影响反洗钱的有效性，但是基于此就说反洗钱是失效的、不必要的，难免有失偏颇。反洗钱仍然势在必行，而反洗钱政策实施的有效性评估是反洗钱政策继续实施的重要保障。

1.1.3 “风险为本”反洗钱监管方法的提出

犯罪行为的制止是通过增加从事这种非法活动的成本进行的，这就需要加大管理和执行力度。但是，强化管理执行会增加成本，降低隐私。这些弊端激发了国际组织对反洗钱监管方式从“规则为本”到“风险为本”的转变。

反洗钱需要各国政府之间（国际合作），监管当局和私人部门之间（公私合作）的通力合作。各国政府和国际组织，私人部门和监管当局，洗钱者和私人部门之间存在信息不对称，这就需要信息披露手段。在公私合作中，金融部门与客户联系密切，有着对客户交易信息掌握的先天信息优势，同时也最容易成为洗钱者的合作者①，因此银行率先成为反洗钱监管机构的主要规制对象，银行业最早采取了反洗钱的相关制度②。随着反洗钱的逐步深入，

① 第3章的理论分析部分，把这种洗钱者称为“专业”洗钱者，是一种第三方的洗钱行为。

② 如客户身份识别制度、交易报告制度、资料保存制度等。

洗钱行为向其他部门转移，反洗钱的规制也逐渐扩展到保险公司、证券公司等更多的部门。国际合作中也有类似的情况发生，成员的自评报告、FATF 对非成员的考察报告，是主要的信息披露手段。最初 FATF 成员只有少数几个发达国家，FATF 对非成员的考察也仅涉及离岸金融中心等典型国家或地区，现在逐渐扩展，涉及越来越多的区域。因此，现实情况下，对全部国家及其私人部门进行监管，是一个巨大的任务，几乎难以成功，资源消耗也难以估量[①]。也就是说，反洗钱面临成本困境，而“风险为本”反洗钱监管方式可以在一定程度上解决这个困境。

2007 年，FATF 开始倡导“风险为本”的反洗钱监管。欧盟第三号洗钱指令（2007）也提到应尽快实行“风险为本”的反洗钱监管方法。2012 年 2 月，FATF 对原有的“40 +9 条建议”进行合并和整理，推出了新的“40 条建议”。在该建议中，提出了一条核心原则，即要在反洗钱实践中推行“风险为本”的监管方法。根据 FATF 的定义，“风险为本”反洗钱监管原则有三个层面。一是国际层面，是指反洗钱国际组织根据各国洗钱风险的大小有所偏重的实施反洗钱监管。二是国家层面，是指反洗钱监管当局（一般是各国中央银行）根据不同中介部门的洗钱风险，有所偏重的履行反洗钱合规制度。三是中介层面，是指各中介部门在对客户进行反洗钱规制时，根据不同客户的洗钱风险等级差别对待（廖晓雯，2014）。总之，“风险为本”反洗钱监管方法的提出，使得国际组织、各国政府可以根据实际情况有所偏倚的选择重点监控区域，分类管理，达到资源有效利用。因此，该方法已经成为国际反洗钱监管发展的趋势方向，但也给评价全球及各国反洗钱政策实施的有效性提出了新的要求。

1.1.4 反洗钱政策实施效果的评价已经成为国际反洗钱的目标

2013 年 2 月，FATF 发布了《FATF 建议遵守度和反洗钱/反恐融资有效性的评估方法》[②] 手册。该手册将反洗钱的有效性划分成了两个等级，FATF 建议的遵守度和反洗钱/反恐融资（Anti – money Laundering and Combating the Financing of Terrorism，AML/CFT）政策的实施效果。

---

① 有数据显示，美国每年的花费达到 70 亿美元。

② “*Methodology for Assessing Technical Compliance with the FATF Recommendations and the Effectiveness of AML/CFT Systems*” 2013 年 2 月。

FATF成立至今，已经完成了对成员的三轮互评。这三轮互评的主要目的均为考察FATF成员对建议的遵守程度。FATF的2013～2014年报明确提出，第四轮互评开始，该轮互评的重点是评估反洗钱政策的真实有效性。2019年4月，FATF发布了关于中国的第四轮互评报告①。总之，国际组织已经开始重视反洗钱的实施效果，反洗钱工作的考察（或评价）已经从“形式上的遵守”进入了“实际上的有效”的阶段。也就是说，反洗钱政策实施效果的评价已经成为国际反洗钱的目标之一。

1.1.5 反洗钱实施效果问题是我国人民币国际化进程中的重要问题之一

人民币国际化，是人民币逐渐成为全球范围内自由兑换、交易流通、得到普遍认可的储备货币的过程，涉及资本账户开放、利率市场化、离岸金融市场发展等系列金融改革。随着我国经济全面融入全球经济体系，人民币国际化已经成为国家对外经济发展战略，得到越来越高的重视。2019年度的《人民币国际化报告》指出，人民币国际化指数从2010年第一季度的0.03涨到2019年第三季度的3.2。10年时间，人民币国际化从无到有，实现了重大的变化。2016年10月1日，人民币正式加入国际货币基金组织（IMF）特别提款权（Special Drawing Right，SDR）货币篮子，人民币国际化进入新阶段。

人民币国际化进程一方面推进着上海等地逐步成为世界金融中心，另一方面也促使和推动着人民币国际离岸金融中心的发展。而人民币在岸金融账户与离岸金融账户的双重监管制度，包括清算系统、金融法制、央行监管等都给国际洗钱犯罪分子留下了不小的操作空间，给诸如毒品洗钱、贸易洗钱、资本洗钱、腐败洗钱等提供了可能的交易场所。这些已有的及潜在的洗钱风险对国际、国内金融监管系统威胁巨大。

因此，国际反洗钱政策以及我国反洗钱政策的实施效果是人民币国际化的健康行进中需要考虑的重要问题之一。

---

① “*Anti－money laundering and counter－terrorist financing measures—People's Republic of China—Mutual Evaluation Report*”2019年4月。

1.2 研究目的与意义

1.2.1 研究目的

本书针对国际反洗钱政策实施及其实施效果问题，以微观经济学、博弈论、委托-代理理论为理论基础，分析反洗钱政策的实施过程和内在机理等问题。针对当前反洗钱政策实施的现状与问题，从理论和实证的角度对反洗钱政策实施效果进行评价，重点从两个角度进行评价。一是激励机制，以反洗钱不合作国家或地区（Non - Cooperative Countries and Territories，NCCTs）为例。首先从理论角度分析列入NCCTs黑名单国家或地区在先天禀赋上的特征；其次构建实证模型，从实证角度分析NCCTs黑名单在列国或地区和其先天禀赋的关系。在理论和实证研究的基础上论证该制度的合理性。二是国际反洗钱政策的总体实施效果评价。首先从洗钱规模、上游犯罪数量等方面来探讨总体效果评价的方法；其次从理论角度探讨基于国家主权的反洗钱决策的决定因素；最后根据理论分析结论，构建面板数据实证模型，论证FATF的成立、国家规模等因素对反洗钱有效性的影响，以实现对反洗钱政策实施效果的整体评价。

1.2.2 研究意义

洗钱威胁社会政治、经济、法律、公共秩序等多个方面，已经被国际社会公认为冷战之后典型的“非传统性安全问题”之一。1989年FATF成立以来，大多数国家或地区积极配合，依照相关规定构建了反洗钱法律和制度，近年来还出现了亚太反洗钱工作组（Asia/Pacific Group on Money Laundering，APG）、加勒比地区反洗钱金融行动特别工作组（Caribbean Financial Action Task Force，CFATF）、欧亚反洗钱与反恐融资工作组（Eurasian Group on Combating Money Laundering and Financing of Terrorism，EAG）等国际反洗钱区域性组织。这些国际组织、各国政府所做的反洗钱努力是否达到了预期的目标，或者说应该如何对国际甚至各国反洗钱政策实施的有效性进行评价，是当前反洗钱研究领域亟待解决的关键问题之一（孙陵霞、张成虎、周东，2015）。因此，本书的研究对于反洗钱政策有效性的提高和评价，有一定的理论意义和实践意义。

1. 理论意义

（1）本书针对国际反洗钱政策实施的实施效果问题，系统分析了反洗钱政策失效的表现和原因，并刻画出反洗钱政策的实施过程，深度挖掘其内在机理和前提条件，区别于以往多头无序、片面而局部的分析弊端，对补充、完善反洗钱理论具有一定的理论贡献。

（2）本书用微观经济学、博弈论等经济学的研究方法分析了各国竞争“脏钱”的选择行为，以及反洗钱利益主体基于私利的最优选择，这部分研究拓宽了反洗钱经济学分析的新视角，并为国际反洗钱政策实施效果的评价研究提供了一定的理论依据。

（3）本书在评测国际反洗钱政策实施效果的过程中，采用 OLS 回归、泊松回归、概率回归模型和面板数据模型等实证方法，开辟和拓展了反洗钱政策实施有效性评价的实证分析，对该领域的进一步研究具有重要的理论意义。

2. 现实意义

（1）本书可以为国际、国内反洗钱当局的政策决策、激励约束机制选择和调整等方面提供良好的借鉴，尤其是能为反洗钱国际合作的成本补偿、惩罚手段等的完善提供有益的借鉴。

（2）本书的主要结论是对“风险为本”监管方式的有力补充，可以有效避免“风险为本”实施后各国自主性过大所带来的更严重的反洗钱行为的“形式上的遵守”，为“风险为本”监管方式的顺利实施保驾护航。

（3）本书侧重国际反洗钱政策的国际层面，分析了提高反洗钱有效性的途径和方法，国际合作角度的对策建议能为各国反洗钱公私合作机制的完善和反洗钱有效性的提高提供有益的借鉴。

1.3 关键概念界定

1.3.1 洗钱和恐怖融资

1. 洗钱的经济学概念

“洗钱”一词的来源可以追溯到1920年。美国芝加哥一个黑手党组织的金融专家，将非法收益计入洗衣店收入中，再向税务机关报税。通过这样的方式，非法所得转变成了合法的收入（张蕾、郝薇薇，2004）。但是，隐藏非法收入的行为早在中世纪就有记载，当时罗马天主教会反对对存贷款收取利息，银行便采取了一些措施隐藏这些利息收入（Todd D.，2002）。

1988年12月19日，联合国发布了《联合国禁止非法贩运麻醉药品和精神药物公约》，该公约对“洗钱”的法律概念进行了界定，即：“洗钱是指那些为了隐瞒和掩饰非法所得①的来源，而采取的财产转换或转移的行为”。《联合国禁止非法贩运麻醉药品和精神药物公约》中的非法所得主要指毒品交易所得，而随着洗钱上游犯罪的增加，已经扩展成了所有洗钱上游犯罪的所得。因此，从法律角度，洗钱行为是一种严重的经济犯罪行为。

洗钱的经济学定义是基于洗钱的两个特征：一是非法性（一般特征），洗钱意味着来自非法渠道的资金②的使用；二是隐匿性（特殊特征），洗钱的主要目的是隐藏这些犯罪收益的来源。第一个特征指的是洗钱的上游犯罪种类繁多。第二个特征指的是洗钱的经济功能是将非法收入转化为合法收入。这种活动的主要经济功能是将潜在的购买力，转化为有效购买力③。因此，普遍认可的“洗钱”经济学定义是：洗钱是一个合法经济与非法经济的连接纽带，是将非法经济中潜在的购买力转化成实际购买力。也就是说满足以下三个条件：一是非法收入只有经历洗钱，才能用于生产、消费和投资，即非法收入的效用为零；二是洗钱的经济地位是将潜在购买力转变为有效购买力；三是洗钱所得的“净钱”再投资于非法经济，洗钱就成为非法经济的乘数器。

---

① 制造、贩卖、运输任何麻醉药品或精神药物的所得。

② 文中常简称为“非法资金”“犯罪收益”“非法收入”或“脏钱”等。

③ 本书假设，没有清洗过的“脏钱”不能正常流通，效用为0。

2. 洗钱和恐怖融资的联系和区别

“9·11事件”后，反洗钱加入了反恐怖融资的内容。但在大多数的研究中，并没有严格区分洗钱和恐怖融资。实际上，两者既有相同之处，又有不同之处。

洗钱的目的是由于犯罪收益的使用存在风险，没有清洗过的非法资金在使用过程中面临被发现的危险。因此，必须通过洗钱行为，将非法收益的来源隐匿，使其看似合法，洗钱的手段越高明，被发现的概率就越低，且可能会需要更多的洗钱成本。恐怖融资是将来自各种渠道的资金筹集起来，给个人或团体来从事恐怖活动，从而形成犯罪。同样，恐怖融资的手段越高明，这种犯罪行为越难以被发现，恐怖融资同样存在成本，高昂的成本可能会给他们带来更大的安全性。因此，洗钱和恐怖融资的相似之处在于，同样是一种隐匿资金的行为，同样会改变资金的性质，如非法资金和“净钱”的转变（洗钱），合法资金和非法使用的转变（恐怖融资），且在其他条件不变的情况下，犯罪行为被发现的概率都和交易成本相关。而洗钱和恐怖融资的主要区别在于，资金流的来源。洗钱的资金来源是非法资金，恐怖融资的资金来源可能是非法资金，也可能是合法资金。因此，从本质上讲，恐怖融资是恐怖资金的筹措，是把合法收益或非法收益用于非法目的，而洗钱是资金的回收，是把非法收益清洗成“净钱”，用于合法或非法目的（见图1-1）。

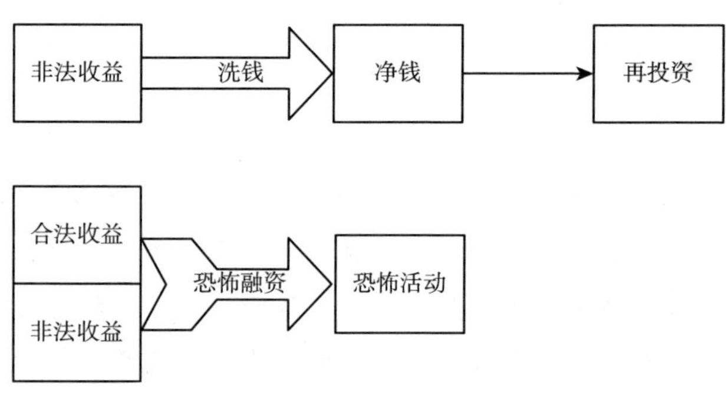

图1-1　洗钱和恐怖融资的联系和区别

换句话说，洗钱和恐怖融资在资金均来源于非法收入的情况下，可能会共存。一个经典的例子是来自毒品收益资金的恐怖融资和洗钱行为，在这种风险性比较大的领域，交易成本非常重要，隐匿资金的操作显得异常重要。

国内外实践及理论研究长期以来都没有严格区分恐怖主义融资和洗钱。由于恐怖主义融资和洗钱之间的共同性，它们往往被看成是一个整体，即反洗钱/反恐融资（Anti – Money Laundering/Counter – Terrorism Financing，AML/CFT）。2001年，FATF反洗钱规制中加入反恐融资的内容。2015年12月，FATF承诺将进一步采取相应措施应对恐怖主义融资。恐怖主义融资，通常也被称为为恐怖主义提供资助。截至目前，FATF主要从五个方面开展反恐融资工作：一是提高和更新对恐怖融资风险的认识；二是确保FATF标准可以提供最新且最有效的工具识别和阻止恐怖主义活动；三是确保各国政府可以精准且有效实施相应工具；四是识别存在恐怖融资漏洞的国家并采取措施；五是促进更有效的国际合作和公私合作。然而，近年来的恐怖主义融资频频脱离反洗钱系统的监控，恐怖主义活动并没有得到有效控制，给一些国家带来了极大的灾难和损失。

总之，洗钱和恐怖融资虽然存在诸多不同之处，但是总有一些行为是相似的。这些相似之处给研究带来了一些便利，所以本书的研究没有严格区分洗钱和恐怖融资，往往把它们看作是一个整体来进行研究，统称为“洗钱”。

1.3.2 反洗钱国际合作

反洗钱国际合作是指反洗钱的相关制度和措施通过国际组织、各国政府通力合作而达到其实施目的的行为。反洗钱政策经历了美国发起到全球合作，目前已经成为国际间的重要措施之一。

1. 美国发起

究其根源，反洗钱规制的产生和反毒品有关，1922年毒品滥用被定罪，历时几十年的反毒品战争收效甚微，甚至由于管制，毒品价格激增，收益更大。正如赖纳·汉斯（Hülsse R.，2008）和布里吉特·昂格尔（Unger B.，2007）的文章中所述，反毒品战争转化为反洗钱斗争的原因是，“如果贩毒者没有在毒品交易的过程中被发现。但是由于洗钱犯罪的界定，毒品收益属于非法收入，难以正常使用”。言外之意是，即使在犯罪过程或洗钱过程中，犯罪分子没有被发现，由于反洗钱，他们的非法收益难以直接使用，这将从根本上减少犯罪动机。

基于此，20世纪70年代，洗钱成为一种犯罪行为。与此同时，美国颁布了《1970年银行保密法》，该法案在认可银行继续实施储户保密原则的同时，还要求美国金融机构报告和记录大额交易及可疑交易（Reynolds J. A.，2002）。该法案拉开了金融机构反洗钱，或者说反洗钱预防性政策的帷幕。

2. 国际合作

经济金融全球化的背景下，洗钱也是一种世界行为，以发达国家为首的国际组织逐渐认识到，反洗钱只有借助于紧密有效的全球合作才可能取得成功。1988年巴塞尔委员会的《关于防止犯罪分子利用银行系统洗钱的声明》率先提出，反洗钱需要全球金融系统的通力合作（孟建华，2005）。同年，22个国家或地区在维也纳联合国会议上签署了《联合国禁止非法贩运麻醉药品和精神药物公约》，这是国际组织第一次明确指出洗钱属于犯罪行为，并首次倡议应加强打击毒品和反洗钱的全球合作。

在“巴塞尔委员会1988”和《维也纳公约1988》的铺垫下，1989年，G-7（七国集团）成立政府间合作的调节机构——FATF（金融行动特别工作组）。FATF制定各国有关反洗钱的相关标准，并监督其成员和非成员。自此，反洗钱的国际合作正式拉开帷幕。“9·11事件”以后，反洗钱和恐怖融资联系在一起。从那以后，反洗钱规制中纳入了反恐融资的内容（Haigner S. D.，Schneider F.，Wakolbinger F.，2012）。在FATF的领导下，各国纷纷立法制定金融机构反洗钱制度，金融机构特别是银行，成为反洗钱的前沿阵地和第一责任人。此外，世界银行、国际货币基金组织等国际组织也参与到反洗钱中，大大增强和保证了反洗钱的公信力及有效性。

反恐融资国际合作的主要目的是防止恐怖主义融资行为通过国际银行系统发生。而在国际合作中涉及的利益主体日益繁复，各国政府又具有不同的先天禀赋，在反恐融资的过程中也会出现不积极合作的现象。所以，深入分析这些利益主体之间的关系和博弈过程，寻求相对稳定的合作关系和博弈均衡是提高反恐融资政策有效性的重要途径。

2015年，我国通过的《中华人民共和国反恐怖主义法》第七章以“国际合作”为题专门规定了我国开展反恐国际合作的依据、原则和相关法律程序。2017年，党的十九大报告提出的“构建人类命运共同体”和“总体安全观”等理念为我国开展反恐国际合作指明了方向。2017年9月，人民银行、税务总局和公安部作为牵头部门，会同反洗钱工作部际联席会议各成员单位，共同研究制定了《国务院办公厅关于完善反洗钱、反恐怖融资、反逃税监管体制机制的意见》。这些制度的推出体现了我国反恐国际合作和反恐融资国际合作的积极性和态度。我国积极参与反恐、反恐融资国际合作，是国家利益、区域利益和全人类利益统一的必然要求，是顺利实施和维护中国国家利益的重要方面。然而，在以往的合作经历中，我国常常处于被动地位。因此，从根本上分析反恐融资国际合作的内在机理对于我国反恐融资国内外政策的实施也具有重要的意义。

总之，反洗钱规制产生以来，经历了美国发起到全球合作。借助于最初的反洗钱国际合作，还在反恐融资、反腐败等多个领域实现了全面而紧密的合作。

1.3.3 反洗钱的预防性政策

国际反洗钱政策采取的是“双轨制”：一是包含“了解你的客户”和可疑交易报告等制度的预防性政策；二是包含洗钱定罪化和严厉处罚的压制性政策（张成虎、孙陵霞，2013；孙陵霞、张成虎，2016）。美国20世纪末颁布的反洗钱法令开始强调“两大合作”：国际合作和公私合作，其主要目的是防止洗钱行为通过私人银行和国际银行系统发生，这里的“两大合作”就是反洗钱的预防性政策（张成虎、孙陵霞，2013）。

因此，反洗钱的预防性政策是指包括一系列预防性的反洗钱工具、机制、制度、措施的实施及其目的实现过程的统称。本书的研究主要是从国际反洗钱预防性政策的角度来研究，且大多数研究都是基于国际视角，书中关于反洗钱公私合作的分析只是为了更好地描述国际合作。

1. 反洗钱预防性政策的相关制度

反洗钱的预防性政策最早由FATF发起，包含一系列制度和措施，如客户身份识别制度、大额交易报告制度、可疑交易报告制度、资料保存制度等①。

客户身份识别制度，也叫“客户尽职调查”（Customer Due Diligence，CDD）或“了解你的客户”（Know Your Customer，KYC）原则。巴塞尔委员会1988年的声明中，最早把“了解你的客户”作为反洗钱的一项基本要求。其中提

① 目前要求履行反洗钱规制的中介部门主要有：商业银行、保险公司、证券期货公司等。

到，为了保证银行等金融体系不被洗钱者利用，金融中介部门应积极采取相应制度辨别客户身份（张成虎，2013）。

交易报告制度，是指被监管当局要求规制的中介部门按照相关政策指引文件的要求向主管部门报告符合相应特征的交易情况，主管部门根据中介部门的报告信息进行进一步的分析和处理，甄别出洗钱情报，并移交司法机关调查。该制度主要有大额交易报告制度和可疑交易报告制度两种。

资料保存制度，是指中介部门对客户交易记录等信息进行妥善保存的制度。快速而准确地查明非法收益的来源和流向是成功侦破洗钱案件的关键一环。而在非法资金追查的过程中，中介部门保存的包括交易记录等信息的客户资料常常能起到异常重要的作用。因此，在中介部门反洗钱制度中，客户身份资料和交易信息的保存也是非常重要的部分。

2. 我国的反洗钱制度

下面，以我国为例来说明反洗钱预防性政策的相关制度，或者说中介部门的反洗钱规制。2003 年，我国开始对金融机构实施反洗钱制度，新修订的《中华人民共和国商业银行法》中明确提出，中国人民银行“负责指导部署金融业反洗钱工作，负责反洗钱的资金监测”。随后，中国人民银行颁发了中介部门反洗钱的规章制度。同年 1 月发布的《金融机构反洗钱规定》《人民币大额和可疑资金支付交易报告管理办法》，明确提出要建立以银行业为核心的全面的金融机构反洗钱管理制度。直到 2007 年，《中华人民共和国反洗钱法》开始施行，我国的反洗钱规章逐步完善。2007 年 6 月 28 日，我国成为 FATF 成员，以发展中国家的身份加入了国际反洗钱组织。表 1－1 对我国《中华人民共和国反洗钱法》颁布后与中介部门相关的规章制度进行了汇总。

表 1－1 还提到了违反反洗钱规定的中介部门将受到处罚。自 2004 年以来，中国人民银行多次组织了现场调查，并对调查中发现的不符合相关规定的中介部门采取惩罚措施。图 1－2 对我国中介部门 2004～2013 年间反洗钱制度的实施情况进行了分析。其中，惩罚比例＝被惩罚的金融机构数量/被调查的金融机构数量，立案率＝侦查机关立案数量/金融监管部门向侦查机关报案数量[①]。根据惩罚比例、立案率和可疑交易报告数量这 3 个指标的变化趋

① 由于数据的不完善，图 1－2 部分地方出现了断点。

势，可以看出，可疑报告数量和惩罚比例呈反向变化，但在2012年前后，这种变化不再显著。而可疑交易报告数量和立案率之间则呈同向变动，但2012年后，两者呈反向变动。这种变化趋势，在一定程度上可以反映我国中介部门的可疑交易报告质量的提高及反洗钱效率的提升。

表1-1 我国中介部门反洗钱规定和制度

实施时间	规定	与中介部门有关的条款	其他
2007年1月1日	《中华人民共和国反洗钱法》	（1）中介部门反洗钱的职责和义务（第3、15～22条） （2）中介部门不履行反洗钱义务的法律责任（第31、32条）	金融机构和特定非金融机构
2007年1月1日	《金融机构反洗钱规定》①	（1）履行反洗钱义务的金融机构的范围（第2条） （2）金融机构反洗钱的职责和义务（第8～11、13～17条） （3）金融机构违反该规定的处罚（第25条）	2007年后，反洗钱监管检查范围从银行业扩展到证券期货业、保险业 将金融机构的反洗钱义务扩大到反恐领域
2007年3月1日	《金融机构大额交易和可疑交易报告管理办法》②	（1）履行大疑交易报告义务的金融机构类型（第2条） （2）金融机构履行的大疑交易报告义务（第5～8条） （3）金融机构大额交易报告的标准（第9、10条） （4）金融机构可疑交易报告的标准（第11～13条） （5）金融机构违反该办法的惩罚措施（第18条）	
2007年6月11日	《金融机构报告涉嫌恐怖融资的可疑交易管理办法》	（1）履行反恐融资义务的金融机构范围（第3条） （2）金融机构履行涉恐融资可疑交易报告义务（第7～10条） （3）金融机构违反该办法的惩罚措施（第11条）	

① 2003年的《金融机构反洗钱规定》废止。

② 2003年的《人民币大额和可疑资金支付交易报告管理办法》和《金融机构大额和可疑外汇资金交易报告管理办法》废止。

续表

实施时间	规定	与中介部门有关的条款	其他
2007 年 8 月 1 日	《金融机构客户身份识别和客户身份资料及交易记录保存管理办法》	（1）履行客户身份识别和客户身份资料及交易记录保存义务的金融机构范围（第 2 条） （2）金融机构履行客户身份识别和客户身份资料及交易记录保存义务（第 3 ~ 6 条） （3）金融机构履行客户身份识别的具体要求（第 7 ~ 26 条） （4）金融机构履行客户身份资料和交易记录保存义务的具体要求（第 27 ~ 31 条） （5）金融机构违反该办法的惩罚措施（第 31 条）	2007 年后，反洗钱监管检查范围从银行业扩展到证券期货业、保险业 将金融机构的反洗钱义务扩大到反恐领域
2012 年 3 月 5 日	《支付机构反洗钱和反恐怖融资管理办法》①	（1）履行反洗钱义务的支付机构范围（第 2 条） （2）支付机构履行反洗钱义务的职责（第 3、5 ~ 9 条） （3）支付机构履行客户身份识别义务的标准（第 10 ~ 25 条） （4）支付机构履行客户身份资料和交易记录保存义务的标准（第 26 ~ 32 条） （5）支付机构履行可疑交易报告义务的标准（第 33 ~ 38 条） （6）违反该规定的惩罚措施（第 48 ~ 50 条）	
2014 年 1 月 10 日	《涉及恐怖活动资产冻结管理办法》	涉恐资金的管理措施	扩大了中介部门权责范围
2014 年 11 月 28 日	《金融机构反洗钱监督管理办法（试行）》		
2016 年 12 月 30 日	《金融机构大额交易和可疑交易报告管理办法》②	金融机构应当履行大额交易和可疑交易报告义务，向中国反洗钱监测分析中心报送大额交易和可疑交易报告，接受中国人民银行及其分支机构的监督、检查	
2017 年 9 月 27 日	《中国人民银行关于加强贵金属交易场所反洗钱和反恐怖融资工作的通知》	贵金属交易场所、交易商应当积极履行反洗钱和反恐怖融资义务	

① 《中国人民银行关于印发〈支付清算组织和反恐怖融资指引〉的通知》同时废止。银行卡组织和资金清算中心的反洗钱和反恐怖融资工作按照《中国人民银行关于印发〈银行卡组织和资金清算中心反洗钱和反恐怖融资指引〉的通知》规定执行。

② 《金融机构大额交易和可疑交易报告管理办法》同时废止。

续表

实施时间	规定	与中介部门有关的条款	其他
2017 年 9 月 29 日	《国务院办公厅关于完善反洗钱、反恐怖融资、反逃税监管体制机制的意见》	成立由反洗钱行政主管部门、税务机关、公安机关、国家安全机关、司法机关以及国务院银行业、证券、保险监督管理机构和其他行政机关组成的洗钱和恐怖融资风险评估工作组，定期开展洗钱和恐怖融资风险评估工作	扩大了中介部门权责范围
2017 年 11 月 22 日	《中国人民银行 民政部关于印发〈社会组织反洗钱和反恐怖融资管理办法〉的通知》	第四条 社会组织应当依法建立健全反洗钱和反恐怖融资内部控制制度，确保资金使用符合其宗旨和业务范围。社会组织的负责人应当对内部控制制度的有效实施及资金的合法使用负责。社会组织应当对其分支机构（代表机构）反洗钱和反恐怖融资内部控制制度的执行情况进行监督管理	
2018 年 7 月 26 日	《中国人民银行办公厅关于加强特定非金融机构反洗钱监管工作的通知》	特定非金融机构应当遵守法律法规等规章制度，开展反洗钱和反恐怖融资工作	
2018 年 10 月 10 日	《互联网金融从业机构反洗钱和反恐怖融资管理办法（试行）》	从明确适用范围、规定基本义务、确立监管职责等方面规范了互联网金融从业机构反洗钱和反恐怖融资工作	

资料来源：根据中国人民银行网站资料整理。

2014 年后，中国人民银行的报告数据更加丰富，表 1－2 进行了汇总。“大额交易报告”主要来自中国反洗钱监测分析中心，“可疑交易报告”主要来自中国反洗钱监测分析中心和中国人民银行各分支机构。表 1－2 罗列了中国反洗钱监测分析中心、中国人民银行各分支机构接受大额交易报告、可疑报告数量，以及向侦查机关提供线索、协助侦查机关调查洗钱案件、协助破获涉嫌洗钱等案件等数据。在风险为本政策的导向下，可疑报告的数量有所下降，质量有所提高，这些政策对洗钱犯罪的侦查精度有所提高。此外，近几年的《中国反洗钱报告》中还提到，中央纪委、监察部、最高人民检察院等部门也协助并反馈相关报告，成为国家反恐怖、反腐败、禁毒等各项工作的重要情报来源。

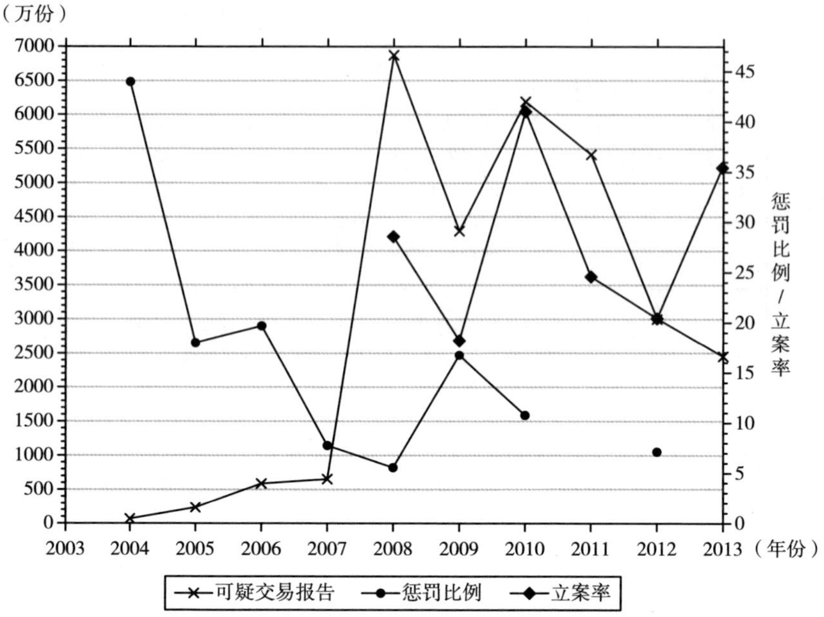

图 1－2　2004～2013 年反洗钱制度实施情况

资料来源：根据 2004～2013 年的《中国反洗钱报告》和中国人民银行网站的数据整理。

表 1－2　　2014～2017 年反洗钱制度实施情况

年份	中国反洗钱监测分析中心			中国人民银行各分支机构				
	大额报告（亿份）	可疑报告（万份）	移交线索（份）	可疑报告（份）	筛选后（份）	报案（起）	协助侦查（起）	协助破获（起）
2014	4.04	1772.53	282	4940	604	866	925	180
2015	4.16	1118.6	186	5893	764	1540	1494	268
2016	4.12	543.57	282	8504	732	1965	1652	307
2017	6.3	272.38	151	10265	809	2667	1790	366

历年的反洗钱报告中也有关于反洗钱激励的相关案例。2005 年 3 月，人行、外汇管理局和公安部联合召开打击地下钱庄总结表彰大会，8 个单位、53 名个人受到表彰。2012 年，首次对反洗钱工作开展以来人民银行和金融系统涌现出的 137 个先进集体和 370 名先进个人进行了表彰和嘉奖。

1.3.4 反洗钱政策的实施效果

实施效果可以用“有效性”来表示。全国科学技术名词审定委员会给出了“有效性（Effectiveness）”一词的定义，作为一个科技名词，有效性是指一种基于业务性能的可用性[①]。而一项政策或制度的有效性，则取决于该政策或制度具体目标的实现程度。

但是，从整体上看，反洗钱的有效性应有两个层次。一是总体政策目标的实现程度，即政策有效性；二是中介主体反洗钱制度的实施效果，即制度有效性。反洗钱政策的主要目标是减少洗钱上游犯罪的发生率，次要目标是保护核心金融系统的完整性（Boorman J.，Ingves S.，2001）。因此，可以把反洗钱政策的有效性定义为：反洗钱有效性是指反洗钱政策对上游犯罪的减少数量、恐怖融资发生率的降低程度、金融稳定性的提高程度。根据国际组织的相关要求，结合各国的反洗钱法规和中介部门反洗钱职责的规定，可以把反洗钱制度的有效性定义为：各国反洗钱制度的义务中介部门尽职尽责的履行反洗钱规章制度，构建安全完善的洗钱风险防范系统。在与客户交易的过程中，提高可疑交易的甄别能力，为反洗钱监测部门提供有效的反洗钱情报。并在司法部门进行立案调查过程中，积极协助相关调查工作。

2013年，FATF发布《反洗钱合规性及其有效性的评价方法》，首次提出了关于反洗钱有效性评价的相关问题。该文件对反洗钱的有效性进行了界定，认为反洗钱的有效性是指反洗钱的规章、制度的构建和具体实施对金融体系的洗钱风险、恐怖融资风险等的控制程度。FATF提到的反洗钱有效性主要是指反洗钱政策的实施效果，这也是本书研究的侧重点之一。

本书主要从国际层面来探讨反洗钱政策实施的效果，一是对国际反洗钱政策实施中最重要的激励机制——不合作国家或地区（NCCTs）黑名单制度的实施效果进行了研究。二是对国际反洗钱政策的有效性，即政策的总体效果进行了研究。而在对国际反洗钱政策有效性研究的过程中，以其中一个反洗钱政策目标作为衡量标准，即“防止洗钱行为通过金融系统发生”这个政策目标的实现程度来分析。

---

① 参见：http：//www.cnctst.gov.cn。

1.4 研究思路与方法

1.4.1 研究思路

本书基于国际反洗钱政策实施效果问题。第一，对目前国际反洗钱政策的组织部门、实施过程及其内在关系进行了分析，通过对国际反洗钱政策利益主体错综复杂的关系分析，得出各国反洗钱政策积极性与各国主权选择行为的关系。第二，通过经济学分析方法，分析反洗钱的主要政策措施，并从经济学角度分析了金融系统的反洗钱监管。第三，构建双层委托代理模型，探讨激励机制对反洗钱政策有效性的影响。并通过构建非法产品局部均衡模型，分析国家规模等因素对各国容忍洗钱数量的影响，从理论角度分析国家主权选择（国家特征）对反洗钱有效性的影响。第四，分析反洗钱国际合作中最主要的激励机制——不合作国家或地区（NCCTs）黑名单制度的实施效果，从理论和实证两个方面论证该制度的合理性和有效性。第五，根据洗钱和反洗钱的经济理论模型，推导出非法资金在国际金融系统流转的特点，并从实证角度分析 FATF 制度、人口规模等因素对国际反洗钱政策有效性的影响作用。

1.4.2 研究方法

1. 微观经济学理论

本书在对反洗钱政策实施的经济学分析中，采用了微观经济学的“讨价还价”模型，分析罪犯（“标准”洗钱者）和金融系统（“专业”洗钱者）之间的“讨价还价”过程，以此论证反洗钱的主要政策措施。在对金融系统反洗钱和国家容忍洗钱数量影响因素的研究中，采用了微观经济学的一般理论，通过构建局部均衡模型，求解最优解，分析金融系统在反洗钱的地位和作用，各国反洗钱积极性的内在影响。此外，在激励机制有效性分析的实证模型构建和政策有效性的实证模型构建中，也都采用了微观经济学的分析方法。

2. 博弈论和委托－代理理论

本书在国际反洗钱政策实施的激励机制研究部分，采用了双层委托－代理模型的推导方法，从理论角度分析了激励机制的作用。在人口规模等因素对国家容忍洗钱数量影响的研究中，采用了博弈论的方法，分析和论证了各国追逐非法资金的过程和反洗钱的积极性。

3. 零膨胀负二项回归模型

本书在分析不合作国家或地区（NCCTs）黑名单制度的研究中，为了验证被列入NCCTs黑名单的国家或地区特征，采用了零膨胀负二项回归的方法，从实证角度论证了2008年前后，一国或地区成为反洗钱不合作国家或地区的可能性与自然禀赋（La）、经济禀赋（Ec）、金融依赖禀赋（Fi）、国内犯罪Cri_c和恐怖融资情况Cri_t等的相关关系。作为对比，还采用OLS、线性概率等回归模型。

4. 面板数据模型

本书在国际反洗钱政策有效性评价的实证研究中，采用面板数据的实证方法，分析了45个国家或地区，从2003～2014年历时12年[①]，利用犯罪率（Crime_rate）、银行存款（Bank_de）、国内生产总值（GDP）等主要指标，综合分析FATF的成立、人口规模等因素对反洗钱政策实施效果的影响，并佐证了现行反洗钱政策的可行性。

1.5 研究内容和结构安排

本书共分为9章，每章的具体内容如下所示：

第1章绪论。一是从洗钱的危害、反洗钱政策实施效果受到的质疑、“风险为本”反洗钱监管方法的提出、反洗钱政策实施效果的评价已经成为国际反洗钱的目标、反洗钱有效性问题是我国人民币国际化进程中的重要问题之一等方面提出了本书的研究背景。二是对本书的研究目的、理论意义和现实

① 由于近年来数据属性的变化，为了保证所搜集数据的一致性，这里只包含了12年的数据。

意义进行了阐述。三是对洗钱和恐怖融资、反洗钱国际合作、反洗钱的预防性政策、反洗钱政策的有效性等概念进行了界定。四是对本书的研究思路和研究方法进行了说明。五是给出了本书的研究内容。六是对本书的主要研究工作进行了论述。

第 2 章文献综述。一是反洗钱国际合作及其实施效果研究。对反洗钱国际合作机制、反洗钱国际合作的实施效果、各国反洗钱现状及其评价、各国反洗钱经验对我国借鉴、国际反恐融资等方面的研究成果进行了综述。二是反洗钱公私合作及其实施效果研究。对反洗钱公私合作机制、反洗钱公私合作的实施效果、金融机构反洗钱监管和评价方法等方面的研究成果进行了综述。三是反洗钱政策实施效果的衡量指标研究。对洗钱对上游犯罪影响、洗钱规模测度等方面的研究成果进行了综述。四是"风险为本"反洗钱监管方法的研究。对洗钱风险计量、"风险为本"反洗钱监管方法等方面的研究成果进行了综述。

第 3 章洗钱和反洗钱的经济学解析。一是洗钱扩张过程的经济学分析，基于微观视角和宏观视角对洗钱的扩张过程进行了经济学分析。二是反洗钱监管的经济学解释，通过求出反洗钱监管的均衡状态，分析了包括均衡状态的反洗钱监管的三种情况。三是反洗钱不同政策措施的经济学解释，通过区分"普通"洗钱者和"第三方"洗钱者对洗钱市场进行了更加细致的描述，通过罪犯和"第三方"洗钱者的讨价还价过程，分析了阻止犯罪、阻止洗钱者和监测洗钱过程的三大反洗钱政策措施。这部分研究不仅解释了反洗钱的预防性政策，也从理论角度解释了反洗钱有效性不足的其他原因。

第 4 章反洗钱政策实施的国际组织和国际标准。对反洗钱国际组织及其发布的反洗钱相关规章制度进行了归纳和分析。一是国际组织。把与反洗钱有关的国际组织分成了三大类，以金融行动特别工作组（FATF）等为主专门的反洗钱国际组织、协助 FATF 做好区域性反洗钱工作的专门反洗钱地区性组织、在反洗钱领域发挥作用的其他组织。第二，国际标准。在此基础上，对这些国际组织涉及的反洗钱相关标准进行了汇总和归纳，并对反洗钱有效性的 2013 年 FATF《反洗钱合规性和有效性评价方法》的 11 点标准进行了分析。

第 5 章国际反洗钱政策的传导机制研究。一是国际反洗钱政策的传导过程。依照政策工具、中介指标和政策目标的顺序，对国际反洗钱政策的实施过程进行了梳理。二是激励机制对国际反洗钱政策实施效果的影响。基于反洗钱利益主体的双层委托 - 代理模型，分析了激励机制对反洗钱政策有效性的影响。三是形式合作对国际反洗钱政策有效性的影响。四是内在合作对国际反洗钱政策有效性的影响。通过构建跨国反洗钱策略模型，分析内在合作对反洗钱有效性的影响，以及影响内在合作积极性的因素。

第6章国际反洗钱NCCTs黑名单制度研究。一是国际反洗钱政策的激励机制——不合作国家或地区黑名单制度。通过对金融行动特别工作组（FATF）历年年报、不合作国家或地区（NCCTs）历年报告等资料的搜集和整理，归纳出NCCTs黑名单制度经历的三个阶段，从实施原因、实施机构和实施方式等变迁的内容进行了分析，并对国际组织采取的促进黑名单国家或地区积极反洗钱的措施进行了分析。二是黑名单国家或地区的特征分析。通过归纳和总结，从定性角度分析了NCCTs黑名单国家或地区的基本特征。三是反洗钱不合作国家或地区与其禀赋特征的理论关系研究。基于第3章的理论分析，将研究视角放到国际，通过构建经济学模型，分析了国家禀赋、政策制定者和宽松金融监管的关系，得出一国政策制定的监管最优选择往往取决于该国的经济、金融禀赋，该国发生犯罪和恐怖活动的数量等因素的结论。四是实证研究设计。通过构建实证模型，借助156个国家或地区的样本数据，分析2008年前后，一国或地区成为黑名单国家或地区的可能性与这些先天禀赋的关系，从而论证黑名单制度的有效性。

第7章国际反洗钱政策实施效果研究。一是衡量国际反洗钱政策效果的主要指标。从衡量指标的角度，分析了国际反洗钱政策的有效性，通过对这些指标的研究，可以发现难以找到一个准确的指标来判断反洗钱的成效。二是国际反洗钱政策实施效果国际比较的实证模型构建。在假设FATF、人口规模对反洗钱效果存在影响的前提下，从经济学、博弈论的理论角度，分析非法资金国际流转的特征。三是国际反洗钱政策实施国际比较的面板数据实证分析。从计量经济学的角度，构建面板数据模型，以45个国家或地区为样本，历时12年，利用犯罪率、银行存款、国内生产总值等主要指标，采用异质面板的实证方法，综合分析FATF的成立（遵守程度）、人口规模等因素对洗钱行为的影响。论证国际反洗钱政策的有效性，佐证现行反洗钱措施的可行性。

第8章国际反洗钱政策实施的对策建议及对我国的启示。一是国际反洗钱政策实施有效性不足的主要原因。从反洗钱激励机制仍显不足、委托－代理关系的失衡现象、反洗钱政策传导效率问题、反洗钱的先天困境等方面分析反洗钱有效性不足的主要原因。二是相关对策建议。提出了提高反洗钱政策有效性的相关对策建议，如构建和完善反洗钱有效性的衡量指标体系、建立多样化的激励措施、提高反洗钱监测能力、实施反洗钱经济措施、提高反洗钱的执法投入、营造全民洗钱氛围等。三是对我国反洗钱政策实施的启示。提出了我国反洗钱政策实施过程中应注意的问题，如我国反洗钱应结合国际标准和国内实际、应争取国际反洗钱斗争的话语权、应严控非法资金的流入和流出、应尽快加入国际金融情报组织、应尽快实施“风险为本”反洗钱监管等。

第 9 章结论与研究展望。结合全书的理论推导和实证分析，对本书的研究结论和创新性进行了总结。并在本书研究的基础上，提出了该领域的研究展望。

1.6　主要研究工作

本书的主要研究工作如下：

(1) 构建了国际反洗钱政策的双层委托 - 代理模型。既有文献并未提出国际反洗钱政策的实施过程及其内在关系。本书根据政策实施的一般原理，在系统梳理文献和国内外反洗钱实践探索的基础上，分析了国际反洗钱政策的实施过程，描述了其从政策工具到中介指标，最后实现政策目标的过程。在此基础上，将“两大合作”涉及的各个利益主体集合在一条委托 - 代理链中，构建了国际组织、各国反洗钱监管部门、中介部门的双层委托 - 代理模型，对反洗钱政策实施机制的问题进行了理论剖析。通过理论推导，从国际层面和国内层面论证了“两大合作”遵守程度和激励机制的重要性。该研究弥补了现有文献对国际反洗钱政策传导过程缺乏理论分析的不足。

(2) 综合分析了“形式合作”和“内在合作”对反洗钱政策有效性的影响。既有文献主要分析了“形式合作”，即反洗钱制度的遵守程度对反洗钱政策有效性的影响，而忽视了“内在合作”的影响。本书综合考虑了这两个因素，用国家容忍洗钱数量表示国家的反洗钱意愿，即“内在合作”程度，通过构建非法产品供需的局部均衡模型，从理论角度论证了国家规模等对国际反洗钱“内在合作”的影响，并在反洗钱政策有效性的实证分析中，加入了该因素的影响。研究结果表明，“形式合作”和“内在合作”对反洗钱政策有效性都具有极大的影响作用。该研究为制定有效的全球反洗钱政策提供了理论依据。

（3）论证了反洗钱 NCCTs 黑名单制度的有效性。既有文献对反洗钱激励制度的论述大多从理论角度展开，缺乏对 NCCTs 黑名单制度这一最重要的反洗钱国际合作激励机制有效性的系统研究。本书首先对黑名单制度进行了系统梳理和 NCCTs 在列国或地区基本特征的定性描述。其次假设一国或地区的反洗钱努力程度可以表现为该国的金融监管宽松程度，NCCTs 名单中的国家或地区代表了较宽松的金融监管，并从经济学理论角度得出一国自然禀赋、经济金融禀赋、国内犯罪数量等对该国或地区金融监管宽松程度的影响。最后选取 156 个国家或地区作为样本国，构建关于这些影响因素的实证模型。实证结果表明，2008 年之前的黑名单制度存在任意性，2008 年之后的黑名单制度大致是有效的，但是一国或地区成为 NCCTs 在列国或地区的可能性与该国或地区犯罪活动和恐怖活动程度呈正向变动关系，这与理论分析相违背，说明当前的黑名单制度仍有缺陷。该研究为国际反洗钱激励制度的评价、修订与完善提供了理论依据。

（4）评价了国际反洗钱政策的实施效果。既有文献缺乏对国际反洗钱政策总体实施效果具有说服力的评价结果，1989 年伊始的国际反洗钱政策，急需一套规范的研究体系来分析其政策有效性。本书通过计量经济学的实证方法，对国际反洗钱政策的实施效果进行了初次评价。首先利用微观经济学、博弈论等方法，分析了非法资金在不同国家或地区之间的流转行为和特征，并据此建立实证模型。其次构建了基于 45 个国家或地区的异质面板数据模型，论证人口规模、金融行动特别工作组（FATF）的成立对非法资金流转的影响。最后，通过国家或地区之间的横向对比和跨年度的纵向对比，得出人口规模较大的国家或地区、FATF 成员的反洗钱已经取得了一定的效果，FATF 的地位和作用不容忽视等结论。该研究为反洗钱政策实施效果的评价提出了一套研究模式。

第2章 文献综述

反洗钱的研究遵循人们对反洗钱实践和认识的规律，经历了从洗钱活动的危害、影响及后果——洗钱活动产生的原因——打击洗钱犯罪的刑事立法——预防和遏制洗钱活动的行政手段——反洗钱制度、框架、技术、方法等的研究过程（孙森、韩光林，2011）。早期研究主要是关于法律规则和反洗钱国际合作和公私合作的研究，现阶段主要从反洗钱的实施效果等方面展开研究。反洗钱实施效果的研究主要包含四个方面：国际合作及其实施效果研究、公私合作及其实施效果研究、反洗钱实施效果衡量指标研究和“风险为本”反洗钱监管研究。其中，“风险为本”反洗钱监管是解决反洗钱有效性不足的重要手段之一，也是近年来反洗钱领域的研究热点之一。

2.1 反洗钱国际合作及其实施效果研究

反洗钱国际合作的研究主要涉及国际合作机制的研究、国际合作的实施效果研究、各国反洗钱现状及其评价的研究、国际反洗钱经验对我国借鉴的研究、国际反恐融资等五个方面。

2.1.1 反洗钱国际合作机制的研究

坦齐·维托（Vito T.，1996）认为，可以用庇古税解决反洗钱国际合作中的外部性问题，且对反洗钱不合作国家或地区的处罚力度应该加大。多那托·麦斯安德尔、亚历山大·波特兰诺（Masciandaro D.，Portolano A.，2003）研究了离岸金融中心和金融监管的关系，肯定了激励机制的重要性。何靖、杨胜刚、吴志明（2004）分析了发达国家的反洗钱机制，并对转轨国家和发展中国家提出了对策建议。多那托·麦斯安德尔（2005）采用博弈论的方法，分析了不合作国家或地区（NCCTs）黑名单国家或地区反洗钱和税收竞争的关系。阿劳若·里卡多、提托·贝尔科·莫雷拉（Araújo R. S. A.，Moreira T. B. S.，2005）构建了跨期模型，分析了国民收入在非法资金和合法资金之间的分配关系，认为洗钱行为的发生，刺激经济福利的减少，而随着反洗钱有效性的提高，这种刺激将减少。并得出反洗钱监管的有效性和消费正相关、存在合法和非法活动共存的均衡状态的结论。布里吉特·昂格尔、若拉·佛维达（Unger B.，Ferwerda J.，2008）分析了 NCCTs 黑名单的实施和效果，探讨了黑名单制度是不是应该被终止，并提出了“灰名单”的折衷办法和考核方式。阿劳若·里卡多、提托·贝尔科·莫雷拉（2012）用一般均衡模型研究了没收作为打击集团犯罪工具的有效性。认为该方法在减少洗钱数量，促使监管资源分配到犯罪领域等方面具有积极的作用，但还应该配合其他方法。诺曼·奥马尔、艾米拉·乔哈瑞、罗沙娅尼·艾尔沙德（Omar N.，Johari Z. A.，Arshad R.，2014）针对非营利组织（Non－Profit Organizations，NPOs）被恐怖组织利用的问题，根据 FATF 的评估报告和相关文献，分析了各国对 FATF 特别建议 8 的执行情况。戴德茂（2014）比较分析了 2007 年前后 FATF 的国际合作审查机制。阿劳若·里卡多、保罗·罗伯托·阿莫里姆·洛雷罗（Araújo R. S. A.，Loureiro P. R. A.，2015）分析了庇古税和科斯定理对解决反洗钱外部性的作用，再次提出庇古税是更优良的方法。

此外，还有学者从博弈论和委托－代理理论的角度分析反洗钱国际合作的机制。多那托·麦斯安德尔（Masciandaro D.，1995）利用信息不对称理论分析认为，商业银行与反洗钱监管部门信息不对称，有必要设计两者之间合理的调和机制。多那托·麦斯安德尔、亚历山大·波特兰诺（2003）在某国政府（特指“离岸金融中心”）是唯一决策者的假设下，形象地把反洗钱比作跳探戈，需要合作，分析了离岸金融中心便利洗钱的行为。多那托·麦斯安德尔（2005）采用层级委托－代理模型，分析了立法者和金融情报中心（Financial Intelligence Units，FIUs）的委托－代理关系，论证了 FIUs 的重要性。Shah SAH（2006；2007）的研究基于国际视角，阐述了国际反洗钱政策实施的委托－代理关系，构建了国际金融体系（委托人）和正规及非正规部门（代理人）的博弈模型，并在委托人是否激励的条件下，分析了代理人的策略选择。布里吉特·昂格尔、格雷戈里·罗林斯、若拉·佛维达（Unger B.；Rawlings G.；Ferwerda J.，2008）从另一个角度，分析了政策制定者

（某国政府）之间的策略互动，但是假设这些国家之间是同类型的，不存在任何差异。辛纳克·格特曼、基利安·麦卡锡、布里吉特·昂格尔（Gnutzmann H.，McCarthy K. J.，Unger B.，2010）的研究则更加全面，综合考虑了相同类型和不同类型国家之间的反洗钱策略选择。李春（2019）针对中国与东南亚反洗钱合作问题，从理论和实证角度分析了其必要性，结合实际情况，从理念基石、组织架构等方面探讨反洗钱合作机制。

2.1.2 反洗钱国际合作的实施效果研究

奈杰尔·莫里斯－科特里尔（Morris－Cotterill N.，1996）从反洗钱法规的国际影响角度论证了反洗钱国际合作在法律方面已经取得一定的进展。克恩·亚历山大（Alexander K.，2001）的论文率先对FATF成立以来国际组织和各国政府所做的努力进行了分析，认为各国已经付出一定的努力积极反洗钱。理查德·拉恩（Rahn R. W.，2002）从根本上质疑了反洗钱的有效性，他认为，反洗钱等同于金融中的海森堡不确定性定理[①]，洗钱和反洗钱不断博弈，是一场赢不了的战争。多伊尔·托德（Todd D.，2002）认为FATF强硬的措施违背了《联合国宪章》《维也纳公约1988》和其本身的规定。例如，对不合作国家或地区的惩罚，违背了这三个规章中“各国独立平等的国家主权”的共同要求等。杰基·约翰逊、德斯蒙德·林（Johnson J.，Desmond Y. C.，2002）通过构建实证模型，分析了从1980～1996年，FATF成员和非成员[②]的反洗钱政策实施效果。Bagella M.，Becchetti L.，Cicero M. L.（2004）分析了哥伦比亚、委内瑞拉、玻利维亚、厄瓜多尔和秘鲁对FATF“40条建议”的遵守程度，并采用欧共体研究小组的方法和结论对该遵守程度进行评分。在此基础上，构建实证模型，分析了他们之间的合作程度。罗恩·博斯沃斯－戴维斯（Bosworth－Davies R.，2006）从另一角度分析了当前反洗钱规制的形成，认为美国等发达国家一直采用“宿命论”来渗透民众思想，表达对某一类特殊人群的强烈情绪，形成对这部分人群的战争，从反酒精、反共产主义、反毒品（麻醉剂）和反黑手党（组织犯罪）和反恐怖主义。受“宿命论”的影响，美国通过政治、军事和经济手段对其他国家实施

---

① The Heisenberg Uncertainty Principle.

② 澳大利亚、丹麦、德国、意大利、日本、荷兰、新加坡、英国、美国9个FATF成员；智利、哥伦比亚、厄瓜多尔、印度尼西亚、以色列、马来西亚、波兰、韩国、委内瑞拉9个非FATF成员。

霸权主义。因此，防止反洗钱成为发达国家实施金融霸权的借口和手段，是保证反洗钱相关制度遵守的前提条件，也是反洗钱国际合作的重要保障。赖纳·汉斯（2008）认为不合作国家或地区（NCCTs）黑名单政策存在一定的不合法性，如FATF组织的俱乐部性质违背了国际准则和反洗钱自身的原则，FATF实际上还有个幕后的动机——控制逃税。沙曼（Sharman J. C.，2008）认为，反洗钱规制的扩散过程中，发展中国家更多的是迫于权力，而不是自愿。马尔科·阿尔诺、伯利宁·李奥纳多（Arnone M.，Borlini L.，2010）对国际反洗钱程序的刑法规制提出了经验性的评价。辛纳克·格特曼、基利安·麦卡锡、布里吉特·昂格尔（2010）认为各国在反洗钱政策的实施过程中，政策的松弛程度取决于各国不同的特征，洗钱的影响可能存在外部性[①]。尼尔·延森、张安平（Jensen N.，Png C. A.，2011）分析了亚太地区的发展中国家对FATF“40+9”建议的遵守程度和影响合规程度的因素。塞巴斯蒂安·海尔曼、尼科尔·舒尔特-库克曼（Heilmann S.，Schulte-Kulkmann N.，2011）以中国为例，说明了反洗钱规制扩散过程面临的阻碍和解决办法。迈克尔·利瓦伊（Levi M.，2012）运用回归、博弈等方法证明FATF成员的政策合作和国内组织程序之间存在线性关系，成员的政策合作提高了洗钱者的风险，国际合作力度越大，洗钱的机会就越少。斯蒂芬·汗格尔、弗里德里希·施耐德、佛罗莱恩·沃克宾格（Haigner S. D.，Schneider F.，Wakolbinger F.，2012）对全球洗钱和反洗钱的总体状况进行了综述，分析了全球洗钱和恐怖融资的程度，讨论了反洗钱预防政策及其评估方法，通过分析各国对FATF建议的遵守性等级，得出经济发达国家具有较高的遵守性等级、国内管理能力越强遵守性等级越高、银行部门效率越高遵守性等级越高、遵守性等级和本国毒品犯罪率无关等结论。乔纳森·卡门（Keiman J. H. C.，2015）通过分析，认为参与非法资金清洗的国家主要采用了四种方法：直接收入法、非直接收入法、采购法和领土控制法，并为非法资金国际流转的特征提出了新的见解。温迪·梅森·巴登和海威（Burdon W. M. &Havey J.，2016）对近年的反洗钱遵守度进行了总结，认为在评测反洗钱遵守度中采用咨询问卷的方法是相对滞后的，应研究更多的实证方法。

---

① 犯罪行为可能在国内发生，而洗钱不在国内，反之亦然。

2.1.3 各国反洗钱现状及其评价的研究

王鹏、林小玲（2007）分析了中国内地和中国香港反洗钱合作的问题。唐旭、师永彦、曹作义（2009）；唐旭、师永彦和曹作义（2010）通过问卷调查的方法，依照国际标准，从法律、规章制度等多个方面分析了中国反洗钱的有效性。阿里·艾尔卡比、乔治·莫哈、艾德里安·麦克莱（Alkaabi A.，Mohay G.，McCullagh A. et al.，2010）通过对 FATF 历年互评报告等文件的整理和分析，比较了澳大利亚、阿拉伯联合酋长国、英国、美国对 FATF 建议的遵守程度。研究结果表明，英国和美国最优，澳大利亚和阿拉伯联合酋长国次之，而影响各国反洗钱遵守程度的主要因素包括本土文化和经济环境等。侯合心、张思（2011）对国际典型的反洗钱监管制度进行了比较分析。靳锐（2011）分析了 FATF 恐怖融资类型研究的主要内容，提出了对我国反恐融资工作的建议。侯合心、唐旭（2012）分析了我国云南边境的地缘特殊性和典型性，在此基础上分析了这种特殊性与边境洗钱及洗钱上游犯罪治理的关系，认为应该对这样的地域开展类 FATF 类型学研究的典型研究。马伊拉·马查多（Machado M.，2012）比较了巴西和阿根廷在解决洗钱问题方面所做的努力，分别对这两个国家面临的洗钱威胁和应如何提高反洗钱效率提出了建议。霍明（2014）利用制度演化理论，分析了中国反洗钱制度的变迁，并通过实证的方法检验了中国反洗钱制度的效力。万魏、陈康贤、陈小敏（2015）基于“一带一路”的大背景，分析了中国和东盟区域反洗钱合作的现状，认为应该加强两者反洗钱的合作。格雷厄姆·斯塔克（Stack G.，2015）分析了乌克兰在逃税、腐败等方面起到的作用，认为乌克兰的洗钱组织协助了大量“脏钱”的流转。弗朗西斯·杜沙比（Dusabe F.，2016）分析了卢旺达反洗钱法律和制度体系的有效性。法赫里·伊沙欧、图里·瓦斯姆、图米·哈桑（Issaoui F.，Wassim T.，Hassen T.，2016）分析了海湾国家（沙特阿拉伯、科威特、卡塔尔、巴林岛、阿拉伯联合酋长国、阿曼）的情况，探讨了反洗钱政策对这些国家发展的影响。数据涉及 1980 ~ 2014 年。得出三点结论：一是反洗钱的相关政策对经济发展有正面的作用；二是这些政策对样本国家或地区的开放度有正面的作用；三是渐进变量对反洗钱政策有正向且重大的影响。梅茨（Metz - Dworkin A.，2016）针对阿根廷的洗钱行为和对反洗钱规制的背叛，号召 FATF 等国际组织采取对阿根廷的惩罚措施。

2.1.4　国际反洗钱经验对我国借鉴的研究

吴志明（2004）比较了捷克、匈牙利、立陶宛、罗马尼亚、马其顿等转轨国家的反洗钱措施，提出了我国的反洗钱对策。罗婧、张先德（2006）对FATF定期发布的洗钱和恐怖融资类型报告进行了分析，指出洗钱和恐怖融资的国际新形势，提出了对我国的政策建议。张自力（2006）对国际反洗钱可疑交易报告制度进行了分析，特别是英国的情况，提出了我国的制度完善建议。毛成辉、张瑜（2006）对发达国家的反洗钱制度及其实施经验进行了分析，并提出了对我国的借鉴。严立新（2006）对欧美主要国家的反洗钱组织架构进行了一般性和差异性分析，提出了完善我国反洗钱组织架构的五种模式。屈文洲、许文彬（2007）归纳和对比了美国和英国的反洗钱监管模式，对我国反洗钱监管的构建提出了几点启示。黎宜春（2007）论证了澳大利亚反洗钱机制对我国的启示。唐朱昌（2007）分析了俄罗斯经济转型中的反洗钱措施，并提出了对我国的借鉴。李培正、李怀舟（2007）分析了开放背景下美国、英国、澳大利亚等国的金融反洗钱机制，总结和完善了它们的反洗钱机制有效性区域，提出了对我国的对策建议。查宏（2008）通过分析英国的《2007年反洗钱条例》实践，提出了对我国的启示。张成虎、王宝运（2012）针对FATF发布的2012新标准，分析了其新变化和新方向，并对我国的反洗钱工作提出了对策建议。刘兴华（2012）从国际规范和团队认同的角度，分析了中国与FATF，反洗钱规范团体和国内制度改革的关系，认为中国应学习和模仿FATF的“40条建议”，重建国内的法规体系。童文俊（2012）分析了反洗钱和反恐融资违规制裁的国际标准，分别从执行机构、主要步骤等方面分析了主要制裁措施的国际经验。杨泾、吴志明（2013）构建了境外洗钱区域流向的五维分析框架，对我国境外洗钱的区域流向进行了分析，综合考虑经济环境、政治环境、社会环境、文化环境和地理环境的环境维度，及多个测量指标，根据实证结果，把中国境外洗钱的主要区域分为三类，在此基础上给出了评论性结论。高婧（2013）对国际反洗钱信息共享的实践经验进行了分析，通过借鉴国外经验，提出了我国构建有效的反洗钱信息系统应做好的工作。侯合心、冯乾（2014）对国际反洗钱金融情报合作机制的组织体系进展和制度体系进展进行了分析，认为我国应该尽快加入以埃格蒙特集团为核心的国际反洗钱情报合作组织。李晓欧（2014）探讨了跨国犯罪的问题，通过对 FATF、美国金融犯罪执法网络（Financial Crimes Enforcement Network，FinCEN）反洗钱制度的分析，对我国打击跨境洗钱的立法和制度提出了对策建议。童文俊（2015）分析了国际反扩散融资标准对我国反洗钱工作的挑战。侯合心、冯乾（2016）通过对国际组织工作文献的分析发现，FATF 和埃格蒙特集团在金融情报工作制度和组织的协同方面进展显著，而中国自 2007 年成为 FATF 成员以来，参与金融情报反而进展较慢，认为我国应尽快加入埃格蒙特集团。

2.1.5 国际反恐融资及其相关研究

第一，反恐融资的相关研究。反恐融资的研究主要从恐怖主义资金的来源和恐怖主义融资的渠道两个方面展开研究。一是恐怖主义资金的来源。瑞范里（Raphaeli，2003）和达尔扬（Dalyan，2008）认为恐怖主义资金的合法来源包括股票市场、不动产投资和工资收入。然而，林泰和（2011）指出，相较于来自于国家、民间或商业的资金，有组织犯罪已成为恐怖活动的重要资金来源。徐晨（2014）强调，恐怖组织以"合法收入"形式所获得的资金在当前全部恐怖融资中只占很小一部分，但却是恐怖融资的传统和经常项目，目标性较强，比较容易被定位和区分。提尼（Tierney，2017）等认为，恐怖主义资金还可能来自捐赠，可能是合法来源，也可能是非法来源，且该来源在恐怖主义资金占据重要份额。二是恐怖融资的渠道。穆罕默德·库尔奇（Mohammed El－Qorchi，2002）专门对恐怖融资的重要洗钱渠道——亚洲哈瓦拉汇款系统的背景和特点进行了研究，并提出了加强监管的建议。哈瓦拉（Hawala，阿拉伯语中的基本含义为汇款）是起源于南亚地区的一种古老的汇款方式，以宗教或血缘关系为基础，完全建立在相互信任的基础上。通过分布在不同国家的哈瓦拉经纪人，客户可以在不同的国家和地区之间进行汇款，而无需通过银行系统。由于哈瓦拉具有收费低廉、手续简便快捷、无交易记录等特点，成为越来越多的恐怖组织和恐怖分子用以转移资金的渠道。同时，由于哈瓦拉不通过所在国现有正规金融系统转移资金，对所在国的税收和金融体系构成了极大的危害。目前，有关国家对哈瓦拉的态度不尽相同，甚至截然相反。安东尼·韦恩（E. Anthony Wayne，2003）认为，恐怖分子大量使用非正规金融系统和非政府组织筹集和转移资金，其中包括大银行、慈善机构和非正规汇款系统。靳锐（2011）介绍了恐怖融资的隐秘网络。例如，恐怖组织和恐怖分子利用毒品贩运、走私等隐秘渠道筹措资金，通过金融系统、国际贸易系统以及替代性汇款服务等多种渠道和网络来转移资金，以隐匿其资金来源和转移方向。童文俊（2012）和吴朝平（2014）对互联网和移动互联网背景下的恐怖融资进行了研究。他们认为，随着互联网技术的发展，恐怖组织和恐怖分子利用互联网和移动互联网交易渠道多元化和交易便捷的特点，采取以下措施进行犯罪活动：建立公开筹集资金网站直接吸引资金；盗用身份隐匿资金；计划或指导融资活动；实现 7×24 小时全天候在全球任何地方进行资金筹措和转移等。这些恐怖融资活动对在互联网时代的反恐怖融资带来了新挑战。

第二，反恐国际合作机制研究。刘勇为、崔启明（2008）分析了俄罗斯反恐的三个层次：周边国家—西方国家—其他国家。刘德海、周婷婷、王维国（2015）将互惠理论运用到国际反恐合作问题研究领域，考虑反恐国际合作存在的双重标准问题，建立了中美国际反恐合作的序贯互惠模型，分析相应的互惠均衡，并结合数值算例，分析了如何避免反恐国际合作的双重标准，扩大双方反恐合作的深度和广度。付玉明、王耀彬（2017）认为，中国新疆维吾尔自治区的反恐工作是全球反恐格局中的重要议题，而只有将反恐工作纳入法制轨道，才能为新疆乃至全国性的反恐工作提供坚实的法律保障。徐军华（2019）认为，应以“人类命运共同体理念”与“总体安全观”为指引、维护联合国在国际反恐中的主导地位、坚持反恐与人权保护并重的原则、坚持“综合施策、标本兼治”的反恐思路等构成我国反恐国际合作国际法战略规划的主旨内容。

2.2 反洗钱公私合作及其实施效果研究

反洗钱公私合作的研究主要涉及公私合作机制的研究（大额、可疑交易报告制度和激励机制）、公私合作的有效性研究、金融机构反洗钱监管方法或评价方法的研究四个方面。

2.2.1 反洗钱公私合作机制的研究

1. 大疑交易报告制度

高增安（2007）、童文俊（2011）认为，反洗钱监管当局和可疑交易报告部门在可疑交易报告的过程中，存在目标冲突。各国反洗钱监管当局希望得到甄别度较高的可疑报告，而报告部门为了完成任务，往往更注重报告的数量；反洗钱监管当局认为可疑交易报告只是进行反洗钱规制的手段之一，而报告部门认为可疑交易的报告是反洗钱规制的主要目的。刘洪来、刘伟（2008）和潘丽、刘伟（2009）对我国可疑交易报告部门的报告义务进行了概念界定和义务认定，并对可疑交易报告制度的履行提出了对策建议。中国人民银行长沙中心支行反洗钱处课题组（2011）构建了可疑金融交易报告制度建立的经济模型，分析了其发挥作用的机理，通过问卷调查等方法，对其有效性进行了实证分析。曹争鸣（2011）通过实证调查的方法，论证了金融机构可疑交易报告制度的有效性。国际货币基金专家坦科茨（Takáts E.，2011）认为，更多的报告可能仅仅表明私人部门害怕被罚款，开始提交越来越多的报告，所以削弱了信息的有效性和可信度，出现了防御性报告。这些防御性报告，使得可疑交易报告制度流于形式，带来了“狼来了”效应。索尼娅·西德瑞（Cindori S.，2013）比较分析了克罗地亚和其周边国家实施可疑交易报告制度和“风险为本”反洗钱监管方法的情况，研究结果表明，可疑报告交易数量与洗钱风险的大小可能呈反向变动的关系。杰米·黄（Huang J. Y.，2015）以汇丰银行为例，分析了美国反洗钱效果，得出在以大疑交易数量作为反洗钱遵守程度的衡量标准的情况下，容易产生虚报数据的行为。阿纳斯塔西娅·洛比托（Lukito A. S.，2016）以印度尼西亚为例分析了金融情报调查的重要性。

2. 激励机制

反洗钱公私合作激励机制的研究，是从两个方面开展的：一是反洗钱利益主体的策略博弈研究；二是反洗钱利益主体的委托－代理模型研究。研究成果主要在2003～2011年。

（1）反洗钱利益主体的策略博弈研究。这方面的研究成果有：原永中、张新福（2003）；朱宝明（2004）；杨胜刚、何靖（2004）；罗玮、史高飞（2005）；宋媚、薛耀文、张朋柱（2006）；吴丽华（2007）；杨冬梅、冯芸、吴冲锋（2008）；戴淑庚、吴锦蓉（2008）；杨杰（2009）；阿劳若·里卡多（2009）；刘森（2010）；严立新（2010）；李琦（2011）；孙森、韩光林（2011）。这些研究构建了金融中介部门和反洗钱监管部门之间，金融中介部门和洗钱者之间，金融中介部门之间的博弈模型，纷纷指出了建立反洗钱激励机制的必要性。

（2）反洗钱利益主体的委托－代理模型研究。这方面的研究成果有：杨胜刚、何靖、曾翼（2007）；阿劳若·里卡多（2008）；韩光林、孙森（2011）；张合金、甘力、刘颖（2011）。这些研究利用委托－代理模型，分析了反洗钱监管当局（一般是中央银行）和反洗钱中介部门（商业银行、证券公司、保险公司等）的委托－代理关系，分析了中介部门在选择积极反洗钱时所满足的激励约束条件，强调了激励机制对于反洗钱制度有效实施的重要性。

（3）其他相关研究。此外，还有学者从其他方面论证了激励机制的必要性。李子白、沈杰、贺聪（2007）通过理论推导，论证了激励机制的引入是对反洗钱的一项“帕累托改进”，并提出了对追缴的非法收入实行分享等对策建议。邱兆祥、朱宝明（2007）分析了银行业反洗钱的外部性，并提出了行政、经济、法律、利益分配等方面的校正措施。阿劳若·里卡多（2010）构建了金融机构和员工之间的演化博弈模型，研究结果表明，反洗钱的有效性依赖多个因素。因此，构建促进中介部门积极反洗钱的激励机制是健全反洗钱机制的关键部分。黄文正、宋根苗（2011）通过比较洗钱者在监管机构消极监管、积极监管下的洗钱成本，针对我国商业银行反洗钱机制提出了对策建议。郑重（2016）还通过问卷调查的方式，对北京地区的银行机构反洗钱约束激励机制进行了调查研究，剖析了约束和激励两方面存在的相关问题，并提出了对策建议。

2.2.2　反洗钱公私合作的实施效果研究

多那托·麦斯安德尔（1998）对意大利反洗钱政策制度的变迁进行了分析，研究结果表明，反洗钱制度给银行带来了负担，并在一定程度上影响了银行的工作效率。威廉·贝蒂（Baity W.，2000）；多那托·麦斯安德尔、翁贝托·费罗托（Masciandaro D.，Filotto U.，2001）认为，金融机构是以“利润最大化”为目标的金融企业，基于追逐利益最大化的初衷，金融机构并不常常把维护金融系统诚信机制作为自己的必尽义务。所以，中介部门往往迫于监管部门的管制而遵守反洗钱规制，这样的遵守带有极大的形式性。彼得·罗伊特、埃德温·杜鲁门（Reuter P.，Truman E. M.，2005）对美国政府当局和金融企业的反洗钱成本进行了简单估计，认为美国反洗钱主体的反洗钱费用接近 70 亿美元。所以，通过中介部门进行的反洗钱制度花费巨大，且推行起来困难重重。岳意定、张璇（2006）认为金融机构反洗钱社会收益虽然很大，但其从事反洗钱的私人成本大于私人收益，是一种典型的外部正效应产品。童文俊（2009）通过对毕马威的《全球反洗钱调查》报告的分析，发现反洗钱给全球银行业带来了极大的成本支出，但是并没有明显证据显示反洗钱已经取得良好效果，相反，洗钱活动还是时有发生。韩光林（2010）利用路径依赖理论，分析了我国反洗钱监管制度变迁的内外部因素，提出了突破措施。亚历山大·马沙斯卡、鲁斯塔姆·门斯勒瑞（Masharsky A.，Mensleris R.，2011）强调，拉脱维亚反洗钱制度实施过程中，应重视银行部门的收益成本分析。马蒂诺·马杰蒂（Maggetti M.，2012）分析了私人银行在反洗钱中的作用，并提出加入沃尔夫斯堡组织①是提高反洗钱有效性的重要因素。詹欣、乔晗（2015）构建了网络支付行业主体反洗钱的博弈模型，求解均衡解，并通过系统仿真，得出监管部门查处力度、市场主体自查力度等因素对国家效用函数的影响作用。艾哈迈德·穆罕默德·阿布达拉·阿布·欧莱姆、阿斯帕拉·拉赫曼（Olaim A. M. A.，Rahman A. A.，2016）分析了约旦反洗钱措施对银行业的影响。

此外，在反洗钱制度实施的最初几年，一些国家（英、德、荷兰等）对反洗钱制度的实施情况进行了多次问卷调查或访问。这些调查或访问，主要涉及以下几个方面的问题：金融机构工作人员，特别是洗钱报告官的学历、工作经验等；金融机构工作人员对反洗钱制度的了解程度和态度；金融机构实施反洗钱制度的具体情况。这方面的研究如，英国（Bosworth－Davies R.，1998；Collins R.，1999；Webb L.，2004；Gill M.，Taylor G.，2004）、赞比亚（Simwayi M.，Wang G. H.，2011）、德国（Krämer G.，2009）、中国（Simwayi M.，Wang G. H.，2011）、国际问卷（Geiger H.，Wuensch O.，2007）、印度尼西亚（Rusmin R.，Brown A. M.，2008）、澳大利亚（Johnson J.，2001）。虽然这些问卷调查或访问发生在不同的国家，设计的问题也不完全一致，但是对金融机构反洗钱的现状得出了类似的结论。研究结果表明，金融机构的从业人员一致认为：反洗钱制度的制定及其实施很有必要，但是在具体实施的过程中成本较高，金融机构的投入较多；在大疑交易报告的过程中，应给予金融部门更多的自由选择权。

---

① 沃尔夫斯堡集团成立于1999年，是由12家著名的国际大银行组成的银行业协会，其目的在于推进金融服务领域有关“了解您的客户”、反洗钱以及打击恐怖融资方面的行业标准。

2.2.3　金融机构反洗钱监管和评价方法的研究

刘应淑、周哲、胡健等（2009）设计了金融反洗钱工作评价指标体系，基于模糊综合评价模型，进行了实证分析，得出的结论与专家经验评估较为接近，说明了该方法的可行性。宋媚、张朋柱、薛耀文等（2011）构建了跨组织多层次监测体系，并运用计算机仿真，验证了该监测方法的有效性。彭韶兵、周婧（2013）在企业风险管理框架下分析银行反洗钱的属性，构建了我国银行业洗钱风险评价和反洗钱控制措施评价的指标体系。

此外，近年来新型洗钱方式不断涌现，也加大了反洗钱公私合作的难度，为了提高反洗钱的有效性，国内外学者对这些新型洗钱方式进行了研究。杨波（2012）分析了FATF新支付方式洗钱类型划分。福斯托·马丁·德·桑科蒂斯（Sanctis F. M. D.，2013）对艺术品洗钱行为进行了分析。梅尔文·苏德金（Soudjin M.，2014）分析了哈瓦拉①作为洗钱渠道的趋势。涅涅茨·纳吉（Nagi N，2014）、琳恩·斯图米勒（Stuhlmiller L.，2013）、伯克利·潘普林（Pamplin B. A.，2014）、丹东·布良斯克（Bryans D.，2014）分析了比特币等加密货币的洗钱行为和反洗钱对策。福斯托·马丁·德·桑科蒂斯（2014）分析了足球比赛和赌球行为的洗钱特征和反洗钱措施。詹森·普朗坦（Plantin J. M.，2014）认为电汇系统存在便利洗钱的可能性。若国际组织对这方面的洗钱行为不加重视，该领域的洗钱数量将快速增长。塔蒂阿娜·托品纳（Tropina T.，2014）提出了通过互联网银行、虚拟货币和网络赌博洗钱的防范手段和对策。童文俊（2014）分析了互联网金融领域的洗钱风险，包括互联网金融基础层次的洗钱风险和互联网金融延伸层次的洗钱风险。并提出了防范互联网金融洗钱风险的对策。于春敏、周艳军（2014）分析了互联网金融时代洗钱的特点和常见方式，对反洗钱面临的困境和解决方案进行了探讨。克尔赛、杜·托伊特（Kersop M.，Toit S. F. D.，2015）分析了南非移动货币洗钱的现状。杰弗里·博尔斯（Boles J. R.，2015）分析了在金融业越来越现代化、科技化、无线化的趋势下，应该如何防范洗钱风险。杨莎莎、刘振（2015）对点对点（Peer－to－Peer，P2P）网络借贷平台的洗钱风险进行了分析，并提出了对策建议。欧洲刑警组织（Europol，2015）发布

① 哈瓦拉是独立于传统银行金融渠道的非正统、非主流的汇款系统，如地下汇款系统等。

了现金洗钱方式的报告，分析了现金洗钱的安全性及应对措施。杨莎莎、刘振（2015）介绍了我国文物艺术品拍卖行业的发展，及其潜在的洗钱风险隐患。薛耀文、贾超、刘娜（2016）以信用证支付方式为例，说明了资金流、物流、信息流的关系模型，提出了同步监管路径。李涛、张伟（2016）分析了第三方支付平台隐含的洗钱风险，认为在大数据支持下的"互联网阵地控制"是其主要的侦破手段。黎宜春、张荣晖（2016）分析了中国－东盟自由贸易区的贸易洗钱风险，认为我国应提高对贸易洗钱的认识，深化中国与东盟国家的合作。

2.3 反洗钱政策实施效果的衡量指标研究

反洗钱有效性衡量指标的系统性研究主要是上游犯罪的研究和洗钱规模测度的研究①。

2.3.1 反洗钱对上游犯罪影响的研究

拉尔夫·塞科姆（Seccombe R.，1995）对巴基斯坦及其邻国毒品交易数量进行了统计，认为反毒品政策的效果就像挤压气球，在某一点挤压，就会在另一个地方鼓起，毒品交易总量并没有减少。理查德·拉恩（2002）认为，为了打击恐怖主义、毒品交易、各种复杂犯罪和逃税罪，需要反洗钱。但是，结果却不尽如人意，反洗钱并没有取得所标榜的效果，并非物有所值。而反毒品只有通过实质上的毒品需求的减少才能获得胜利，这是个教育的任务，而非警察的任务。总之，反洗钱只是对小型罪犯起到了一定的作用，但是对于专业的、大型罪犯效果较小。马里亚诺·弗洛伦蒂诺·奎利亚尔（Cuéllar M. F.，2003）通过实证分析得出如下结论：美国反洗钱制度的有效性仍显不足，美国的反洗钱制度并没有达到法律规定和监管部门所预期的目标，打击洗钱与阻止恐怖融资之间仅存在微弱的关系。恐怖活动所需要的资金往往数量不多，很容易混在合法交易中，且反恐怖取得成功的关键是渗透。彼得·罗伊特、埃德温·杜鲁门（Reuter P.，Truman E. M.，2004）对美国

① 此外，还有遵守程度的研究，后文还将说明，由于涉及文献较少，这里不再赘述。

反洗钱机制的有效性及其在实现减少犯罪、保护核心金融制度的完整性与遏制恐怖主义、腐败的进展情况进行了深入分析，认为并没有明显证据显示美国反洗钱已经取得成功。杰基·哈维（Harvey J.，2005）通过对官方网站报告和论文的分析，对英国的反洗钱政策进行了评估，反洗钱措施对洗钱行为或者其上游犯罪的制止作用仍不显著。科尼利厄斯·弗森道夫（Friesendorf C.，2005）通过对南美洲毒品交易的实证分析，得出反毒品战争的有效性不足，毒品交易只是发生了地域转移，南美洲毒品交易的总量没有减少等结论。若拉·佛维达（2009）利用 FATF、国际货币基金组织（International Monetary Fund，IMF）和世界银行（World Bank，WB）的相互评估信息，对犯罪和洗钱进行经济学分析，得出减少犯罪率的方法可以是：增加由于洗钱及其上游犯罪的被捕可能性、增加洗钱的惩罚、增加洗钱的交易成本。提托·贝尔科·莫雷拉、阿道夫·塞西达、保罗·罗伯托·阿莫里姆·洛雷罗（Moreira T. B. S.，Sachsida A.，Loureiro P. R. A.，2012）构建了洗钱和非法活动的动态一般均衡模型，强调犯罪活动和洗钱活动之间的关系。认为在镇压和避免犯罪的最优规则的框架下，反洗钱有效性越高，洗钱规模越小，镇压和制止集团犯罪的程度就越低。布里吉特·昂格尔、约翰·赫托格（Unger B.，Hertog J. D.，2012）认为，新型洗钱方式不断创新，迄今为止反洗钱措施主要的效果是一种替代效应，从硬毒品到软毒品的替代，从监控比较严格的金融（银行）机构到其他机构（如电子支付、移动电话、衍生品、房地产、艺术品等）的替代。洗钱就像流水一样，总是可以越过石头和其他障碍，找到自己的路。安东·莫塞恩科（Moiseienko A.，2015）针对 G20（Group 20，20 国集团）提出的反腐败规定，认为应预防富人将国内资产挪到安全的国家，从而给原国带来损失。诺尔曼·墨伽拉（Mugarura N.，2016）以各国腐败数据为基础，论证了洗钱和腐败的关系。

2.3.2　洗钱规模测度的研究

20 世纪末至今，关于洗钱规模测度的研究日益丰富。形成了六类计算洗钱规模的方法。一是实地、案例、调查法；二是统计误差法；三是隐性变量法；四是引力模型法；五是异常价格监测法；六是动态一般均衡模型法。

（1）实地、案例、调查法。1992 年，约翰·沃克（Walker J.，1995）首先采用实地调查的方法对澳大利亚洗钱的影响和规模进行了分析，调查的方式以专家的讨论、面谈为主。这种调查和面谈的方法，除了面谈对象的代表性问题之外，还存在主观上、解释上的偏差。梅来奥（Meloen J. et al.，2003）的研究则开创了案例法估计洗钱规模的先河，对荷兰发生的52个犯罪案例进行了分析，利用其中被没收财产的数量粗略估计了非法收入的规模。这样的方法代表性不明确，但是其测算结果至少反映了洗钱的最低规模，对于洗钱行为的分析意义较大。卡洛琳·诺德斯特姆（Nordstrom C.，2004）用种族学中的实地研究方法分析了洗钱的影响。

（2）统计误差法。维托·坦齐（Tanzi V.，1996）认为地下经济和洗钱的增加，将增加货币（现金）的需求，通过货币供求的差异变化可以反映洗钱的规模。彼得·夸克（Quirk P. J.，1997）用该方法为IMF（国际货币基金组织）估计了洗钱和货币需求之间的关系。弗里德里希·施耐德、厄休拉·威第堡尔（Schneider F.，Windischbauer U.，2008）则采用经济统计数据的误差来测度洗钱规模，包括收支平衡表“错误与遗漏”账户的统计误差，资本流入和流出统计误差，货币供求统计误差。

（3）隐性变量法。该方法使用动态多指标多因素（Dynamic Multiple - Indicators Multiple - Causes，DYMIMIC）模型，用可以观察到的变量，估计不可观察的变量。迪利普·巴特查里亚（Bhattacharyya D. K.，1990）采用多指标多因素（Multiple - Indicators Multiple - Causes，MIMIC）的方法评估了英国1960～1984年间的地下经济规模。戴维·贾尔斯（Giles D. E. A.，1999）采用MIMIC实证方法估计了全球地下经济的规模。Schneider F.，2006）利用该方法估计了145个国家或地区的地下经济规模。戴维·贾尔斯（2007；2010）采用同样的方法，对20个经济合作与发展组织（Organization for Economic Cooperation and Development，OECD）国家（或地区）的洗钱规模、集团犯罪的资金流量进行了相关计算。然而，这种方法仍属于统计方法，变量的选取往往比较任意，因此估计的结果相对不准确，但是仍可以在某种程度上解释洗钱以及其上游犯罪的大致影响。

（4）引力模型法。约翰·沃克（Walker J.，1995）把引力模型应用到220个国家或地区非法资金流动的研究中。约翰·沃克（1999）将引力模型应用到洗钱流向的研究，分析出全球洗钱资金的主要起始国和最终国，根据研究结论，对样本国吸引洗钱的数量进行了排序。IMF用该模型构建了洗钱吸引指数，对各国潜在的洗钱风险进行了评估。布里吉特·昂格尔（2007）修正了Walker引力模型，并用该修正模型对荷兰的洗钱规模进行了估测。若拉·佛维达、马克·凯特博格、张汉兴（Ferwerda J.，Kattenberg M.，Chang H. H. et al.，2011）采用该引力模型对世界各国的贸易洗钱数量进行了分析。其研究结论被 IMF 组织采用，估计了贸易洗钱规模，梅德祥（2015）采用"Walker 引力模型"，评估了 2000～2011 年间的全球洗钱规模，并计算和比较了各国或地区流入中国的洗钱数量。梅德祥、高增安（2015）采用"Walker 引力模型"，计算了 2000～2011 年间我国产生的洗钱流向 183 个国家或地区的数量。并对研究结论进行了分析。总之，目前来讲，Walker 模型可以应用在任何国家或地区，是目前洗钱规模测度最有前景的模型（Walker J.，Unger B.，2009）。

（5）异常价格监测法。FATF（1993）提出了黄金 10% 的异常价格监测方法，当成交价高于最高正常价格的 5% 或低于最低正常价格的 5% 时，均属于异常价格，以此建立概率模型，计算洗钱规模。约翰·兹丹维茨（Zdanowicz J. S.，2005，2009）的研究选取了较易被洗钱者利用的商品，通过这些商品价格的异常变化，对美国及基地组织名单国家的洗钱规模进行了测度。联合国（2008）的研究以欧洲国家为样本国，评估了这些国家的贸易洗钱数量。异常价格监测法生效的前提是，商品价格或重量存在正常值和异常值的区别，且认为，一旦这些数据发生异常就有犯罪行为。但是实际上，这些数据本身还会由于登记、记录等问题而导致或多或少的误差，且异常数据的出现在有些情形下并没有犯罪行为发生。

（6）动态一般均衡模型法。这部分研究是基于地下经济相关研究的。伊丽莎白·索列尔·柯蒂斯、弗朗西斯科（Curtis E. S.，Francesco C. J. W.，2000）提出了合法经济和非法经济的两部门经济学模型。布萨托·弗朗西斯科、布鲁诺·基亚里尼（Busato F.，Chiarini B.，2004）以经济周期为理论视角，提出了测度地下经济的两部门动态一般均衡模型。阿梅代奥·阿根提诺、米歇尔·贝杰拉、布萨托·弗朗西斯科（Argentiero A.，Bagella M.，Busato F.，2008）进一步修正了两部门动态一般均衡模型，且利用该模型对意大利的洗钱规模进行了衡量。米歇尔·贝杰拉、布萨托·弗朗西斯科、阿梅代奥·阿根提诺（2009）用两部门动态一般均衡模型估计了美国和欧盟 15 国的洗钱规模。裴平、金素（2011）将两部门扩展到三部门，用三部门动态随机一般均衡模型估计了中国的洗钱规模。拉法埃拉·巴罗内、多那托·麦斯安德尔（Barone R.，Masciandaro D.，2011）构建了动态模型，估计了洗钱指标，并进行国际比较。动态一般均衡模型法具有一定的微观经济基础，是相对可靠的洗钱规模测度方法，但是在模型构建的过程中，没有考虑利率的问题。而该模型的结论之一是，不考虑流动性约束，洗钱行为则不存在。这个结论显然与事实存在偏离。

此外，还有些学者构建了新型的洗钱规模的理论测度模型。马赫迪·克瓦查、卡姆兰·塞曼尼、卡西姆·尼克乔（Keikha M.，Salmani K.，Nikjoo G.，2012）采用巴塔恰里雅方法和基于吉洪诺夫正则化策略的算术方法，在没有任何假设前提的条件下，构建洗钱规模的测度模型。

2.4 “风险为本”反洗钱监管研究

“风险为本”反洗钱监管的研究主要从两个方面展开研究，一是洗钱风险计量的研究，二是“风险为本”反洗钱监管方法的研究。

2.4.1 洗钱风险计量的研究

1. 国家层面

唐旭、张雁、师永彦等（2011）分别对我国洗钱上游犯罪类型、洗钱犯罪主体、行业（领域）洗钱风险、金融业务（产品）洗钱风险、地区洗钱风险等五个方面进行分类评估，根据研究结论提出了对策建议。索尼娅·西德瑞（2013）认为一国洗钱风险的评估，应纳入可疑交易报告数量，并通过比较克罗地亚与法国、德国等可疑交易报告情况，得出了结论。结论表明，可疑交易报告制度在瑞士、法国、德国等起到了风险评估的作用，但是塞尔维亚、保加利亚等稍逊。而克罗地亚的可疑交易报告数量虽然有所减少，但是质量更高，也起到了风险评估的作用。荷兰和斯洛伐克的情况稍显复杂，虽然没有起到完全的作用，但在某些方面具备了优势。

2. 金融机构层面

高增安（2007）将金融机构的洗钱风险分为内部风险和外部风险，在此基础上，提出了基于风险细分与风险评估的金融机构洗钱风险管理两阶段模型。童文俊（2013）通过对货币服务商洗钱风险分类的分析，探讨了货币服务商洗钱风险的管理措施。凯思琳·伍德（Wood K. P.，2014）认为不应割裂来看洗钱风险，应将洗钱风险纳入企业风险管理，并提出了对策建议。廖晓雯（2014）基于 FATF 等国际组织的相关规定，构建了金融反洗钱评价体系运作流程和洗钱风险、履职风险的评估指标。中国人民银行海口中心支行课题组（2014）分析了银行代理保险业务的反洗钱现状，对银行代理保险业务中存在的洗钱风险进行了分析，并在此基础上提出了对策建议。

3. 客户层面

王凡（2011）采用主层次分析法构建模型。分析了支付清算组织基于产品及服务、内控制度、客户的风险。罗纬凡（2011）以湖北省证券保险行业为例，探讨了客户风险评级管理的科学分析方法。阿诺尔多·卡马乔（Camacho A. R.，2013）根据反洗钱国际标准和洗钱行为特征，构建了客户洗钱风险的监测模型，将客户洗钱风险等级划分为四级：低、中、高、极高。为金融中介甄别洗钱风险提供了智能化的方法。殷中强、韩跃（2014）构建了基于风险矩阵的金融产品洗钱风险评估模型，以某商业银行网上银行业务为样本，进行了洗钱风险评估。实证结果与日常反洗钱监管过程中发现的问题高度一致。李琼婕、薛耀文（2014）采用最小风险最大流维度的思路，构建了三维模型，求出了罪犯最优洗钱路径。张成虎、李霖魁（2015）建立了基于 D－S 证据理论的完整反洗钱信息融合评价模型。并通过某省外汇交易（企业）数据进行实证检验。检验结果表明该模型可以较为准确地评估企业在外汇交易过程中的综合洗钱风险。张燕华、薛耀文（2015）对我国发生的 221 例典型洗钱案例进行统计分析推断，剖析出了该领域发生洗钱风险的重点地区、重点业务和重点行业，并借助熵权法得出各指标的权重是可以接受的结论。该研究对于金融机构识别洗钱风险，"规则为本"向"风险为本"的转化，反洗钱有效性的提高具有重要的意义。维卡斯·杰艾斯瑞、锡伐·巴兰（Jayasree V.，Balan R. V. S.，2016）引入位图决策树（Bitmap Index－based Decision Tree，BIDT）的方法帮助金融机构估计（企业）客户的洗钱风险。

2.4.2 "风险为本"反洗钱监管方法的研究

早期，国际反洗钱监管领域的一致观点是，"了解你的客户"原则是反洗钱的核心。近年来，越来越多的研究得出，反洗钱监管当局和中介部门在开展反洗钱工作时首先要进行风险识别，反洗钱监管应从"规则为本"转向

"风险为本"。许朝霞（2009）结合 FATF 的反洗钱方法，提出了在我国实施"风险为本"反洗钱监管的对策建议。布里吉特·昂格尔、弗兰斯·范·瓦尔登（Unger B.，Waarden F. V.，2009）比较了"规则为本"和"风险为本"的监管方法，以荷兰和美国的可疑交易报告系统为例。通过研究发现，美国（包括其他地区）报告数量较多，但质量低，而荷兰相反。露西亚·戴勒·佩勒格瑞纳、多那托·麦斯安德尔（Pellegrina L. R.，Masciandaro D.，2009）分析了"风险为本"反洗钱监管方法的应用，借助委托－代理模型，论证了各利益主体的选择行为，强调了激励机制等制度对"风险为本"原则推广的重要性。王萍（2010）针对中部地区的特点和实际情况，为中部地区"风险为本"反洗钱监管方法的实施设计了一套适合的风险监管程序。玛丽亚·贝里斯特姆、卡琳·斯维德贝格·赫尔格森、乌尔丽卡·姆斯（Bergström M.，Helgesson K. S.，Mörth U.，2011）分析了英国和瑞典的私人部门在"风险为本"反洗钱监管方法中的地位，认为这种方式危害了传统意义上的民主责任。孙森、韩光林（2011）从风险监管的角度，论证了监管资源的有效投入问题，这与"风险为本"反洗钱监管的要求一致。并在此基础上，构建了金融机构反洗钱风险等级评价体系。艾利珊（Ai L.，2012）区别了"规则为本"和"风险为本"的方法，对中国实行"风险为本"的现实条件进行了分析。利用风险矩阵的方法对被评估机构的非现场评价指标状况进行汇总，提出了基于风险评价的差异化监管措施。孙婧雯（2014）在对洗钱风险内涵的理解和分层次认识的基础上，从国家洗钱风险管理、区域洗钱风险管理和行业洗钱风险管理、机构洗钱风险管理等三个层次分析了洗钱风险的识别、评估和控制。奚尚琴（2014）以江苏省为例，分析了当前反洗钱现场检查现状及存在的主要问题。提出了基于风险为本原则的反洗钱现场检查转型思路和对策途径。高增安，王延伟（2015）在国际洗钱风险评估（Risk－Based Approach，RBA）分析的基础上，构建了我国洗钱风险评估的"脆弱性－有效性（Vulnerability－Effectiveness，V－E）"系统，并对该系统的运转机理和表现特征进行了分析。

2.5 国内外文献评价

纵观国内外文献，关于反洗钱政策实施效果的研究，主要有五个方面：

一是对反洗钱政策有效性的质疑，这方面研究主要是分析反洗钱政策实施以来，毒品交易等上游犯罪的变化；二是对反洗钱政策实施效果的度量，这部分研究主要包括两大合作遵守程度的衡量和洗钱规模的测度；三是反洗钱政策有效性不足的原因，这部分研究主要从博弈论等角度分析反洗钱利益主体的收益和成本，分析了“两大合作悖论”、相关机制的缺失对反洗钱有效性的影响；四是提高反洗钱有效性的监管方法研究，这部分研究主要是关于“风险为本”的监管方法，分别从洗钱风险的识别、评估和监管方法的制度体系架构角度进行了分析；五是反洗钱政策实施效果的实证检验，这部分研究主要是从计量经济学的角度分析了反洗钱政策的有效性。

结合反洗钱研究的脉络和具体内容可以发现，反洗钱政策已经从不太被认可，发展成为一项重要的国家战略，国际反洗钱政策的继续实施毋庸置疑。而反洗钱政策之所以不断受到质疑，除了先天性的成本、制度困境之外，实施效果评价机制的欠缺也是主要原因。近年来，涌现了一些评估反洗钱实施效果的研究。但是无论是洗钱规模，还是表示两大合作遵守程度的可疑交易报告数量和对 FATF 建议的遵守度，都无法成为衡量反洗钱政策实施效果的可靠方法，反洗钱政策实施效果的评价仍然应从计量经济学等实证角度出发，也就是说，经济学方法（包括计量经济学）在反洗钱领域的应用仍有很大的空间。

在国内外的相关研究中，经济学方法在反洗钱研究领域已经得到了一定程度的应用。主要包括以下几个方面。一是洗钱的经济学分析，这部分研究解释了洗钱行为和犯罪经济的内在联系；二是反洗钱的经济学分析，这部分研究论证了当前反洗钱规制的必要性和可行性，如金融交易分析、监测、报告制度和信息沟通机制等；三是反洗钱监管者和被监管对象的博弈分析，这部分研究刻画了反洗钱中介部门和反洗钱监管部门之间的博弈过程，目的是解释反洗钱政策有效性不足的原因，探讨如何完善反洗钱机制；四是反洗钱的计量经济学分析，这部分研究目的在于探讨反洗钱政策的实施效果。

但是，在反洗钱政策实施效果的研究中，大多数从定性的角度分析。仅有的几篇文献从经济学角度分析了反洗钱政策实施效果，但是这些研究一般仅从反洗钱政策的某个方面来论证，分析的角度相对单一，涉及的时间节点也相对陈旧。而从国际层面，综合分析反洗钱政策的实施过程、激励机制、政策有效性的文献，从目前来看仍较欠缺。

2.6　本章小结

本章从反洗钱国际合作及其实施效果研究、反洗钱公私合作及其实施效果研究、反洗钱实施效果衡量指标研究、“风险为本”反洗钱监管研究四个方面对国内外相关文献进行了综述。通过对国内外反洗钱文献的疏通和整理可以发现，其中涉及反洗钱政策实施过程，综合分析反洗钱利益主体的内在关系的文献，并从实证角度论证内在机制（如激励机制）的实施效果，和反洗钱政策实施效果的文献目前仍较欠缺。现有的几篇文献无论从研究角度、研究时长和研究方法等方面均处于相对初级的阶段。

第3章　洗钱和反洗钱的经济学解析

从经济学角度，洗钱是连接合法经济与非法经济的过程或纽带（Hinterseer K.，1997）。通过洗钱过程，非法资金转化为合法资金，潜在的购买力转化为有效的购买力（Masciandaro D.，1999）。金融机构等中介部门在其中充当了被动协助者（无意识参与洗钱）或第三方洗钱者（有意识参与洗钱）的角色。本章基于“洗钱的经济地位是将潜在购买力转变为有效购买力”的观点（Masciandaro D.，1998；1999；2000；2007）层层推衍，从经济学角度解释和分析了反洗钱政策实施的原因、必要性及政策措施类型等问题。

3.1　洗钱扩张过程的经济学分析

3.1.1　微观视角——单个罪犯的洗钱行为

首先对单个罪犯的洗钱活动进行分析。假设某罪犯能从犯罪活动中获得给定的犯罪收益，记为 w，这部分收益也被称作非法资金或“脏钱”。由于非法性，“脏钱”一旦进入流通，就存在极大被发现的风险。与之相对应的是，经过清洗的“脏钱”，这里称之为“净钱”，却可以无风险的进入流通。因此，相对于“净钱”，“脏钱”的价值极低，甚至为零。为了研究的便利，这里就假设“脏钱”的效用为零，即满足公式（3-1），其中，U 代表罪犯的效用函数，无论“脏钱”的数量为多少，其效用均为零。

$$U(w)=0 \tag{3-1}$$

假设 y 是非法资金 w 中需要清洗的部分，显然，$y\leq w$。假设“净钱”再投资的收益率为 r，那么“净钱”的总收益 B 可以表示为公式（3-2），其中，$m=1+r$。

$$B=(1+r)y=my \tag{3-2}$$

洗钱活动本身也是犯罪行为，因此，“脏钱” y 在清洗的过程中也有被发现的风险，假设其被发现后受到的惩罚是 T，被发现的概率为 p。那么，罪犯可能面临两种不利情形：一是洗钱过程中未被发现，但是由于洗钱成本过高，导致“净钱”的收益小于洗钱成本；二是洗钱过程中被发现，罪犯不仅会受到法律惩罚，还会损失全部“脏钱”。洗钱的成本主要包含两个方面：一是技术成本，二是反洗钱监管成本。洗钱的技术成本是指洗钱过程中采取的各类方法和手段所导致的成本。反洗钱监管成本是指由于监管政策使得隐藏资金难度加大而导致的成本。虽然这两种类型的成本或多或少的严格相关，但从根本上来讲，在其他条件不变的情况下，洗钱成本取决于反洗钱政策的实施效果。也就是说，反洗钱政策越有效，罪犯洗钱成本就越大。这里假设罪犯的洗钱成本 C 满足公式（3－3），其中，c 代表成本率。

$$C=cy(0<c<1) \tag{3-3}$$

洗钱过程一旦被发现，罪犯受到的惩罚至少等于 y[①]。在实际中，洗钱被发现的惩罚金额[②]往往是被没收“脏钱”金额 y 的倍数。这里假设洗钱行为被发现的惩罚金额 S 是清洗数额平方 y^2 的 t 倍，见公式（3－4），t 随着国际国内制度环境的不同而变化。一般情况下，反洗钱监管越严格，t 值越大。

$$S=ty^2 \tag{3-4}$$

根据前述定义，罪犯的问题是决定是否洗钱，以及清洗多少货币，其期望效用 E 见公式（3－5）。

$$E=u[(1-p)(B-C)+p(-C-S)]=u[(1-p)(my-cy)+p(-cy-ty^2)] \tag{3-5}$$

假设罪犯是风险中性的，那么他的目标函数与传统犯罪行为经济学分析是一致的。由此可以得到如公式（3－6a）、公式（3－6b）、公式（3－6c）所示的一阶导数关系。

$$\frac{dE}{dp}=-u[y(m+ty)]<0 \tag{3-6a}$$

$$\frac{dE}{dt}=-u[py^2]<0 \tag{3-6b}$$

---

① “脏钱”被没收。

② 有时表现为声誉惩罚。

$$\frac{dE}{dm}=u[y(1-p)]>0 \tag{3-6c}$$

公式（3－6a）、公式（3－6b）、公式（3－6c）的一阶导数关系说明，罪犯洗钱的总效用与洗钱过程被发现的概率 p、监管机构的惩罚力度 t 负相关，与“净钱”的投资回报率 m 正相关。同理，可以得到，它与洗钱成本率 c 也是负相关的。

在其他条件不变的情况下，还可以求出罪犯洗钱总效用与洗钱数量的一阶导数和二阶导数，如公式（3－7a）、公式（3－7b）所示，可以发现其满足极值定理。

$$\frac{dE}{dy}=u[-2pty+m(1-p)-c] \tag{3-7a}$$

$$\frac{d^2E}{dy^2}=-2upt<0 \tag{3-7b}$$

由此可得最佳的洗钱数量 y^* 满足公式（3－8）。

$$y^*=\frac{m(1-p)-c}{2pt} \tag{3-8}$$

最佳洗钱数量 y^*、罪犯洗钱效用、初始非法收入 w 之间的关系，见图 3－1。当罪犯洗钱数量在 0 到 y'之间时，将获得正的洗钱效用。当非法资金收入 w 小于 y'时，所有的“脏钱”都将被清洗；当非法资金收入 w（见图 3－1 中的 w'）大于 y'，将有（$w'-y'$）数量的“脏钱”被放弃清洗。

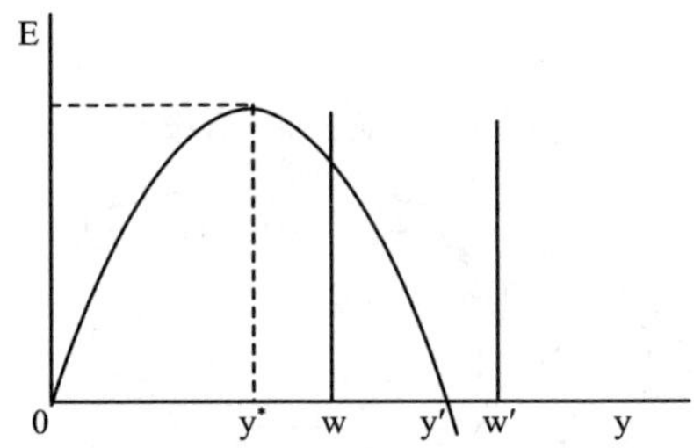

图 3－1　最优洗钱数量和非法资金总额的关系

注：横坐标代表洗钱数量，纵坐标代表罪犯洗钱的总效用。

如果把 y'称作洗钱倾向，那么这是罪犯在一定约束条件，可能选择的最大洗钱数量，且可得 $y'=2y^*$。根据公式（3－8），可以得到它与洗钱过程被发现概率 p、洗钱犯罪惩罚力度 t、洗钱成本 c、“净钱”投资回报率 m 等因素的关系，见公式（3－9a）、公式（3－9b）、公式（3－9c）、公式（3－9d）。

$$\frac{dy'}{dp} = -\frac{m+c}{tp^2} \tag{3-9a}$$

$$\frac{dy'}{dm} = \frac{1-p}{pt} \tag{3-9b}$$

$$\frac{dy'}{dt} = -\frac{m(1-p)-c}{pt^2} \tag{3-9c}$$

$$\frac{dy'}{dc} = -\frac{1}{2pt} \tag{3-9d}$$

从公式（3－9a）、公式（3－9c）、公式（3－9d），可以发现罪犯的洗钱倾向和 p、t、c 等变量的反比例关系①。

3.1.2 宏观视角——所有罪犯的洗钱行为

3.1.1 描述了单个罪犯的洗钱行为，下面将研究视角放到一个国家所有的犯罪者。假设这些犯罪者具有同质的特征，所有罪犯的非法收益之和为 W，x 代表其中被清洗的份额，c 代表成本率。那么洗钱的总成本为：$C = cxW$。q 为清洗后的“净钱”再投资于非法领域的比重，图 3－2 描述了非法资金通过清洗不断扩张的过程，画框部分是非法资金在每个阶段的数额。也可以用公式（3－10）的数列来表示。其中 r_i 代表非法领域的投资回报率，r_l 代表合法领域的投资回报率。这部分非法资金是即将清洗的“脏钱”，它们之和也就是洗钱的总规模。

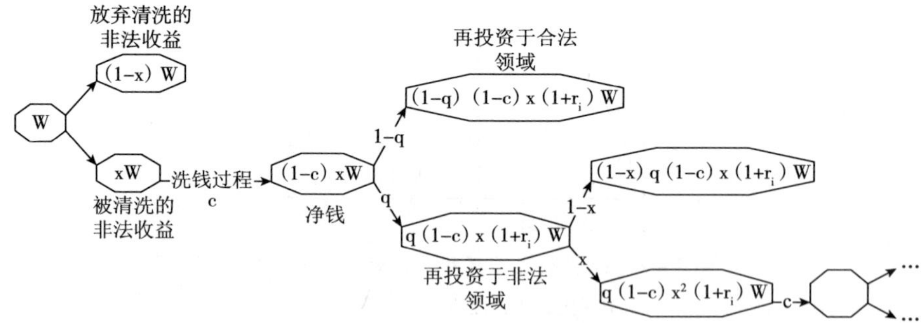

图 3－2 非法资金通过洗钱的扩张过程

① 公式（3－9b）表明，罪犯的洗钱倾向与“净钱”的投资回报率 m 成正比例关系。而 m 的大小取决于金融市场，因此这里不作考虑。

$$xW, q(1-c)(1+r_i)x^2W, q^2(1-c)^2(1+r_i)^2x^3W, \cdots \quad (3-10)$$

这个数列满足等比递缩数列的条件，所以，洗钱总规模 Y^* 见公式（3-11）。

$$Y^* = \frac{xW}{1-xq(1-c)(1+r_i)} = fW \quad (3-11)$$

其中，$0<q$，$x<1$。

同样可以通过求解一阶偏导得到，Y^* 与洗钱成本、再投资于非法领域的份额等因素的关系。微观分析中，初始的洗钱仅仅是非法资金的一部分，但当扩展到宏观视角时，洗钱成了整个非法部门的乘数。实际上，洗钱越有效，非法部门扩张的速度越快，洗钱规模越大。若整个洗钱过程是稳定的，那么最初的犯罪投入发生变化，就会对整个洗钱规模产生重大的影响。当所有的非法资金均被清洗，即 $x=1$，且洗钱没有任何成本时，可以得到洗钱规模的最大值，见公式（3-12）。

$$Y^*_{max} = \frac{W}{1-q(1+r_i)} \quad (3-12)$$

3.2 反洗钱监管的经济学解释

上述对非法部门的扩张过程进行了描述。当洗钱越有效，即洗钱成本越低、再投资于非法领域的资金越多，非法部门的扩张越迅速。金融系统作为资金流转速度最快的部门，对于罪犯进行洗钱活动，具有先天的优势。因此，杜绝“脏钱”通过金融系统清洗，将一定程度上抑制非法部门的迅速扩张。下面从经济学角度对反洗钱监管部门的反洗钱意愿进行分析。

3.2.1 反洗钱监管的均衡状态

简化公式（3-11），假设 $x=1$，洗钱规模的替代率 SSR 可以用公式（3-13a）、公式（3-13b）表示。SSR 随着洗钱成本 c 的增加而增加。

$$SSR = \frac{\partial Y^*}{\partial c} = -\frac{q(1+r_i)W}{(1-q(1-c)(1+r_i))^2} < 0 \quad (3-13a)$$

$$\frac{\partial^2 Y^*}{\partial c^2} = \frac{2q^2(1+r_i)^2W}{(1-q(1-c)(1+r_i))^3} > 0 \quad (3-13b)$$

由于洗钱规模和成本之间的替代性，罪犯可以权衡洗钱规模和成本，达到一定的效用水平，形成图 3－3 所示的等效用线。

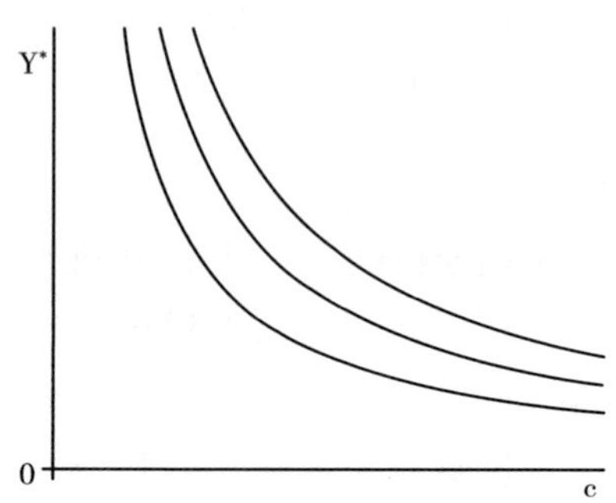

图 3－3　罪犯洗钱的等效用线

注：横坐标代表洗钱成本，纵坐标代表洗钱规模。

同理，反洗钱监管部门也要权衡考虑，在洗钱规模可控的条件下，实现反洗钱效用损失最少，从而形成等损失线。这里假设反洗钱监管部门面临的社会福利损失函数①为公式（3－14）。

$$V = V(D, c_1) \tag{3-14}$$

其中，D 代表犯罪带来的损失，c_1 代表实施反洗钱规制的相关部门的效率损失。显然，D 与洗钱规模也是正相关的，且无论是犯罪本身，还是反洗钱的成本，都会带来社会福利损失的增大，也就是说公式（3－15a）、公式（3－15b）成立。

$$\frac{\partial V}{\partial c_1} > 0 \tag{3-15a}$$

$$\frac{\partial V}{\partial D} > 0 \tag{3-15b}$$

因此，可以将反洗钱监管部门的社会福利损失函数简化为公式（3－16）。

$$V = dY^* + ec_1 \tag{3-16}$$

其中，d，e > 0。

经过推导，得出洗钱规模的函数，见公式（3－17）。

$$Y^* = V - \frac{e}{d}c_1 \tag{3-17}$$

① 反洗钱可以控制犯罪，从而提高社会福利，但是由于这部分难以用模型描述，且并不是立竿见影的效果，这里略去。

由公式（3－17），可以得到洗钱规模和反洗钱效率损失的替代率 SSA，见公式（3－18）。

$$SSA = \frac{\partial Y^*}{\partial c_1} = -\frac{e}{d} \tag{3-18}$$

从反洗钱监管部门的社会福利总损失和洗钱者的总效用角度考虑，反洗钱监管部门总是在将罪犯效用控制在一定水平的条件下，选择社会福利总损失最小的反洗钱监管行为。同理，罪犯总是在政策制定者可以容忍的社会福利总损失的条件下，寻找总效用水平最大的洗钱行为，从而形成图 3－4（a）的均衡状态。也就是当 SSR = SSA 时，达到均衡状态（c_1^*，Y_1^*）。

当 SSA 变得平缓，见图 3－4（b），监管成本的敏感度降低，意味着更加严苛的反洗钱监管，但是效率却越来越低，此时政策制定者会更加倾向于放松监管，从而从 B 点到 C 点，达到新状态下的均衡。

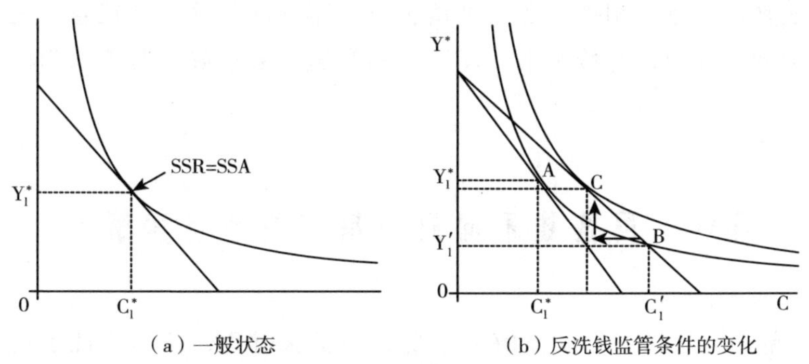

（a）一般状态　　（b）反洗钱监管条件的变化

图 3－4　反洗钱监管的均衡状态

注：横坐标代表洗钱成本，纵坐标代表洗钱规模。

3.2.2　反洗钱监管的三种情况

根据 3.2.1 可以得出，洗钱成本 c 和反洗钱监管部门效率损失 c_1 的关系可能会有以下三种情况：

第一，当 $c = c_1$ 时，即洗钱成本和反洗钱监管部门的效率损失是相等的，这种情况下，反洗钱监管是完全有效的，但是存在效率损失。此时反洗钱监管部门的付出刚好与洗钱成本相等。

第二，当 $c = wc_1$（$0 < w < 1$）时，即洗钱成本小于反洗钱监管部门的效率损失，意味着这是一种不仅失效且仍存在效率损失的反洗钱监管。此时反

洗钱监管部门的付出大于洗钱成本，也就是说，反洗钱监管效率损失过大，没有达到预期的效果。

第三，当 $c = wc_1$（$w > 1$）时，洗钱成本大于反洗钱监管部门的效率损失，意味着这是一种相当有效但仍存在效率损失的反洗钱监管。此时反洗钱监管部门的付出小于洗钱成本。

根据以上分析可知，无论在何种情况下，反洗钱监管部门总是存在效率损失，因此反洗钱监管者部门的反洗钱动力常常受到这些损失的影响。在第二种情况下，反洗钱监管部门实施反洗钱的效率损失过大，没有实现有效的反洗钱监管，在这种情况下，反洗钱动力是严重不足的。在第三种情况下，反洗钱监管部门实施反洗钱的效率损失比起洗钱成本相对较小，反洗钱起到了一定的效果，在这种情况下，反洗钱动力是较强的，且 w 值越大，监管部门的反洗钱意愿越强。在第一种情况下，反洗钱监管部门实施反洗钱的效率损失与洗钱成本刚好相抵，在这种情况下，监管部门的反洗钱意愿是比较勉强的。因此，在第三种情况下，反洗钱的实施效果最好，监管部门的反洗钱意愿也最强。

3.3 反洗钱不同政策措施的经济学解释

3.1 的研究从经济学角度解释了洗钱的扩张过程，从而论证了反洗钱监管的可行性和必要性。3.2 的研究从经济学角度解释了反洗钱监管部门的反洗钱意愿问题，从而论证了反洗钱监管部门的反洗钱意愿取决于反洗钱的实施效果。下面通过区分“普通洗钱者”和“第三方洗钱者”的方法，进一步探讨反洗钱政策措施的类型。

3.3.1 区分“普通”和“第三方”洗钱者的洗钱市场描述

金融系统是资金流通的主要渠道（Nikolosk S.，Simonovski I.，2012），据不完全估计，每年有近 3 万亿美元的非法资金通过金融系统清洗。若没有中介部门从业人员或者律师等特殊从业者的协助，难以想像如此大量的资金是如何清洗的（Masciandaro D.，1999），因此，现实中应该存在为罪犯提供洗钱服务的“第三方”。如果把亲自清洗“脏钱”的罪犯称作“普通”洗钱者，那么这部分协助洗钱的人员可以称作“第三方”洗钱者。

但是，在现有的经济学分析中，大多仅考虑罪犯直接通过金融系统清洗“脏钱”，鲜少提及金融系统和洗钱者之间的共谋行为（McCarthy K. J.，Santen P. V.，Fiedler I.，2015）。显然，反洗钱中介部门和罪犯勾结将给反洗钱政策的实施效果带来阻碍，也就是说，“第三方”洗钱者的研究对于反洗钱政策措施的改进意义重大。因此，这里首先对“普通”洗钱者和“第三方”洗钱者的经济学行为进行分析。

1. 洗钱市场的描述

由于人类的贪婪心理和追逐利益的企业本性（Baumol W.，1990），犯罪活动不可避免。打击犯罪的政策使得资金有“净钱”和“脏钱”之分。“净钱”可以消费、转换和投资，“脏钱”只能用于非法领域的消费，效用极低。“净钱”和“脏钱”的这种区分，使得一个新兴的市场——洗钱市场应运而生，并产生一种新型罪犯——洗钱者。洗钱者是指那些帮助罪犯“隐藏或伪装非法收益的性质、位置、来源、所有权或管理权”的个人或组织。这些洗钱者在这里也被称作“第三方”洗钱者，他们的存在使得犯罪收益可以更加顺利地被清洗，是犯罪行为依然保有利润的重要因素之一。据联合国禁毒署（United Nations Office on Drugs and Crime，UNODC，2011）的估计，每年的犯罪收益达到 16000 亿美元，其中 80% 的犯罪收益通过洗钱市场清洗。结合布里吉特·昂格尔（2007）的研究，可以把洗钱市场描述成见图 3－5。

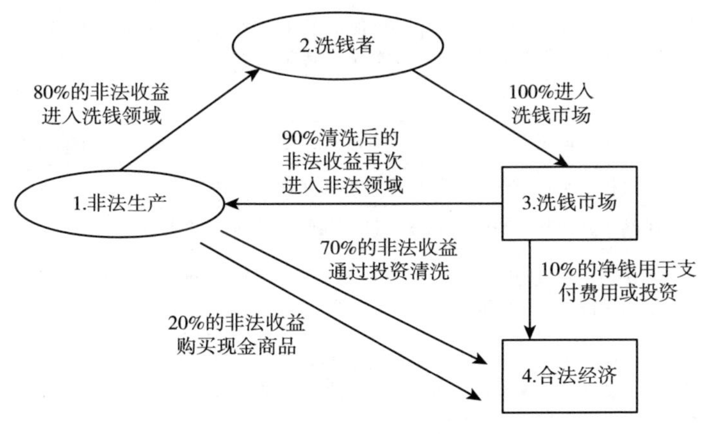

图 3－5　洗钱市场

资料来源：布里吉特·昂格尔（2007）。

2. “普通”洗钱者和“第三方”洗钱者的区别

如前所述，“洗钱”最初用来描述20世纪20年代的黑手党犯罪。近年来，意大利黑手党的洗钱行为有所收敛，但是根据欧洲刑警组织（Europol，2013）的研究，仍有迹象表明，黑手党依然是洗钱的重要参与者。2000年以来，美国由于洗钱罪而被判刑的很多都是集团犯罪者。这些说明，“普通”洗钱者仍然是存在的。因此，结合现有文献，可以对“普通”洗钱者作如下假设：犯罪组织直接进入洗钱领域，同一个代理人充当两个功能，一是非法“生产”，二是洗钱活动。

但是在现实案例中，“第三方”洗钱者也是存在的。美国国内税务局网站①上列举了近年来“第三方”洗钱者协助洗钱的案例，见表3-1。案例中涉及的“第三方”洗钱者，包括银行家、律师、主管、传教士，甚至政府官员（国会议员）等。而其中，涉及金融系统的更是绝大多数。

表3-1　　近期洗钱案例

序号	个　　人
1	帕特里克·罗伯特·西蒙，达拉斯律师。2013年由于洗钱共谋罪被判24个月监禁。
2	肖恩·赖斯，拉斯维加斯教士和律师。2012年由于清洗来自偷盗和伪造收入的130万美元的非法资金，被判98个月监禁，3年监视。
3	罗伯特·乔治，波士顿律师。2012年由于帮助客户清洗犯罪收益被定罪。
4	马尔科·曼纽尔·路易斯，圣地亚哥不动产经纪。2012年由于帮助客户洗钱被定罪。
5	末底改·菲什，纽约的一名教士，和他的兄弟布鲁克林地区的拉瓦尔·施瓦兹教士。2012年分别由于15起和10起洗钱案件被判罪。他们通过慈善机构洗钱，收取10%的佣金。
6	布莱恩·伊兹，印第安纳州的一名投资者。2012年由于洗钱被判30个月监禁。
7	杰西卡·哈帕，莱斯银行网络部经理。2012年由于洗钱被定罪。
8	杰里·杰瑞特，律师。2011年由于清洗毒品收益被判37个月监禁。
9	露西·爱德华，纽约银行总裁，和她丈夫皮得·柏林。2006年由于清洗俄罗斯犯罪集团的100亿美元被定罪，收取180万美元的费用。
10	富兰克林·胡拉多，哈佛大学毕业的经济学家和银行家。1996年由于协助哥伦比亚毒枭约瑟·圣克鲁斯—龙多诺清洗3600万美元的非法收益被起诉。

① 官方网站：www. irs. gov。

续表

序号	机　　构
1	汇丰银行，一家英国银行。2012年，承认清洗来自俄罗斯和其他高风险区域的150亿美元非法资金（包括来自墨西哥的70亿美元），并同意给美国政府支付罚款19亿美元。
2	渣打银行，一家英国银行。2012年，被美国政府指控清洗伊朗和利比亚的2500亿美元非法资金，并答应支付3.4亿美元的罚款。
3	瑞士银行。2012年被指控协助伊朗、利比亚、苏丹、缅甸和古巴洗钱，由于违反美国的反洗钱法律，同意给美国政府统一支付5.36亿美元的罚款。
4	荷兰国际银行。2012年由于协助古巴和伊朗的洗钱并消灭证据，违背了美国法律，同意支付6.19亿美元的罚款。
5	荷兰银行。2010年由于10年间协助伊朗和利比亚经过美国的洗钱行为，支付5亿美元罚款。
6	巴克莱银行，一家英国银行。2010年，由于违背与客户支付有关的美国法律（来自古巴、苏丹和其他地区的客户），被美国政府处以2.98亿美元的罚款。
7	美联银行。2010年，由于清洗墨西哥犯罪集团的3730亿美元（相当于墨西哥GDP的1/3）非法资金，被美国政府处以1.6亿美元的罚款。
8	莱斯银行。2009年由于协助伊朗、苏丹非法资金的清洗，被处以3.5亿美元的罚款。
9	梵蒂冈银行。2012年被指控参与洗钱2.18亿美元。其执行长官都灵大学伦理学教授埃托雷·戈蒂·特德斯奇后被梵蒂冈银行解雇。
10	美国运通，美国跨国金融服务机构。2007年，由于没有完全遵守反洗钱法律，支付给美国监管部门6500万美元的罚款。

资料来源：美国国内税务网站 www.irs.gov。

总的来讲，如果说“普通”洗钱者是直接的行为，那么“第三方”洗钱者是间接的行为，是犯罪组织把洗钱服务进行了外包。表3－1中的案例分别涉及了个人层面和机构层面的“第三方”洗钱者。个人层面，以富兰克林·胡拉多为例，他是毕业于哈佛大学的银行家，1996年，被起诉帮助哥伦比亚毒枭约瑟·圣克鲁斯－龙多诺清洗3600万美元的“脏钱”。胡拉多设计了一个非常复杂的计划，将“脏钱”从巴拿马转移到欧洲的一些空壳公司，最后再回到哥伦比亚，途经68个国家或地区的100多个银行账户。但是，胡拉多从未创造任何的犯罪收益，他是一个金融家，他是有别于圣克鲁斯－龙多诺等罪犯的“第三方”洗钱者。机构层面，劳埃斯银行（2009）、荷兰银行（2010）等大型银行也被牵涉到协助洗钱的犯罪领域。

总之，基于以下三方面的原因，在反洗钱研究中，应该引入“第三方”

洗钱者。首先，“第三方”洗钱者是真实存在的，虽然文献中鲜少提及，但是政策制定者已经考虑到其和“普通”洗钱者的区别。其次，“第三方”洗钱者是整个犯罪链条中最薄弱的环节。相对于犯罪来讲，“第三方”洗钱者往往有合法工作，有一定的社会声誉，参与洗钱的沉没成本较低，且协助洗钱的高昂利润促使这些人员参与洗钱活动。表 3－1 的案例中提到，2006 年，纽约银行总裁露西·爱德华帮助俄罗斯黑手党清洗 100 亿美元的非法资金。若黑手党直接清洗这部分资金，所承受的沉没成本比较高；而借助于爱德华的合法地位和良好的职位优势，可以更有效地清洗“脏钱”。最后，“普通”洗钱者和“第三方”洗钱者的区分，可以进一步分析不同类型的反洗钱政策措施，从而更有效地实施反洗钱政策。

3.3.2 基于讨价还价过程的反洗钱政策措施分析

1. 三种反洗钱政策措施的概念描述

根据上述分析可知，虽然学术文献中没有严格区分“普通”洗钱者和“第三方”洗钱者，但是在实际的政策实施过程中，政策制定者已经作了区分。在这样的区分下，整个洗钱市场由三种参与者组成，“罪犯”、“普通”洗钱者[①]和“第三方”洗钱者。因此，总的来讲，应有三种措施来打击与洗钱有关的犯罪行为。

（1）阻止犯罪的政策措施（用 p_C 表示）。这类措施包括提高罪犯被抓捕概率的一系列手段，其目的是典型的“从根源上严厉打击犯罪”，比如在原始犯罪中投入更多的警力。为了研究的便利，这里假设，这一类的措施既针对产生非法收益的“罪犯”，又针对“普通”洗钱者。其目的在于抓捕更多的类似毒枭约瑟·圣克鲁斯·龙多诺的罪犯。

（2）阻止洗钱者的政策措施（用 p_M 表示）。这类措施包括降低洗钱者洗钱意愿的一系列手段，这里主要是指阻止“第三方”洗钱者提供洗钱服务的相关措施。通过这些措施，提高了洗钱的成本，降低了犯罪利润。如政府当局提供专业的反洗钱团队，提高洗钱者被发现的概率和惩罚的力度，促使更多的洗钱者被抓捕、罚款、解雇、点名，甚至被囚禁。换句话说，这部分措施的目的在于阻止类似富兰克林·胡拉多和露西·爱德华这样的罪犯。

---

① 罪犯和“普通”洗钱者只是相同人物在不同阶段的称呼。

（3）监测洗钱过程的政策措施（用 q 表示）。也就是本书所研究的反洗钱预防性政策[①]，这类措施包括在洗钱过程中潜在的识别“第三方”洗钱者的一系列手段。其目的是为了在类似于富兰克林·胡拉多帮约瑟·圣克鲁斯－龙多诺清洗“脏钱”的过程中抓捕他们。目前这部分政策措施的责任转嫁给了私人部门，如前所述，金融行动特别工作组（FATF）及各国政府当局要求银行等金融机构对客户的大额、可疑交易进行审慎检查，没有遵守这些规定的金融机构将受到惩罚。这里通过构建一个讨价还价模型来说明这个过程，解释在洗钱过程中，反洗钱的预防性政策对于提高洗钱成本、降低犯罪水平的作用。

2. 罪犯和“第三方”洗钱者的相互作用

政策制定者总是会在总预算水平固定的条件下，选择最佳的监管投入。无论是哪一种政策，总是在每一单位货币对犯罪水平抑制的边际效用相等时达到均衡。但是在不知道具体弹性的情况下，无法比较哪个政策更加有效。接下来通过构建模型，分析罪犯和“第三方”洗钱者的相互作用，从而分析不同的反洗钱政策措施。

这里主要通过构建一个讨价还价模型，分析罪犯和“第三方”洗钱者的相互作用。

根据传统的讨价还价模型，两个参与者在一笔固定盈余的分配上进行讨价还价。在某一个讨价还价回合中，一方参与者 A 给出一个分配率的报价，另一方参与者 B 将选择接受或拒绝这个报价。如果 B 选择拒绝，则进入下一轮的讨价还价回合，B 会给 A 报出自己的价格，A 可以选择接受和拒绝，以此类推，可能会经历无穷多次的循环，且假设这个盈余是可以进行无限分割的，这就是一个典型的“轮流出价过程”。

A 和 B 均为经济学定义中的理性经济人，鲁宾斯坦（Rubinstein A.，1982）认为，在一定条件下，盈余的任何分割都是一个纳什均衡。例如，参与者可以拒绝少于盈余的 60% 的报价，而通常给对手提供 40%，这时候，最佳的策略应该是对手快速回应提供盈余的 40%，均衡状态就是（60%，40%）。也就是说，通过改变阈值，任何结果都是一个纳什均衡。这些策略

① 由于本节重点分析“第三方”洗钱者，因此，这里的预防性政策是指针对“第三方”洗钱者的政策。但后面提到的反洗钱预防性政策，既针对“普通”洗钱者，又针对“第三方”洗钱者。

大多包含不可置信的威胁，讨价还价过程往往也伴随着总盈余的损耗。只要最少有一个参与者的讨价还价过程是有代价的，那么仅有的一个均衡也是完美子博弈均衡。穆素（Muthoo A.，1999）对这种“轮流出价”过程，进行了很好的综述，并进一步推广，求出了唯一的完美子博弈均衡，均衡结果取决于双方参与者延迟的相对费用。

这里将这种讨价还价过程应用到洗钱市场，罪犯和“第三方”洗钱者针对犯罪收益这部分盈余的分配进行讨价还价，他们同样遵循“轮流出价”的过程。

假设有两个参与者，第一个是普通的罪犯[①]，记为参与者 C；第二个是洗钱者[②]，记为参与者 M。两者均为经济学定义中的理性经济人，追求效用最大化，且均会受到制度的威慑，导致效用函数中参数的变化。

罪犯和洗钱者的效用函数是相互依赖的，均受到罪犯支付的洗钱工资的影响。这里通过讨价还价模型解释这种相互依赖的关系。假设需要分配的盈余是罪犯的犯罪收益，记为 w，这个盈余水平与罪犯在非法部门损耗的时间有关。且假设全部犯罪收益均要被清洗，那么 w 也是洗钱数额。同样采用鲁宾斯坦（1982）的“轮流出价过程”。该讨价还价博弈的时间顺序如下：

（1）罪犯和洗钱者投入在合法部门和非法部门的劳动力水平，分别为 l_1 和 l_2。即罪犯参与合法工作的劳动力投入为 l_1^C，洗钱者参与合法工作的劳动力投入为 l_1^M。

（2）由于犯罪投资的沉没成本，罪犯选择清洗“脏钱”。洗钱者报出的服务价格（洗钱价格）为 $x \in (0,w)$。

（3）罪犯可以选择接受这个价格，这样罪犯的回报为 $w-x$；或者拒绝这个价格，在下一轮讨价还价过程中建议一个新价格 $y \in (0,w)$。

（4）洗钱者可以接受这个新的价格；也可以拒绝，回到步骤（2）。

这个讨价还价博弈直到任何一方接受了另一方的报价才会结束。但是，在双方讨价还价的过程中，存在被监管部门发现的概率 q。若被发现，这个讨价还价过程终止，且双方参与者都将面临罚款。为了简化模型，这里不考虑时间贴现的问题[③]，但是必须要注意，拒绝报价将使讨价还价过程加长，

---

① 进入洗钱领域，就成为“普通”洗钱者。

② 也就是前面所述的“第三方”洗钱者。

③ 这个假设不会改变博弈的定性结论。但是忽略了讨价还价过程被发现的风险和贴现之间交互作用的影响。

从而增加被发现的风险。此外，假设劳动力供给由参与者双方提前决定。那么，罪犯接受洗钱者报价的报酬状况见表3－2①。

表3－2　　洗钱者的报价被接受的双方报酬

状态	概率	罪犯报酬	洗钱者报酬
议价中断	q	$\mu_1 l_1^C - f_C$	$v_1 l_1^M - f_M$
达成一致	$1-q$	$\mu_1 l_1^C + w - x$	$v_1 l_1^M + x$

注：其中，q代表讨价还价过程被发现的概率，μ_1 代表罪犯参与合法工作的工资，v_1 代表洗钱者参与合法工作的工资，f_i 代表罪犯或洗钱者被发现后所承受的惩罚，其中，$i=C$，M，w代表洗钱数额，x代表罪犯支付给洗钱者的工资水平。

接下来，用符号 b_i 表示参与者 $i=C$，M在讨价还价过程被发现的效用水平，即罪犯的效用水平为 b_C，洗钱者的效用水平为 b_M。

3. 罪犯和“第三方”洗钱者的讨价还价过程

假设每一个参与者常常拒绝对方的报价，那么在第一轮，罪犯的效用为 qb_C②。第二轮罪犯被发现的概率为 $q(1-q)$，没有被发现的概率为 $(1-q)^2$，罪犯的效用为 $qb_C(1-q)$。以此类推，罪犯的效用依次为 $qb_C(1-q)^2$、$qb_C(1-q)^3$……。最终，罪犯的总效用如公式（3－19）所示，仍然等于 b_C。

$$\begin{aligned} U_C &= qb_C + qb_C(1-q) + qb_C(1-q)^2 + \cdots + qb_C(1-q)^{\infty} \\ &= qb_C\sum_{t=0}^{\infty}(1-q)^t = b_C \end{aligned} \quad (3-19)$$

同理可得，洗钱者的总效用仍然等于 b_M。由于在任何报价上都没有达成一致是一个可行性对策③。因此，罪犯和洗钱者的总效用最少为 b_i，其中 $i=C$，M。结合表3－2可得，洗钱者的均衡报酬为 $x_M^* \geq v_1 l_1^M - f_M$，令 $v_1 l_1^M - f_M = U_M^{-1}(b_M)$，则 $x_M^* \geq U_M^{-1}(b_M)$。同理可得，罪犯的均衡报酬满足 $x_C^* = w - x_M^* \geq U_C^{-1}(b_C)$。否则，双方的博弈将无利可图。但是在现实中，永远拒绝报价并不是一个最优策略④。根据鲁宾斯坦（1982）的唯一完美子博弈均衡的特征，当罪犯在接收或拒绝洗钱者的均衡报价时是无差异，这个讨价还价博弈达到

---

① 与之相对应的情况是，洗钱者接受罪犯报价的报酬。这里以罪犯接受洗钱者报价的报酬状态为例。

② 由于一直被拒绝，所以没有被发现的效用总为零。

③ 但是，这是讨价还价模型的一个僵局。

④ 如果双方都从来不同意对方的报价，参与者参与博弈的意义将不存在。

了均衡，可以用公式（3－20a）、公式（3－20b）、公式（3－20c）、公式（3－20d）、公式（3－20e）、公式（3－20f）表示。

$$U_C(w-x_M^*)=qb_C+(1-q)U_C(x_C^*) \quad (3-20a)$$

$$U_M(w-x_C^*)=qb_M+(1-q)U_M(x_M^*) \quad (3-20b)$$

$$x_M^*\geqslant U_M^{-1}(b_M) \quad (3-20c)$$

$$x_C^*\geqslant U_C^{-1}(b_C) \quad (3-20d)$$

$$w-x_M^*\geqslant U_C^{-1}(b_C) \quad (3-20e)$$

$$w-x_C^*\geqslant U_M^{-1}(b_M) \quad (3-20f)$$

其中，公式（3－20a）表明，每一回合的讨价还价过程均有 q 的概率被发现，此时罪犯的效用等于 b_C。有（1－q）的概率不被发现，此时罪犯可能会拒绝洗钱者的报价，并提出他自己的均衡报价，获得 $U_C(x_C^*)$ 的效用。洗钱者的最优报价是使得罪犯在接受报价 x_M^* 和均衡策略状态下获得的期望效用之间没有差异。较高的报价将降低洗钱者自己的效用，而较低的报价又将被罪犯拒绝。均衡状态下，没有一个参与者将改变他们的策略，即满足公式（3－20a）和公式（3－20b）的条件，这种有唯一均衡解的条件来自鲁宾斯坦（1982）的研究成果。推导公式（3－20a）和公式（3－20b），可以进一步得到公式（3－21）的均衡条件。

$$\begin{aligned}G_M(x_M)&=U_C(w-x_M)-qb_C\\&\quad-(1-q)U_C(w-U_M^{-1})[qb_M+(1-q)U_M(x_M)]\\&=0\end{aligned} \quad (3-21)$$

其中，$G_M(x_M)$ 函数具有以下三点特征：

①$G_M(w)<0$。

②$G_M(U_M^{-1}(b_M))>0$。

③由于效用函数的连续性和 SPE（Subgame－Perfect Equilibrium，完美子博弈均衡）的唯一性，G_M 函数在 $x_M\in(U_M^{-1}(b_M),w)$ 的区间内是严格递减的。特征①和特征②的证明详见本书附录 A。

因此，均衡结果满足 $U_M^{-1}(b_M)<x_M^*<w-U_C^{-1}(b_C)$、$U_C^{-1}(b_C)<x_C^*<w-U_M^{-1}(b_M)$ 的条件。洗钱者率先报价，得到 x_M^* 的回报，而罪犯得到（$x_C^*=w-x_M^*$）的回报，均衡状态（x_M^*，x_C^*）也有三个特征：

①若在第一轮讨价还价过程中，双方就达成一致，这种结果是最有效的。讨价还价过程的延长将缩小盈利，并导致讨价还价过程被监管部门发现的概

率增加。

②由于 G_M 与 b_M 正相关，又与 b_C 负相关，因此讨价还价过程难以达成协议可能与以下因素有关：在其他条件不变的情况下，提高洗钱者的合法工资，或者降低犯罪者的合法工资，将增加洗钱者的盈余份额。由于合法收入高昂，洗钱者对于犯罪收入获取的动力相对较小，在讨价还价过程中将占据主导地位。对于罪犯，反之亦然。

③洗钱者有先动优势。如果两者的效用函数和讨价还价过程被发现的效用函数是完全相同的，即 $U_M = U_C = U$，$b_C = b_M = b$。那么，他们的报价也将相等，$x_M^* = x_C^* = x^*$。从公式（3－20a），可以得知，$U(w - x^*) = qb + (1 - q)U(x^*)$。由于 $x^* > U^{-1}(b)$，这意味着 $U(x^*) > b$，因此 $U(w - x^*) < U(x^*)$，结果是 $x^* > w - x^*$。因此，第一个报价者将获得较大的份额。这个结果可以从直观上解释，因为当参与者双方的效用函数和讨价还价被发现的效用函数相同的条件下，唯一不对称的地方就是报价的顺序。

研究洗钱被发现概率 q 对每个参与者的影响，也是一项重要的工作。但是，这个影响无法直接获得。直观上来看，一方面，q 的增加将降低洗钱犯罪被发现的预期时间，因此，将增加讨价还价过程被发现的当前价值；另一方面，相对没有耐心的参与者，将获得较小的份额。这两个方面所起的作用是相反的，一方面增加了获得的盈余份额，另一方面减少了获得的盈余份额。从数理的角度，q 对 x_M 的影响如公式（3－22）所示。

$$\frac{\partial x_M}{\partial q} = -\frac{\partial G/\partial q}{\partial G/\partial x_M} \tag{3-22}$$

由于 $\partial G/\partial x_M < 0$，因此 $\partial x_M/\partial q$ 的符号与 $\partial G/\partial q$ 的符号一致。$\partial G/\partial q$ 的表达式见公式（3－23）。

$$\begin{aligned}\frac{\partial G}{\partial q} &= U_C(w - U_M^{-1}(qb_M + (1-q)U_M(x_M))) - b_C \\ &\quad + (1-q)U'_C\{w - U_M^{-1}[qb_M + (1-q)U_M(x_M)]\} \\ &\quad \left(\frac{b_M - U_M(x_M)}{U'_M\{U_M^{-1}[qb_M + (1-q)U_M(x_M)]\}}\right)\end{aligned} \tag{3-23}$$

为了便于推导，定义 $Z = U_M^{-1}(qb_M + (1-q)U_M(x_M))$ 为洗钱者在讨价还价博弈中的期望报酬。第一行，$(U_C(w - Z) - b_C)$ 显然是正值，第二行，由于 $b_M < U_M(x_M)$，所以是负值。因此，最终的结果 $\partial G/\partial q$ 可正可负，即 q 对 x_M 的影响也是不确定的。这里还可以进行进一步的推演：

（1）由于洗钱者在第一轮讨价还价中率先报价，他将获得较大盈余份额。那么，洗钱者的边际效用将比罪犯的边际效用低。由此可得，$U'_C(w-Z)/U'_M(Z)>1$。

（2）假设 $(1-q)U'_C(w-Z)/U'_M(Z)\approx 1$ 成立，可以得到公式（3-24）。

$$\partial G/\partial q \approx (U_C(w-Z)-b_C)-(U_M(x_M)-b_M) \tag{3-24}$$

（3）如果 $b_M \geqslant b_C$，则 $\partial G/\partial q>0$ 成立；反之，如果 $b_M \leqslant b_C$，则 $\partial G/\partial q<0$ 成立。

在这些假设下，可以发现，当洗钱者的讨价还价过程被发现时的效用水平较高，提高洗钱被发现概率，将提高洗钱者对洗钱资金的份额。但当其效用水平较低时，将减少份额。这个结果从直观上解释是自然的：当洗钱被发现的报酬较低时，洗钱者从中获得的收益较少，而罪犯较多。提高洗钱被发现的概率影响了最终洗钱被发现的报酬结果，相对而言，洗钱者的境况有所改善，更加难以在讨价还价过程中妥协。

前述研究并没有考虑参与者的风险偏好，这里假设双方参与者均为风险中性的。那么公式（3-20a）和公式（3-20b）可以转变为公式（3-25a）和公式（3-25b）。

$$x_M^* = b_M + \frac{1}{2-q}(w-b_M-b_C) \tag{3-25a}$$

$$x_C^* = b_C + \frac{1}{2-q}(w-b_M-b_C) \tag{3-25b}$$

结合上述的效用函数，可以对洗钱者的收益份额作如下总结，洗钱者的份额将随着他洗钱被发现的报酬增加而增加，随着罪犯洗钱被发现的报酬减少而增加，随着洗钱发现的概率 q 增加而增加。

4. 基于讨价还价模型均衡结果的反洗钱政策措施分析

通过对上述模型整理可得，洗钱者的报酬与以下几点因素有关：

（1）洗钱者的报酬随着洗钱者的合法工资增加而增加。当洗钱者拥有较高的合法工资水平时，他的讨价还价能力将有所增加。直观上的解释是，当从洗钱交易中获得最少时，讨价还价能力达到最高。如果获得更多的合法工资，那么从洗钱中获得额外货币收入的吸引力将较弱。在本模型中，洗钱者不得不衡量额外洗钱收入的好处和被抓捕及定罪所带来的成本，以及合法工作的报酬。显然，更高的合法工资水平在参与洗钱的外部决策中，起到了决定性的作用。

（2）洗钱者的报酬随着罪犯合法工资的减少而增加。这一点是相对间接的影响。洗钱者的讨价还价能力不仅取决于他自己的合法工资水平，还和罪犯的合法工资水平有关。总之，拥有最高外部选择的参与者将拥有最强的讨价还价能力，可以获得更多的盈余份额。降低罪犯的合法工资水平，导致罪犯的讨价还价能力相对减弱。因此，这是第一点因素的对立面解释。

（3）洗钱者的报酬极大可能会随着被发现概率的增加而增加。这一点是由于讨价还价模型的均衡解。如前所述，当罪犯接受报价和其在均衡状态的期望效用无差异时，洗钱者的报价达到最优。与之相对应的较高报价将降低洗钱者自己的效用，而较低报价将被罪犯拒绝。当洗钱被发现概率增加时，罪犯均衡状态的期望效用将降低，洗钱者需要提供更低的报价，而获得更高的盈余份额。这个结论无论在风险中性参与者，还是在风险规避参与者的情况下都是成立的。这也说明了增加罪犯和洗钱者在讨价还价过程中被发现的概率，即反洗钱预防性政策的实施，会对洗钱者的报酬产生影响，从而更有利于打击洗钱。

总之，反洗钱的三种政策措施均会对洗钱者的报酬产生影响，从而在一定程度上控制洗钱者的洗钱动机。

3.4　本章小结

本章从经济学角度对反洗钱政策实施问题进行了解析。

首先是洗钱扩张过程的经济学分析。通过微观视角的分析可以发现，洗钱过程被发现概率 p、洗钱犯罪惩罚力度 t、洗钱成本 c 均与反洗钱政策的实施及其实施效果有关，即反洗钱政策越严格、越有效，p、t、c 的数值将越大，罪犯的洗钱倾向将越少。这部分研究论证了反洗钱政策实施的可行性。宏观视角的分析将微观视角中“初始的洗钱资金仅仅是非法资金的一部分”扩展，洗钱成了整个非法部门的乘数，若不加监管，将不断膨胀，从而带来深远的危害。这部分研究论证了反洗钱政策实施的必要性。

其次是反洗钱监管的经济学解释。在洗钱扩张过程经济学分析的基础上，求出洗钱者的等效用线。通过构建反洗钱监管部门的社会福利函数，勾勒出监管部门的等损失线。从反洗钱监管部门的社会福利总损失和洗钱者的总效用角度考虑，反洗钱监管部门总是在将洗钱者效用控制在一定水平的条件下，选择社会福利总损失最小的反洗钱监管行为。同理，罪犯总是在政策制定者可以容忍的社会福利总损失的条件下，寻找总效用水平最大的洗钱行为。以此，求解出了反洗钱监管的均衡状态：$c = c_1$，即当洗钱成本和监管部门的效率损失相等时。基于均衡结果，得出了反洗钱监管的三种状态，其中，当 $c = wc_1$ 时，即洗钱成本小于反洗钱监管部门的效率损失，意味着这是一种不仅失效且仍存在效率损失的反洗钱监管。此时，反洗钱监管部门的付出大于洗钱成本，也就是说，反洗钱监管效率损失过大，没有达到预期的效果。这部分研究为反洗钱政策实施的临界条件进行了经济学解析。

最后是基于讨价还价过程的反洗钱政策措施分析。通过区分“普通”洗钱者和“第三方”洗钱者，对洗钱市场进行了更加细致的描述。通过罪犯和“第三方”洗钱者的讨价还价过程，分析了阻止犯罪、阻止洗钱者和监测洗钱过程的三大反洗钱政策措施，通过经济学理论分析可以发现，这三大措施均会对洗钱成本造成影响，因此均具有实施的必要性。本书的后续研究主要是针对监测洗钱过程的反洗钱政策措施的研究，即反洗钱预防性政策的研究，这部分研究不仅解释了反洗钱的预防性政策，也从理论角度解释了反洗钱有效性不足的其他原因，虽然反洗钱预防性政策花费巨大，但是由于对洗钱者调查力度仍显不够，反洗钱的实施效果必然会大打折扣。

本章的研究囊括了洗钱和反洗钱的经济学分析，从经济学理论的角度解析了反洗钱政策实施的实施效果、必要性及主要的三大措施，且后面的经济学推导大多基于这部分研究。

第4章 反洗钱政策实施的国际组织和国际标准

国际反洗钱政策的实施是在反洗钱国际组织的领导下完成的。反洗钱国际组织制定了一系列的相关制度和标准。这些制度和标准是国际反洗钱政策实施有效性的主要衡量标准。

4.1 国际组织

经济金融的国际化在促进全球经济发展的同时，也被一些跨国犯罪分子所利用，使得洗钱活动跨越国界，成为一项全球的犯罪行为。首先，国际间商品和资本流动的加剧提高了非法资金流转的效率。计算机、互联网技术的迅猛发展，全球经济和金融环境的变化，使得全球经济的联系愈加紧密，非法收益可以借助商品、资本频繁的跨国流动，在世界范围内有效流转。其次，一些监管宽松的离岸金融中心为犯罪分子的洗钱活动提供了极大的便利。俄罗斯黑手党在意大利洗钱的案例说明，一些国家的组织犯罪者可以把在本国获得的非法收益，转移到其他国家（Federco V.，2012），如监管较松的“避税天堂”等离岸金融中心。由于第三国法律法规的限制，这些非法资金的监控困难重重（Otusanya O. J.，Ajibolade S. O.，Omolehinwa E. O.，2012）。最后，经济、金融的全球化对国际法律和准则带来了挑战。在国际化的背景下，需要全新的国际规范来应对新环境下的世界性挑战（Marie W.，2008）。国际反洗钱的相关制度规则就是全球化后世界法规变化的产物。随着世界政治、经济、金融形势的变化，反洗钱的规则将进行不断的修订（Nicol M.，et al.，2011）。总之，打击洗钱已经成为全球共同面对的问题。

根据反洗钱的职责范围，国际反洗钱组织机构可以分为两类：第一类是专门的反洗钱组织，第二类是在反洗钱领域发挥作用的其他组织，见表4-1。

表4-1　反洗钱的国际组织

• 专门的反洗钱组织
➤ 国际组织
✧ 金融行动特别工作组（FATF） ✧ 埃格蒙特集团（Egmont Group） ✧ 沃尔夫斯堡集团（Wolfsberg Group）
➤ FATF类型的地区性反洗钱组织（FSRBs）
✧ 亚太反洗钱工作组（APG） ✧ 加勒比地区反洗钱金融行动特别工作组（CFATF） ✧ 欧亚反洗钱与反恐融资工作组（EAG） ✧ 东南非洲反洗钱工作组（ESAAMLG） ✧ 中非反洗钱工作组（GABAC） ✧ 拉丁美洲反洗钱工作组（GAFILAT） ✧ 西非反洗钱组织（GIABA） ✧ 中东非和北非反洗钱金融行动特别工作组（MENAFATF） ✧ 欧洲委员会评估反洗钱措施特设专家委员会（MONEYVAL）
• 在反洗钱领域发挥作用的其他组织
➤ 国际组织
✧ 联合国（United Nation） ✧ 世界银行（World Bank） ✧ 国际货币基金组织（IMF） ✧ 国际刑警组织（ICPO） ✧ 国际金融监管组织 ✓ 巴塞尔银行监管委员会 ✓ 国际证监会组织（IOSCO） ✓ 国际保险监管协会（IAIS） ✓ 离岸银行业监管集团（OGBS）
➤ 地区性组织
✧ 欧洲委员会（Council of Europe） ✧ 欧洲联盟（EU）及欧洲共同体（EC） ✧ 美洲国家组织（OAS） ✧ 美洲开发银行（IDB） ✧ 亚洲开发银行（ADB） ✧ 欧洲复兴开发银行（EBRD） ✧ 欧盟刑警组织（Europol） ✧ 英联邦秘书处（Commonwealth Secretariat）

4.1.1 专门的反洗钱国际组织

这类组织专门从事国际反洗钱的相关事务，目的在于促进反洗钱的国际合作，以实现反洗钱目标。

1. 金融行动特别工作组（FATF）[①]

金融行动特别工作组成立于 1989 年，是目前世界上最重要的专门从事反洗钱/反恐融资的国际组织。最早由七国集团（Group of Seven，以下简称 G7）成员国、欧盟欧洲委员会（European Commission，EC）和 8 个其他国家组成。随后，不断扩张，截至 2017 年 10 月，FATF 的成员已经扩展到 35 个国家或地区和 2 个区域性组织。

总之，FATF 是国际反洗钱（反恐怖融资）政策制定、实施的政府间组织。其首要任务是建立反洗钱和反恐融资的国际标准。近年来，FATF 还被授予了评估各国反洗钱成效，调查洗钱技术和趋势，领导全球反腐败斗争等职责。具体来讲，FATF 的主要工作内容有以下几个方面：

一是制定反洗钱的国际标准。FATF 标准是国际反洗钱政策的先进理念和最佳实施指导。对其成员及其他国家或地区进行反洗钱评估时，主要基于该标准。随着反洗钱形势的发展，反洗钱标准经历了多次变革。1990 年，FATF 发布了国际反洗钱的“40 条标准”，该标准主要针对毒品犯罪。1996 年，FATF 修订了“40 条标准”。针对洗钱手段和趋势不断发生变化的形势，将上游犯罪范围扩大到毒品交易之外的其他犯罪行为。2001 年 10 月加入了反恐融资的内容。“9·11”事件发生后，FATF 于 2001 年 10 月加入了 8 条针对恐怖融资的特别标准。2004 年 10 月，又加入了第 9 条标准。“40 +9 条建议”成为各国建立反洗钱/反恐融资制度框架的重要文件。2012 年，在对 2004 年“40 +9 条建议”修订的基础上，FATF 通过了《打击洗钱和恐怖、扩散融资的国际标准 40 项建议》（简称“新 40 条建议”），该建议揭示了近年来反洗钱面临的新问题，对国际反洗钱政策提出了更高的标准。对比于之前的反洗钱标准，“新 40 条建议”主要在三个方面提出了新的要求或更高的标准：要求全面推行“风险为本”反洗钱规则；进一步明确了反恐融资的核

---

① 官方网站：http：//www. fatf - gafi. org。

心地位；进一步强调了反洗钱政策的国际合作。

二是评估各国对反洗钱国际标准的实施结果。1991 年，FATF 开始对各国或地区反洗钱标准的实施情况进行评估，对成员和非成员采用了不同的评估办法。成员的评估采用自评和互评相结合的方式。自评主要由成员向 FATF 递交自评报告或者采取问卷的形式。互评结果主要来自评估小组的相关报告。目前为止，互评历经三轮，第一轮从 1994 ~ 1995 年，第二轮从 1996 ~ 1999 年，第三轮从 2005 ~ 2009 年，第四轮从 2014 年开始。非成员的评估主要采用不合作国家或地区（NCCTs）黑名单制度。2000 年，FATF 发布了 NCCTs 的"25 条标准"①，据此标准，至今已经发布了几十次 NCCTs 黑名单。FATF 号召其成员提防来自 NCCTs 名单中的国家或地区的洗钱风险。

三是研究新型洗钱方式和趋势。FATF 成立之初，洗钱趋势和技术的研究就是其工作内容之一。随后 FATF 通过成立洗钱类型工作组②，对洗钱方式进行专项研究。近年来，发布了针对贸易洗钱、新型支付技术的洗钱、地下钱庄洗钱、特殊区域（南美洲）洗钱等研究报告。

四是协助反腐败斗争。2013 年，FATF 意识到腐败和洗钱之间的关联，国际组织也认为 FATF 的反洗钱建议是打击腐败的重要手段。FATF 及其相关建议的实施，可以在全球形成一种环境，腐败行为在这种环境下难以生存。在 G20 的号召下，FATF 在 2012 年度的反洗钱建议修正稿中，修订了客户尽职调查（CCD）机制，加强了对权益所有人、从政人员、跨境电汇等方面的洗钱监控。2013 年 2 月，FATF 发布了一个新的办法，评估各国实施反洗钱建议的效果，其中就包含了反腐败的内容。2013 年 6 月，FATF 发布了《FATF 指引：政治公众人物（建议 12 与 22）》③，并对 2010 年发布的《使用 FATF 建议打击腐败》④ 进行了修订。这些均表明，反洗钱已经同时包含"反洗钱/反恐融资"和"反腐败"。

2. Egmont Group（埃格蒙特集团）⑤

反洗钱政策的核心环节是金融情报的收集，为了更好地对各国金融交易

---

① 黑名单的内容，第 6 章还将详细说明。

② Working Group on Typologies，简称 WGTYP。

③ "Guidance on Politically Exposed Persons (Recommendations 12 and 22)", 2013。

④ "The Use of the FATF Recommendations to Support the Fight Against Corruption", 2010。

⑤ 官方网站：http://www.egmontgroup.org。

情报进行收集、整理和甄别，1995 年，一些发达国家的金融情报机构（FIUs）成立了一个主要从事金融情报交互的非政府国际组织，即 Egmont Group。埃格蒙特集团通过例会形式讨论和解决金融信息情报工作的问题，特别是在金融情报交互和共享、金融情报从业人员的培训等方面的问题。截至 2017 年 12 月，埃格蒙特集团共有 151 个成员，我国台湾地区也是埃格蒙特集团成员之一。

埃格蒙特集团的宗旨是为全球反洗钱/反恐融资提供一个世界性的金融信息网，以促进反洗钱政策有效性的提高。埃格蒙特集团的第一个突出贡献是对金融情报机构进行了严格定义和评价。1996 年的罗马会议上，埃格蒙特集团对金融情报机构的定义为：金融情报机构是一个独立而金融信息集中的机构，该机构在国家监管当局的授权下，接收与犯罪收益相关、国家法律或法规要求的金融信息，并通过计算机等技术对这些信息进行分析，并将分析结果转移给司法部门。1997 年的马德里会议后，埃格蒙特集团发布了《关于金融情报机构目标的声明》，确认了上述金融情报机构的定义，并开始对其参加国进行认证。总之，根据金融情报机构的定义，其一般必须具备四项功能：金融情报信息的收集和汇总、金融情报信息的整理和分析、金融情报信息的甄别和结果汇总、金融情报信息的国内外交流和司法移交。因此，埃格蒙特集团的第二个突出贡献是金融情报交流。在金融情报信息的交流过程中，埃格蒙特安全网络起到了关键的作用。此外，埃格蒙特集团的培训和交流工作组通过收集整理，筛选出 100 个发生在埃格蒙特集团成员的真实洗钱案例，并发布在其官方网站上，用于各国金融情报机构的培训和交流。

3. 沃尔夫斯堡集团（Wolfsberg Group）①

沃尔夫斯堡集团是一个国际间的银行业协会，由 12 家国际知名大银行组成，成立于 1999 年。该集团的主要目的是对金融系统的反洗钱风险进行防控，特别是制订关于“了解您的客户”的金融机构反洗钱制度的标准制订。2004 年 4 月，沃尔夫斯堡集团与中国人民银行联合举行了反洗钱国际研讨会，形成了《私人银行全球反洗钱指引》《代理行沃尔夫斯堡全球反洗钱原则》《打击恐怖融资的沃尔夫斯堡声明》等指导性文件。

① 官方网站为 www. wolfsberg - principles. com。

4.1.2 专门的反洗钱地区性组织

随着反洗钱国际标准的逐渐规范，越来越多的国家参与到反洗钱中。为了在全球范围内形成反洗钱的统一政策，FATF 促使世界各区域组建各自的类 FATF 区域组织（FATF – Style regional Bodies，FSRBs）。截至 2017 年 12 月，已经构建了 9 个 FSRBs。它们在不同的地区推行金融行动特别工作组的反洗钱国际标准，并通过自评和互评的方式监督成员对国际标准的执行情况；同时为所在地区提供反洗钱技术援助；研究本地区的洗钱活动类型，并向金融行动特别工作组提交洗钱类型分析报告。

4.1.3 在反洗钱领域发挥作用的其他国际组织

除 FATF 之外，联合国、国际货币基金组织、世界银行等国际组织也纷纷采取行动共同打击洗钱。这类组织并非专门从事国际反洗钱的相关事务，但是根据各自的职责所需，在反洗钱国际合作中发挥重要的作用。

1. 联合国

联合国[①]（United Nations，UN）是当代由主权国家组成的最具普遍性和权威性的政府间国际组织。联合国在反洗钱和反恐融资领域也实施了一系列的措施，敦促和帮助各国联合打击与预防洗钱和恐怖融资活动。主要措施有敦促各国签署和批准联合国有关公约、发布有关决议、在联合国禁毒署中开展全球反洗钱计划等。

（1）联合国通过的有关反洗钱和反恐融资的公约。目前，在联合国通过的国际公约中，《联合国禁止非法贩运麻醉药品和精神药物公约》（1988 年）、《联合国制止向恐怖主义提供资助的国际公约》（1999 年）、《联合国打击跨国有组织犯罪公约》（2000 年）、《联合国反腐败公约》（2003 年）这 4 个联合国国际公约对反洗钱和反恐融资具有非常重要的意义。

（2）联合国安理会发布的有关反洗钱和反恐融资的决议。2001 年“9 · 11”事件之后，联合国安理会在打击恐怖主义活动中发挥了积极作用，并对恐

---

① 官方网站为 www. un. org 。

怖融资予以特别关注。安理会先后发布了 1267 号（1999 年）、1373 号（2001 年）、1390 号（2002 年）决议，要求所有成员采取广泛的措施来抑制恐怖主义活动。这一系列决议特别强调了恐怖融资和其他直接或间接向恐怖主义活动提供资助的问题，要求在全球范围内立即冻结包括基地组织、塔利班和本·拉登在内的恐怖组织和人员的资金。

（3）联合国森毒署（UNODC）全球反洗钱计划。联合国禁毒署的全称是联合国毒品与犯罪控制办公室（United Nations Office on Drugs and Crime，UNODC）。联合国禁毒署主要职责是打击毒品和国际犯罪，目前包括犯罪控制计划和毒品控制计划两方面任务。反洗钱计划是毒品控制计划的子计划，全称是全球反洗钱计划（Global Program Against Money Laundering，GPML），旨在通过研究和技术合作提高国际反洗钱工作的有效性。全球反洗钱计划不但向各国政府提供反洗钱方面的技术支持，还负责国际反洗钱信息网络和反洗钱国际数据库的管理工作。该计划主要包括技术援助、国际反洗钱信息网络、反洗钱国际数据库三方面内容。

2. 世界银行和国际货币基金组织

世界银行①（World Bank，WB）是世界上最大的政府间商业银行之一。国际货币基金组织②（International Monetary Fund，IMF）是政府间国际金融组织，作为国际金融体系中的两个重要组织，世界银行和国际货币基金组织在反洗钱和打击恐怖主义融资领域发挥着特殊作用。具体说来，主要包括三个方面：一是推动金融行动特别工作组“40 条建议”成为国际标准；二是针对反洗钱和反恐融资进行评估；三是技术援助和政策对话。

3. 国际金融监管组织

目前，世界上主要有三大国际金融监管组织：巴塞尔银行监管委员会（Basel）、国际证监会组织（IOSCO）和国际保险监管协会（IAIS）。此外，针对离岸银行业务的统一监管，还有专门的离岸银行业监管集团（OGBS）。

（1）巴塞尔委员会③（Basel Committee on Banking Supervision，Basel）是由西方七国集团吸收其他国家成立的专门协调银行监管的专业组织。成员

① 官方网站为 www. worldbank. org。
② 官方网站为 www. imf. org。
③ 官方网站为 www. bis. org/bcbs。

包括比利时、加拿大、法国、德国、意大利、日本、卢森堡、荷兰、西班牙、瑞士、瑞典、英国和美国。1988 年 12 月，在《联合国禁止非法贩运麻醉药品和精神药物公约》制定之后不久，为了推动各国实施公约，巴塞尔委员会制定了第一套反洗钱的国际原则——《关于防止犯罪分子利用银行系统洗钱的原则声明》。这一声明制定了客户识别的基本原则，这个原则的使用会减少给犯罪分子提供帮助的可能性，而且该原则鼓励银行与执法官员之间的合作。2001 年 10 月，巴塞尔委员会公布了一份详细的客户尽职调查指导性文件——《巴塞尔银行委员会客户尽职调查声明》（Basel CDD Paper），从银行业谨慎操作和反洗钱的角度推荐了客户尽职调查方面的最佳运作方式。

（2）国际证监会组织[①]（International Organization of Securities Commissions，IOSCO）是国际各证券暨期货监督管理机构所组成的国际合作组织。1995 年，中国证监会成为其正式会员。在反洗钱领域，国际证监会组织发布了《国际证监会组织客户身份原则声明》，专门指导各成员证券行业在开展业务过程中对客户的谨慎操作。

（3）国际保险监管协会[②]（International Association of Insurance Supervisors，IAIS）是一个专业性的国际保险业监管组织。该协会宗旨是通过制定全球保险监管的指导原则和标准，提高成员方保险业的监管水平，维护国际保险市场稳定和保护投保人利益；促进全世界范围内保险业监管者的合作，加强保险业监管方与其他金融市场监管方之间的协作。发布了《保险监管机构及经营机构反洗钱指引》。这份文件详述了保险业洗钱的可能性和方法、监管者和被监管的保险机构在反洗钱中的义务、保险业可疑交易的案例。随后又增加了保险业监管者和保险机构进行反恐融资的内容。

（4）离岸银行业监管集团[③]（Offshore Group of Banking Supervisors，OGBS）是专门致力于离岸银行业监管的机构。其成员包括世界上主要的离岸金融中心。我国的香港特别行政区和澳门特别行政区也是该组织正式成员。该机构对离岸银行业市场进行监管的积极努力取得了一定成效。

---

① 官方网站为 www. iosco . org。

② 官方网站为 ww. iaisweb. org。

③ 官方网站为 www. ogbs. net。

4. 国际刑警组织①

国际刑警组织（International Criminal Police Organization，Interpol）成立于 1923 年。其主要工作宗旨是加强成员在刑事犯罪领域的国际合作。国际刑警组织在反洗钱/反恐融资领域的主要工作有：一是成立了预防犯罪行动基金工作组（FOPAC），负责调查并监测有组织犯罪的金融资产以及与国际犯罪活动相联系的基金的流动。二是提出了控制洗钱的三项原则：必须依照法律予以打击；商业银行必须及时报告所获知的洗钱活动；开展国际追踪活动。三是国际刑警组织成立了金融和高技术犯罪理事会（Financial & High Tech Crime，FHT），负责调查与洗钱、伪造货币、银行卡和知识产权相关的案件，为成员打击洗钱等金融高科技犯罪提供帮助。

4.2　国际标准

面对洗钱犯罪的国际化问题，联合国、国际货币基金组织、世界银行、亚太经济合作组织、欧盟、金融行动特别工作组、国际金融监管机构等国际组织采取行动共同打击（Dragos R.，2010）。在国际反洗钱的长期发展进程中，联合国、国际金融监管机构和金融行动特别工作组、埃格蒙特集团和沃尔夫斯堡集团等国际组织发布了一系列的决议、国际公约、建议和标准，逐步形成了较为完整的国际反洗钱法律标准体系（见表 4 -2），对各国反洗钱进行指导和制约。其中，FATF 的“40 条建议”是国际社会公认的反洗钱的国际标准和规范。

表 4 -2　　反洗钱国际组织及其相关文件

国际组织	国际反洗钱法律标准体系
联合国及安理会	《联合国禁止非法贩运麻醉品和精神药物公约》 《联合国打击跨国有组织犯罪公约》 《联合国制止向恐怖主义提供资助的国际公约》 《安理会反恐决议》 《联合国反腐败公约》

① 官方网站为 www. interpol. int。

续表

国际组织	国际反洗钱法律标准体系
巴塞尔委员会	《关于防止犯罪分子利用银行系统洗钱的原则声明》 《银行对客户的谨慎尽职调查》
国际证监会组织	《反洗钱决议》 《证券业务客户识别和最终受益人原则》 《组合投资产品反洗钱指导文件》
埃格蒙特集团	《关于金融情报机构目标的声明》 《关于金融情报机构间情报交换的最佳实践》
沃尔夫斯堡集团	《私人银行全球反洗钱指引》 《代理银行沃尔斯堡全球反洗钱原则》 《打击恐怖融资的沃尔夫斯堡声明》 《关于监测、筛选和查询沃尔夫斯堡声明》 《关于共同基金和其他组合投资工具反洗钱沃尔夫斯堡声明》 《基于风险方式管理洗钱风险沃尔夫斯堡声明》
金融行动特别工作组	《打击洗钱和恐怖、扩散融资国际标准 40 项建议》 《反洗钱合规性和有效性评估方法》

关于反洗钱政策实施有效性的标准则主要体现在 2013 年 FATF《反洗钱合规性和有效性评估方法》中，主要有十一个方面的标准：（1）知悉洗钱和恐怖融资风险，并通过适当的内部协调行动抵御洗钱、融恐融资和大规模杀伤性武器扩散。（2）为反洗钱国际合作提供准确的信息、金融情报和证据，并协助打击罪犯及其财产的行动。（3）监管部门根据与风险相当原则，遵循反洗钱/打击恐怖融资（AML/CFT）要求，对商业银行和特定非金融行业或职业进行合理监管。（4）商业银行和特定非金融行业和职业充分运用与风险相当的反洗钱和打击恐怖融资（AML/CFT）防范性措施，并报告可疑交易。商业银行和特定非金融行业和职业理解其洗钱和恐怖融资风险的性质和水平。（5）防止法人和法律机构被洗钱和恐怖融资滥用，并且其受益所有人信息应无障碍地被主管当局获得。（6）金融情报和所有其他相关信息被管理当局在调查洗钱和恐怖融资中合理地使用。金融情报机构提供了准确、可靠和最新的信息；主管部门有足够的资源和技能运用这些信息进行分析和金融调查，以查明和追踪资产并进行相关业务分析。（7）洗钱犯罪的调查、犯罪者的起诉等环节可以有效地进行，并确保洗钱罪犯受到应有的惩罚。（8）犯罪所得和犯罪工具均被没收。犯罪分子（国内的和国外的）的犯罪工具和所得或同

等价值的财产均被没收（通过及时采取临时性的措施和没收措施）。(9) 恐怖融资活动的调查、起诉等环节可以有效地进行，并确保恐怖融资犯罪受到应有的惩罚。(10) 防止恐怖分子、恐怖组织和恐怖融资者筹集、转移和使用资金并防止他们滥用非盈利组织部门进行上述活动。(11) 打击与大规模杀伤性武器扩散有关的犯罪行为。

4.3　本章小结

本章从国际视角分析了反洗钱的国际组织和国际标准，把与反洗钱有关的国际组织分成了三大类：一是专门的反洗钱国际组织，主要是以金融行动特别工作组（FATF）等为主的分别在反洗钱中充当不同角色的专门从事反洗钱工作的国际组织。二是专门的反洗钱地区性组织，协助 FATF 做好区域性的反洗钱工作。三是在反洗钱领域发挥作用的其他组织，主要是以世界银行、国际货币基金组织等为主的在世界金融、经济、法律领域具有权威地位并在反洗钱过程中起到带头作用的国际组织。在此基础上，对这些国际组织涉及的反洗钱相关标准进行了汇总和归纳，并对反洗钱有效性的 2013 年 FATF《反洗钱合规性和有效性评价方法》的 11 点标准进行了分析。这部分研究奠定了反洗钱政策有效性研究的现实基础，为后续的理论研究提供了现实依据和标准。

第5章　国际反洗钱政策的传导机制研究

洗钱活动的日益国际化促使了反洗钱的国际合作和反洗钱国际组织的成立。本章按照政策实施的一般流程，从政策工具、中介指标和政策目标的层次，勾勒出国际反洗钱政策的实施过程。根据国际反洗钱政策实施的一般过程，对国际反洗钱政策实施的利益主体之间错综复杂的关系进行了分析，并从中剖析出国际反洗钱政策实施有效性的问题。对国际反洗钱政策实施有效性影响因素的分析，主要是从两个角度开展：第一，通过双层委托－代理模型的构建，分析激励机制对国际反洗钱政策有效性的影响；第二，借助非法产品供求的局部均衡模型，分析不同类型国家的反洗钱态度，从而分析出不同国家的特征差异对国际反洗钱政策有效性的影响。

5.1　国际反洗钱政策的传导过程

国际反洗钱政策的实施涉及了反洗钱国际组织、各国反洗钱监管部门等多个利益主体，这些利益主体之间错综复杂的关系给反洗钱政策的研究带来了一定的困难。下面将通过对国际反洗钱政策实施过程的描述，对国际反洗钱政策的实施及政策有效性问题进行探讨。

5.1.1　定性描述

与货币政策的制定和实施过程类似，可以将国际反洗钱政策的实施过程描述成：政策工具选择、中介指标变化、政策目标实现。一般来讲，具备可测性、可控性、相关性的中介指标可以作为反洗钱国际合作有效性的衡量指标。根据国际反洗钱的政策实践及相关理论研究成果，可以描绘出国际反洗钱政策的传导过程，见图 5－1。

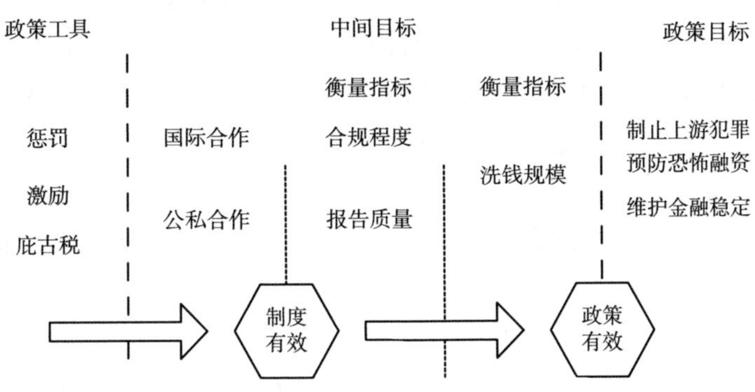

图 5－1　国际反洗钱政策的实施过程

注：洗钱规模是介于中介指标和政策目标之间的，本书将其作为反洗钱政策实施效果的衡量指标之一，将在第 7 章分析。

1. 政策工具

所谓政策工具是指，可以调整相应指标，从而影响政策最终目标的工具。而反洗钱政策的调整原因，主要是基于收益和成本的考虑，也就是说国际组织乃至各国政府应当考虑反洗钱政策的实施成本，当成本大于收益时，或者已经将洗钱控制在一定的范围时，将调整相应政策工具的指标。对于反洗钱政策来讲，国际组织和各国政府制订的激励措施，仍是目前最重要的政策。

从国际合作的角度，金融行动特别工作组（FATF）对反洗钱不合作国家或地区的考核和黑名单声誉惩罚可以认为是重要的政策工具，该制度被称为不合作国家或地区（Non－Cooperative Countries and Territories，NCCTs）[①] 黑名单制度。该黑名单首次发布于 2000 年，基于金融行动特别工作组 1998 年开始的反洗钱最薄弱国家或地区的考察工作（Unger B.，Ferwerda J.，2008）。没有遵守反洗钱国际标准的国家或地区将被列名，甚至受到国际组织的抵制，FATF 将号召自己的成员提防来自不合作国家或地区的金融交易，并进行限制经济贸易的惩罚。

从公私合作的角度，各国反洗钱监管当局（以中央银行为主）对不履行反洗钱义务的中介部门实施声誉惩罚、罚款、通报批评等惩罚措施。

① 关于 NCCTs 黑名单的内容，第 6 章还将详细阐述。

从严格意义上讲，这些惩罚措施并不能被称作政策工具，但是对于惩罚手段的调整可以在一定程度上影响反洗钱政策目标的实现。有些学者也提出了征收庇古税来解决反洗钱的外部性，但是该方法是否可以，仍处于理论阶段，受制于很多现实因素，该方法仍未被国际组织采用。因此，从目前来看，国际反洗钱政策实施的主要工具仍是惩罚性的工具，其他政策工具仍在探索之中。

2. 中介指标

所谓中介指标是指，随着政策调整而发生变化，且能反映政策目标实现程度的指标。也就是说在政策实施过程中，同时具备可测性、可控性和相关性的指标。

反洗钱惩罚性政策工具的实施，主要是为了促进反洗钱的国际合作和公私合作。衡量国际合作和公私合作的有效性指标，一般认为是对这两大合作遵守程度的衡量。国际合作层面是各国政府对反洗钱国际标准的遵守程度，公私合作层面是私人部门对反洗钱监管部门要求的相关规制的遵守程度。

根据近年的反洗钱政策实践和国内外的研究成果，可以把以下两个指标作为国际反洗钱政策的中介指标。一是各国政府对 FATF“建议”的遵守程度。二是中介部门可疑交易报告的数量或质量。

3. 政策目标

国际反洗钱政策的内容和目标是随着国际经济、金融、政治、犯罪等的发展而不断发生变化的。但是，其最早的初衷是打击毒品交易和保护金融利益①和声誉利益②。随后逐渐加入了反恐怖融资、反腐败等。因此，一般认为，国际反洗钱政策的首要目的是减少洗钱上游犯罪的发生数量（Boorman J.，Ingves S.，2001），从最初的反毒品，到打击组织犯罪，再到近些年提出的反腐败，这些都是为了控制洗钱的上游犯罪。目前涉及的上游犯罪种类已经达到上百种，而保护核心金融系统的完整性是反洗钱政策的次要目标（Peter Reuter & Edwin M. Truman，2005）。巴塞尔委员会发布的第一则反洗钱声明，目的就是为了防止金融系统被洗钱者或犯罪分子滥用，而反洗钱和反恐融资的结合，则是由于美国“9·11 事件”的发生。

---

① 1982 年的金融危机，央行保护经济的措施之一就是反洗钱。因为洗钱行为会导致通货膨胀，利率、汇率波动和不公平竞争。央行有维护经济稳定的义务，所以要防止“脏钱”的流动。

② 各国金融系统可能由于未履行反洗钱职责而受到声誉惩罚。

总之，可以认为，国际反洗钱的政策目标包含三个方面：一是制止洗钱上游犯罪；二是预防恐怖融资；三是维护金融体系的安全和稳定。

值得注意的是，中介目标和政策目标之间还存在一个可以衡量反洗钱政策实施有效性的指标，即洗钱规模指标。洗钱规模指标既可以作为一个中介指标，又可以作为反洗钱政策目标，该指标的大小可以反映反洗钱政策的总体效果。本书把洗钱规模指标和上游犯罪指标均作为反洗钱政策有效性评价的指标方法，将在第7章进行说明。

4.1节介绍了反洗钱政策制定及实施过程中涉及的国际组织，这些国际组织之间，以及国际组织和各国政府之间相互合作和博弈，牵涉了一系列的利益关系，这种利益关系给反洗钱政策有效性带来了一定的阻碍。通过对国际反洗钱政策实施过程涉及的相关组织的职责、义务的分析，可以发现两个突出问题：一是各国政府反洗钱的积极性[①]受到国际合作激励机制[②]的影响；二是国际反洗钱政策的有效性还受到各国自身特征的影响。基于各国的主权行为，各国往往会出现反洗钱的不合作或者形式上的遵守。

5.1.2 利益主体的关系分析

除了国际组织之外，国际反洗钱政策的实施还涉及多个利益主体，多个利益主体之间相互合作及其内在的关联可以对政策实施过程及其有效性产生很大的影响。这里采用委托－代理关系描述这样的利益关系。由于信息不对称，在反洗钱政策的实施过程中，形成了一条多级的委托－代理链条，包括反洗钱国际组织、区域性反洗钱组织、各国反洗钱监管部门[③]、反洗钱中介部门、中介部门的雇员和中介部门的客户等，见图5－2。

这个多级的委托－代理关系既反映了国际反洗钱政策实施的过程，又刻画了相关利益主体的内在关系。其中，各国政府（反洗钱监管部门）具有双重的身份：一方面是反洗钱国际组织的代理人；另一方面也是反洗钱国际组织实质上的委托人，只不过在现实中是由发达国家倡导的，但是从根本上应该代表全球所有的国家。

---

① 也包含中介部门的积极性，这里以国际层面为主。

② 为了描述国际反洗钱政策的实施过程，5.1节将激励机制，即现有的惩罚性手段，作为政策工具来分析。

③ 一般是中央银行，为了叙述的简便，后文简称“各国央行”。

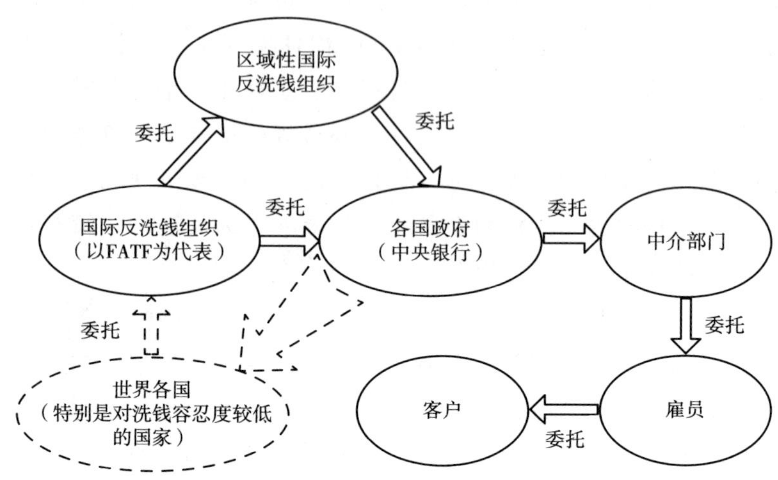

图 5－2 国际反洗钱政策的多级委托－代理关系

此外，图 5－2 的委托－代理关系过于复杂，往往难以建模和分析，5.2 节对此作了进一步的简化，将反洗钱国际组织、各国反洗钱监管部门（以中央银行为主）和中介部门作为主要的利益主体。形成了一个包含三个主体的双层委托－代理关系。第一层委托－代理关系是国际角度，反洗钱国际组织（最早由发达国家发起）制定反洗钱的国际规范和标准，并对各国实施反洗钱规制的情况进行监督；第二层委托－代理关系是国内角度，由各国反洗钱监管部门委托反洗钱中介部门履行反洗钱义务，实施相应的反洗钱制度。这样不考虑国内层面的反洗钱合作，仅从国际层面来看①，国际反洗钱政策的有效性首先取决于各国反洗钱的努力程度，而对于各国政府来讲，这个努力程度又取决于自身权衡收益成本后的选择行为。因此，有必要对影响这个努力程度的因素进行分析，本书重点从激励机制、形式合作和内在合作三个方面来分析。

5.2 国际反洗钱政策的激励机制

5.1 节对国际反洗钱政策的利益主体进行了分析，在双层委托－代理关

① 王宝运（2013）的论文已对商业银行（或者说中介部门）反洗钱的有效性问题进行深入的探讨，这里不再赘述。

系下，国际反洗钱政策涉及三个利益主体，分别为反洗钱国际组织、各国反洗钱监管部门（以中央银行为主）和反洗钱中介部门。下面通过构建双层委托－代理模型的方法，对这三者的目标函数进行最优决策求解，以此分析国际反洗钱政策目标实现的条件和机制。

5.2.1　反洗钱利益主体的双层委托－代理模型

1. 反洗钱国际组织的目标函数和最优解

第一层委托－代理关系中，反洗钱国际组织是充当了委托人的角色，而各国反洗钱监管部门为代理人，为了表述的简便，分别将这两个主体称为“国际组织”和“监管部门”。虽然洗钱有可能给一些国家或一些个人带来正收益，但是对于全球来讲，洗钱的效应几乎为负。因此，这里假定反洗钱国际组织实施反洗钱政策的目标是洗钱规模的最小化，也就是说洗钱数量是可以量化的。

从委托人的角度，国际组织期望监管部门可以付出尽可能大的努力积极反洗钱，假设 θ_c 代表各国反洗钱监管部门的努力程度①，γ_c 代表努力的成效②，且已知：$\gamma_c = f(\theta_c, \tau_1)$。也就是说，国际反洗钱政策的有效性与各国监管部门的努力程度及某些其他不确定的因素相关，满足 $\partial\gamma_c / \partial\theta_c > 0$ 的关系。反洗钱政策的有效性与这个努力程度是正相关的。若 $\nu_c(\gamma_c)$ 是国际组织给监管部门支付的报酬，这样，各国反洗钱监管部门将会选择使自己的目标函数 $\int u_c(\nu_c(\gamma_c)) f_c(\theta_c, \gamma_c) d\gamma_c - C_c(\theta_c)$ 取得极大值的 θ_c。目标函数中的 $C_c(\theta_c)$ 表示监管机构反洗钱的成本，满足 $\partial C_c / \partial\theta_c > 0$。即越积极努力的反洗钱，监管机构付出的代价越大。根据米勒（Mirrlees，1974）和霍姆斯特姆（Holmstrom，1979）激励相容约束和郭新明（2007）的研究，该极大值问题，可用如公式（5－1）所示的一阶条件来求解。

$$\int u_c(\nu_c(\gamma_c)) f_{c\,\theta}(\theta_c, \gamma_c) d\gamma_c = C'_c(\theta_c) \tag{5-1}$$

这样，第一层级的委托－代理关系，反洗钱国际组织作为委托人的激励约束相容问题可以用公式（5－2）表示。

---

① 一般表现为各国政府的努力程度。

② 如前述的政策目标，这里抽象成可以量化的指标。

$$\max\int\phi(\gamma_c-\nu_c(\gamma_c))f_c(\theta_c,\gamma_c)d\gamma_c$$

$$s.t.\ (IR):\int u_c(\nu_c(\gamma_c))f_c(\theta_c,\gamma_c)d\gamma_c-C_c(\theta_c)\geqslant \underline{u} \tag{5-2}$$

$$(IC):\int u_c(\nu_c(\gamma_c))f_{c\theta}(\theta_c,\gamma_c)d\gamma_c=C_c'(\theta_c)$$

假设 λ_1 是参与约束的拉格朗日乘数，λ_2 是激励约束的拉格朗日乘数，通过求解公式（5－2）中函数极大化问题的一阶条件，可以得到公式（5－3）。

$$\frac{\phi'(\gamma_c-\nu_c(\gamma_c))}{u_c'(\nu_c(\gamma_c))}=\lambda_1+\lambda_2\frac{f_{c\theta}(\theta_c,\gamma_c)}{f_c(\theta_c,\gamma_c)} \tag{5-3}$$

2. 各国反洗钱监管部门的目标函数和最优解

受国际组织的委托，各国反洗钱监管部门将在国内实施反洗钱政策，将反洗钱职责委托给以商业银行为主的中介部门①，为了表述的简便，本书简称之为“中介部门”。这样，监管部门既是国际组织的代理，又是中介部门的委托人。监管部门的反洗钱收益和成本则有以下几个部分组成：一是国际组织给付的报酬 $\nu_c(\gamma_c)$；二是中介部门努力反洗钱而增加的成果收入 γ_b；三是中介部门反洗钱努力程度②为 θ_c 时的支出成本 $C_c(\theta_c)$；四是监管部门支付给中介部门的报酬 $\nu_b(\gamma_b)$（苗文龙，2015）。

因此，中介部门的货币收入③可以表示为：$\varphi=\nu_b(\gamma_b)-C_b(\theta_c+\theta_b)$。从另一角度，中介部门的货币收入还可以表示为，监管部门支付的固定收入 α 加上浮动收入 $\beta(\theta_c+\theta_b)$，减去成本，这里将成本简化为 $\frac{b}{2}(\theta_c+\theta_b)^2$。则中介部门的实际货币收入可以用公式（5－4）表示。

$$\varphi=\nu_b(\gamma_b)-C_b(\theta_c+\theta_b)=\alpha+\beta(\theta_c+\theta_b)-\frac{b}{2}(\theta_c+\theta_b)^2 \tag{5-4}$$

其确定性等价收入为：

$E\varphi-\frac{1}{2}\rho\beta^2\sigma^2=\alpha+\beta(\theta_c+\theta_b)-\frac{b}{2}(\theta_c+\theta_b)^2-\frac{1}{2}\rho\beta^2\sigma^2$。其中 $E\varphi$ 为代理

---

① 因为反洗钱制度不仅仅涉及商业银行，所以本书的第二层委托－代理关系，统一用“中介部门”表示。

② 体现为反洗钱制度的制定、人员的付出等方面。

③ 中介部门的成本不仅和自己的努力有关，还和央行的努力有关，因为央行的努力会改变不遵守的惩罚力度。如果中央银行要求中介部门努力工作，而且检查次数增加，都会导致其成本上升。

人（中介部门）的期望收入，$\frac{1}{2}\rho\beta^2\sigma^2$ 为代理人（中介部门）的风险成本。

这样，中介部门接受监管部门委托－代理反洗钱业务的参与约束条件为：$E\varphi-\frac{1}{2}\rho\beta^2\sigma^2=\alpha+\beta(\theta_c+\theta_b)-\frac{b}{2}(\theta_c+\theta_b)^2-\frac{1}{2}\rho\beta^2\sigma^2\geqslant\underline{\varphi}$，$\underline{\varphi}$ 为中介部门的保留收入水平。

若信息完全对称，也就是说，监管部门可以观察到中介部门的努力程度 θ_b 的最优合同，那么，激励约束 IC 将不起作用，即任意水平的 θ_b 均能通过满足其参与约束 IR 的强制合同来实现。因此，各国反洗钱监管部门不仅承担国际组织的代理人，而且是中介部门的委托人。这种双重身份让监管部门面临这样的问题：如何选择给中介部门的福利水平和如何选择自己和中介部门的努力水平。用模型来描述，就是通过选择（α，β）和（θ_c，θ_b）的值来解决监管部门目标函数的极值问题，见公式（5－5）。

$$
\begin{aligned}
&\max\int\{[\nu_c(\gamma_c)+\gamma_b]-C_c(\theta_c)-\nu_b(\gamma_b)\}_b f(\gamma_b+\theta_c)\,d\gamma_b\\
&s.t.\ (IR):\alpha+\beta(\theta_c+\theta_b)-\frac{b}{2}(\theta_c+\theta_b)^2-\frac{1}{2}\rho\beta^2\sigma^2\geqslant\underline{\varphi}
\end{aligned}
\qquad (5-5)
$$

3. 中介部门的目标函数和最优解

反洗钱中介部门大多是以营利为目的的企业，在履行反洗钱义务的时候，必然会由于其付出的反洗钱努力而影响其对主营业务的努力程度，假设为 $(1-\theta_b)$。若中介部门的主营业务收入为 χ，则其目标函数如公式（5－6）所示。

$$E_b=\chi(1-\theta_b)+\alpha+\beta(\theta_c+\theta_b)-C_b \qquad (5-6)$$

其中，χ 是中介部门反洗钱努力程度 θ_b 的函数，当 θ_b 值较大时，必然会减少其主营业务的时间和精力，从而获得较小的 χ。χ 与 $\beta(\theta_c+\theta_b)$ 的关系既可能是正相关①，也可能是负相关②。因此，对于中介部门来讲，其面临的主要决策为，如何协调反洗钱业务和其主营业务的收益和成本，以达到总利润的极大值。将公式（5－6）对 θ_b 求导，并令其一阶导数为零，可得公式（5－7）。

---

① 这说明中介部门在履行反洗钱义务时，与各国央行为代表的政府当局建立了良好的关系，在声誉、政策等方面可能获得的收益。

② 反洗钱可能给中介部门带来负担，还可能导致其资金量的减少，从逐利的角度将带来不利影响。

$$\beta\frac{\partial\chi_b}{\partial\theta_b}=\frac{\partial\chi_n}{\partial\theta_b}+\frac{\partial C_b}{\partial\theta_b} \tag{5-7}$$

5.2.2 反洗钱激励机制的几个命题

根据上述的委托－代理模型分析，可以得到如下命题：

1. 由公式（5－3）可得命题5.1

命题5.1：在信息对称的条件下，则符合经典委托－代理的条件，那么国际组织将能够完全观察到各国反洗钱监管部门的选择行为。为了促进监管部门积极工作，国际组织会且能够设计合理的激励机制。此时的激励约束相容状态是，各国反洗钱监管部门的边际收益等于国家的边际收益，在信息不对称的条件下，国际反洗钱政策的有效性与各国的反洗钱努力有关，而各国反洗钱监管机构占据信息优势，将从自身角度出发，选择使自己效用最大化的努力水平。

证明：当公式（5－3）中的 $\lambda_2=0$，那么激励约束条件IC将不存在，委托－代理双方的信息对称，反洗钱国际组织则能完全观察到各国的反洗钱努力程度，也就能制定和调整相关的激励制度；当 $\lambda_2>0$ 时，激励约束条件IC将成立，反洗钱国际组织和各国反洗钱监管部门之间则信息不对称，信息优势使得反洗钱的有效性。取决于各国的反洗钱努力程度，各国反洗钱监管部门根据自身效用的极大值，选择自己的努力程度。

2. 由公式（5－5）可得命题5.2

命题5.2：监管部门委托中介部门实施反洗钱制度，监管部门将给中介部门支付报酬。报酬由固定收入和浮动收入组成。其中固定收入水平由中介部门反洗钱工作人员的最低工资水平、中介部门的反洗钱成本、监管部门的反洗钱努力程度、中介部门的反洗钱努力程度有关。浮动收入则由监管部门的努力程度、中介部门的努力程度和中介部门的反洗钱成本决定。

证明：假设 η_1 为参与约束的拉格朗日乘数，对公式（5－5）的一阶导数求解可得公式（5－8a）、公式（5－8b）。其中 α^* 代表固定收入水平，β^* 代表浮动收入水平。

$$\alpha^*=\underline{\varphi}+\frac{1}{2b}=\underline{\varphi}+\frac{C_b}{(\theta_c+\theta_b)^2} \tag{5-8a}$$

$$\beta^* = \frac{1}{1 + b\rho\sigma^2} = \frac{(\theta_c + \theta_b)^2}{(\theta_c + \theta_b)^2 + 2C_b} \qquad (5-8b)$$

如公式（5－8a）、公式（5－8b）所示，各国监管部门委托中介部门履行反洗钱义务，并给付其报酬的固定收入 α^* 由反洗钱工作人员的最低工资 $\underline{\varphi}$、中介部门的反洗钱成本 C_b、监管部门的努力程度 θ_c、中介部门的努力程度 θ_b 决定；而浮动收入系数 β^* 则由监管部门的努力程度 θ_c、中介部门的努力程度 θ_b 和反洗钱成本 C_b 决定。

根据命题 5.2 还可以得到推论 5.2.1、推论 5.2.2 和推论 5.2.3。

推论 5.2.1：固定收入水平 α^* 与中介部门反洗钱从业人员最低工资和中介部门反洗钱成本成正比，而与监管部门和中介部门的努力程度均成反比①。

推论 5.2.2：若监管部门提高反洗钱努力程度，中介部门的代理成本也将增加，只有弥补这部分增加的成本，中介部门的积极性才会不受影响，但是这将使得监管部门的支出增加，不考虑其他费用的情况下，将出现超支。监管部门的努力又增加了第二层委托－代理双方的成本，双方均难以接受。所以，若要兼顾中介部门反洗钱的收益成本问题，目前实施的反洗钱激励制度从实质上降低了监管部门的反洗钱意愿。

证明：因为 $\frac{\partial\theta_b}{\partial\theta_c} > 0, \frac{\partial C_b}{\partial\theta_b} > 0$，因此，各国反洗钱监管部门努力程度的加大必然使中介部门更加认真努力，进而增大了中介部门的反洗钱成本 C_b，从而监管部门支付给中介部门的固定收入 α^* 也有所增加，而各国监管部门的努力程度又增加了第二层委托－代理关系中双方的反洗钱成本。所以，若要兼顾中介部门反洗钱的收益成本问题，目前实施的反洗钱激励制度从实质上降低了监管部门的反洗钱意愿。

推论 5.2.3：反洗钱的国际合作和公私合作过程中，均有外部性问题的存在，这种外部性问题使得国家之间、中介部门之间难免发生利益冲突，反洗钱政策有效性受到影响。在激励机制不健全的情况下，“成本收益不对等”的情况时有发生，各国乃至各中介部门的反洗钱积极性在这种情况下难免受到影响。

3. 由公式（5－7）可得命题 5.3

公式（5－7）说明，当中介部门追求收益最大化的时候，中介部门的反

① 分别求导可得，证明略。

洗钱努力水平、中介部门的主营业务努力水平和对应成本的边际关系。因此可以得到命题 5.3。

命题 5.3：假设把中介部门的业务分为反洗钱业务和主营业务，那么一旦对反洗钱付出更少的努力，就会有更多的精力和时间用在主营业务，从而可以提高主营业务收入。经模型推导①可以发现，中介部门对主营业务的努力程度很高，以至于其边际收入很低，然而，计算反洗钱业务存在很大的利润，中介部门的反洗钱努力也不会很强。

证明：公式（5－7）刻画了一个边际平衡式。换句话说，中介部门反洗钱努力的最后一个单位，所获得的反洗钱边际收入乘以 β，等于其边际主营业务收入和边际反洗钱成本之和。

因为$\frac{\partial \chi_b}{\partial \theta_b} > 0, \frac{\partial \chi_n}{\partial \theta_b} > 0, \frac{\partial C_b}{\partial \theta_b} > 0, 1 > \beta > 0$，所以$\frac{\partial \chi_b}{\partial \theta_b} = \frac{1}{\beta}\frac{\partial \chi_n}{\partial \theta_b} + \frac{1}{\beta}\frac{\partial C_b}{\partial \theta_b}$，进而，$\partial \chi_b > \partial \chi_n + \partial C_b$。由此可知，中介部门在主营业务上的努力程度很高，因此其边际收入由于逐渐减少而变得很低，但是反洗钱的努力程度很低，反洗钱业务的边际收入仍处于较高的位置。与达到收入最大化时，边际收入等于边际成本相比，即中介部门远远没有尽到应尽的职责。由命题 5.3 可得推论 5.3.1。

推论 5.3.1：当中介部门是“以盈利为主要目的”“以尽力争取优质客户”为要求时，其充当了一个服务者的角色，对于客户本身，更多的是躬从，而不是积极披露客户信息。在没有足够激励的条件下，中介部门披露客户信息的积极性必然受到很大影响。那么，反洗钱信息的互通和金融环境的净化也必然只是形式了②。

5.3 国际反洗钱政策的形式合作

20 世纪末，美国颁布的反洗钱法令开始强调两大合作——国际合作和公私合作。FATF 成立后，反洗钱的两大合作逐渐在全球范围开展。从本质上来讲，目前的“两大合作”要求仍处于形式合作的阶段。

---

① $\frac{\partial \chi_b}{\partial \theta_b} > 0, \frac{\partial \chi_n}{\partial \theta_b} > 0, \frac{\partial C_b}{\partial \theta_b} > 0, 1 > \beta > 0$，所以$\frac{\partial \chi_b}{\partial \theta_b} = \frac{1}{\beta}\frac{\partial \chi_n}{\partial \theta_b} + \frac{1}{\beta}\frac{\partial C_b}{\partial \theta_b}$。进而，$\partial \chi_b > \partial \chi_n + \partial C_b$。

② 证明略。

从国际合作角度，FATF制定了相关制度和标准，要求其成员及其他国家遵守。见图5-3，根据马尔科·阿尔诺·帕多安（Padoan PC，2008）的方法，可以将反洗钱政策框架体系按照包括管理时间、法律实践和制度实践等内容[①]的方式对各国“FATF建议”遵守度进行评价，评价结果可以用来衡量各国反洗钱政策实施的有效性。这样的评估可以在一定程度上判断反洗钱薄弱国家，从而进行重点管制。也就是说，这种反洗钱国际标准的形式合作，对国际反洗钱政策的有效性具有一定的影响。但是，这样的形式合作往往是迫于发达国家对发展中国家的行政压力，因此，这种影响往往是有限的。

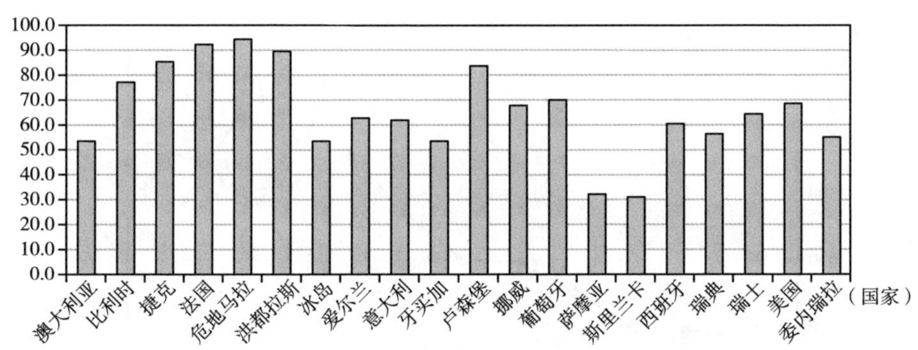

图5-3　各国反洗钱规制与FATF建议的合规程度

资料来源：来自马尔科·阿尔诺·帕多安（2008）的研究。其中，横坐标代表国家，纵坐标代表各国对FATF逐条建议遵守程度的平均值。

从公私合作角度，在国际组织相关标准的要求下，各国反洗钱监管当局也提出了金融部门监测客户交易行为的要求，要求相关中介部门汇报大额和可疑交易报告。从理论上来讲，某中介部门对这些制度的遵守程度，也可以一定程度上说明该国、该中介部门的反洗钱政策实施的有效性。各国、各中介部门大额、可疑交易报告数量的多少也一度称为反洗钱政策有效性的标志，更多的报告数量意味着反洗钱努力程度更强。但是，这也仅仅是形式合作。有些情况下，更多的报告可能是由于该部门或该国担心被反洗钱监管组织惩罚而采取了“防卫性”报告。见图5-4，20世纪初，荷兰和美国都采用了“风险为本”的反洗钱监管方法。可疑交易报告的数量

① 虽然本书研究的是反洗钱的预防性政策，但是法律上的遵守程度也能映射预防政策的遵守程度，所以这里不做区分。

却差异很大。荷兰的报告数量相对较少，而美国的报告数量较多。这是不是就能说明美国的反洗钱更有效呢。事实并不是这样的，荷兰虽然报告数量少，但是质量高。而美国的报告质量却相对较低，部分报告内容是报告部门为了躲避惩罚而掺杂的虚假信息，因此报告较多可疑交易的美国的反洗钱政策反而是低效的。

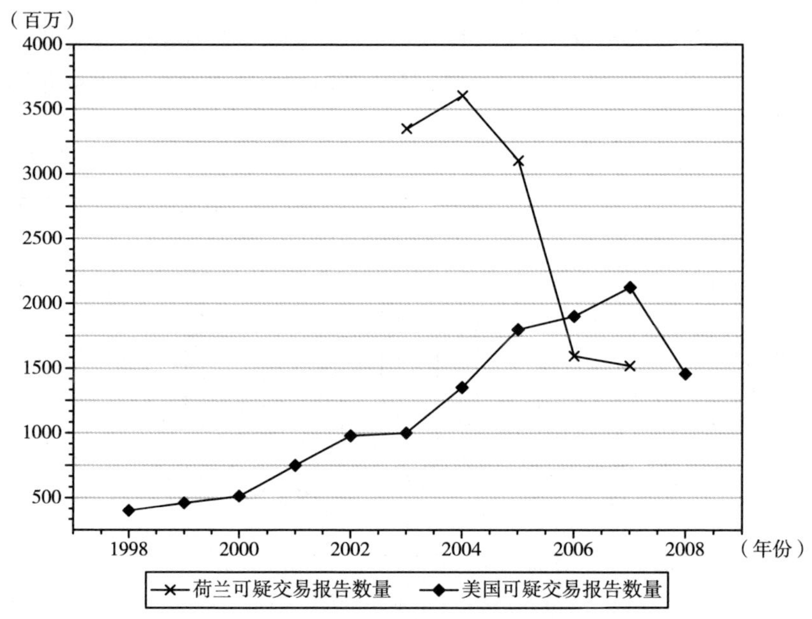

图 5－4　美国和欧盟国家的可疑交易报告数量

注：来自米歇尔·贝杰拉、布萨托·弗朗西斯科、阿梅代奥·阿根提诺（2009）的研究。

总之，无论是国际合作层面还是公私合作层面，形式合作对国际反洗钱政策实施有效性的影响都是有限的，缺乏内在主动性的合作往往会使国际反洗钱政策的实施流于形式。下面将从国际角度，研究内在合作对国际反洗钱政策有效性的影响。

5.4　国际反洗钱政策的内在合作

无论各国对反洗钱国际标准的遵守程度，还是大额和可疑交易报告数量的指标，都是反洗钱政策形式合作的内容。这种形式合作对反洗钱政策有效性的作用毋庸置疑。而国际反洗钱政策要取得最终胜利，就需要各国积极主动的参与。但是在实际中，国际反洗钱政策的利益主体，特别是各国政府往往是独立存在，有其本身的主权意识，一旦反洗钱规制侵犯了该国主权，则会选择单纯的形式上合作，甚至彻底不合作。因此，基于国家主权行为的内在合作，对于反洗钱政策有效性的作用显得更加重要。也就是说，国际反洗钱政策实施的有效性评价，除了要考虑形式合作的问题，还要从各国的内在合作角度来考虑。但是，这种国家主权行为，从本质上是一种动机的分析，带有极强的随机性和不可控性，无论是经济学模型分析，还是经验验证都极其困难。

本书在这方面的研究尚属于探索阶段。为了可以分析不同国家的反洗钱努力程度，本书侧重了对国家特征的描述。本节通过构建经济学模型，用一个国家容忍洗钱数量作为反洗钱积极性的一个指标，通过分析一个国家容忍洗钱数量的影响因素，为促进各国积极反洗钱的政策制定提供借鉴，也为第 6 章、第 7 章的实证研究提供理论依据。这里的研究从封闭经济推演到开放经济。在封闭经济下，各国政府难以容忍洗钱。但是在开放经济背景下，这个结论不再成立，由于洗钱的外部性问题，各国可能会出现反洗钱背叛，也就是有些国家容忍洗钱行为在本国发生。不同于以往的文献，或者从单个决策者角度（Masciandaro D.，Portolano A.，2003），或者从同质决策者角度（Unger B.，Rawlings G.，2008），本节的研究，假设政策制定者（各国政府）是不同质的，正是这种不同质的特征，导致洗钱行为的发生率和反洗钱的热忱程度有所差异，这里用各国容忍洗钱数量来刻画这种差异性。当某个国家打破“问责链条”而容忍洗钱，该国将成为罪犯的天堂，吸引大量的犯罪收益（Gnutzmann H.，McCarthy K. J.，Unger B.，2010），甚至可能导致对“脏钱”的逐底竞争。

5.4.1　基本假设和模型概述

1. 基本假设

本节的基本假设，主要来自多那托·麦斯安德尔（1998，1999）和辛纳克·格特曼、基利安·麦卡锡、布里吉特·昂格尔（2010）的研究。为了简化模型，首先对非法产品的生产和消费、洗钱和反洗钱行为中提到的经济人和变量作如下假设：

（1）假设罪犯有很强的私利初衷，因此“利润最大化”是罪犯的主要目标。

（2）非法收益，或者“脏钱”没有任何使用价值，无论再投资于合法经济，还是非法经济，都必须经过清洗，才能使用。即洗钱是犯罪分子参与生产的投入之一。

（3）清洗后的“净钱”，进入非法经济，再次产生犯罪收益，这里把这种犯罪收益，抽象成一种产成品，即下文所提的“非法产品”，那么非法产品的生产要素应该包括清洗后的“净钱”、生产非法产品的劳动力两个部分。

（4）全球各国人口都是非法产品的潜在客户，这里按照国家将全球人口进行归类。

2. 模型概述

如前文所述，洗钱和犯罪是紧密相连的，没有洗钱，就没有再次犯罪的动力。因此，较严苛的反洗钱监管将使得洗钱变得困难，犯罪行为的价值降低；而较松弛的反洗钱监管将使得洗钱变得容易，犯罪行为的价值增高。反洗钱的意义不言而喻，但是，洗钱和某国政策制定者之间的行为，难以建模。

这里的模型构建，依然基于 3.1 节的洗钱理论。罪犯生产非法产品，产生犯罪收益，犯罪收益经过洗钱市场的清洗，再次流入非法领域。封闭经济中，犯罪和洗钱行为均在国内发生，所有的成本和收益均由一国政府承担，由于犯罪所带来的社会成本非常巨大，洗钱行为将不被容忍。但是在开放经济下，非法产品和洗钱在全球市场交易，犯罪行为和洗钱行为可能不在同一个国家发生，这意味着洗钱和犯罪的关系在国家层面被打破。提供洗钱的政策制定者，有可能不用承担洗钱上游犯罪所带来的危害。这本身是公共物品提供的博弈，国家越多，这种效应就越明显。国内的套利者可以获得其他国的犯罪收益，“以邻为壑”政策在邻国之间盛行。这里的研究视角基于开放经济。模型的基本情况见图 5－5。

模型中，罪犯生产的非法产品在全球销售，各国人口都可能是非法产品的消费者，政策制定者根据本国洗钱及其上游犯罪的成本和收益，权衡利弊，决定本国的反洗钱松弛程度。设想政策制定者有个容忍洗钱的数量，然后再向洗钱者拍卖，获得合理的洗钱价格和收益，这样，政策制定者将会对洗钱行为无视。虽然不能保证所有国家都有容忍洗钱的数量，但是总有一些洗钱行为会逃避监控，如“不合作国家”的出现，说明总有一些国家在容忍洗钱。

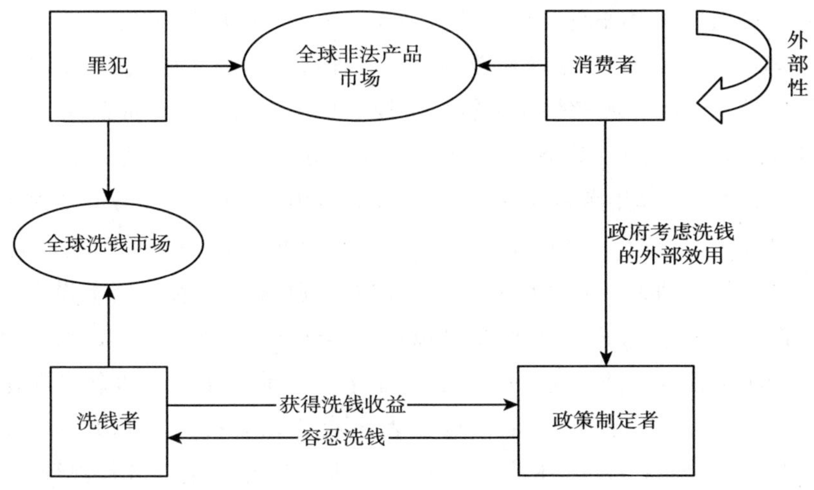

图 5－5　模型概述

为了简化模型，这里采用局部均衡分析，即只研究非法部门，而不考虑合法部门的情况，罪犯或洗钱活动通过工资渠道抽象。这样做的原因有两个：

（1）因为非法部门的规模往往小于合法部门，一般均衡的边际效应相对较小，一般均衡分析对非法部门的解释力反而不够充分。

（2）这里尝试寻找一个共同的纽带，解释各国政策的相互作用如何影响洗钱和犯罪，显然，没有一个单一的模型可以综合考虑全球洗钱问题。

5.4.2　跨国反洗钱策略模型的构建

为了研究洗钱参与者的行为特征，首先构建非法产品生产的经济学模型。模型中，假设全球人口由对非法产品是相同偏好或不同偏好的消费者组成。非法产品由罪犯生产，罪犯是模型的第二个参与者，“劳动力”是要素投入。由于这里研究的重点是洗钱，因此对非法产品的生产技术进行抽象，在该技术水平下，单位劳动力和单位“净钱”的投入将生产出一定数量的非法产品。其次分析在不同的市场供求条件下，如何达到供需均衡，模型中的非法产品将在全球范围内交易，并在完全竞争、垄断等市场环境下出售给相同偏好或不同偏好的消费者。

1. 建模思路——非法产品的生产过程

由于非法所得只有经过清洗才能用于生产、消费或投资，也就是没有清洗过的“脏钱”效用很低，假设为零（Masciandaro D.，1998），可以表示为 $U(K_1)=0$，其中，K_1 代表非法收益，或者即将清洗的“脏钱”。这样，犯罪收益好比是犯罪商品或者是原材料，洗钱是加工的过程，产成品是“净钱”，洗钱过程需要一定的劳动力。“净钱”的产量取决于洗钱能力和待清洗的“脏钱”数量，可以用劳动力来表示洗钱的能力，那么可以用里昂惕夫固定比例方程来表示。这里对模型进行简化，假设每生产一个单位的“净钱”，需要一单位的劳动力投入（L_1）和一单位的“脏钱”投入（资本投入，记为 K_1），那么“净钱”（K_2）的产量可以用 $K_2=\min(L_1,K_1)$ 来表示。“净钱”再投资于非法领域，洗钱是保证非法产品生产的前提条件，也就是非法产品的投入之一。非法产品的产量 x 可以表述成劳动力投入（L_2）和“净钱”（K_2）的函数，即 $x=f(L_2,K_2)$。图 5－6 对非法产品的生产过程进行了描绘。

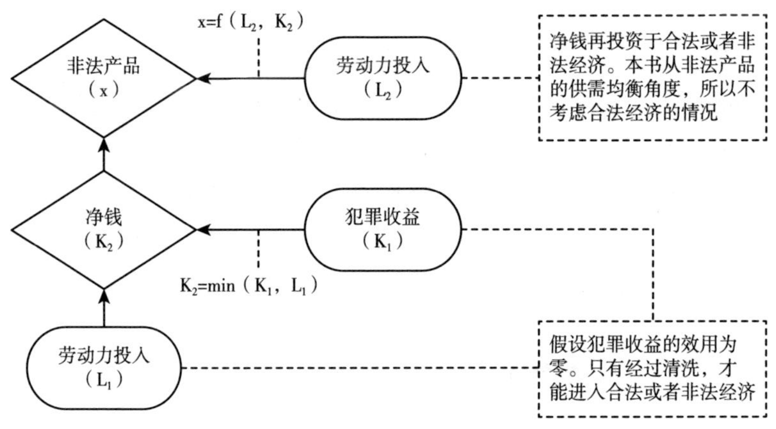

图 5－6　非法产品的生产过程

注：L_1 表示洗钱的劳动力投入，K_1 表示待清洗的“脏钱”数量，K_2 表示清洗后的“净钱”数量，L_2 表示生产非法产品的劳动力投入，x 表示非法产品的产量。这个生产过程描述，说明了洗钱的费用（洗钱价格）也是非法产品的一个投入。

2. 非法产品供求市场描述

模型中，非法产品的生产成本有两个部分组成：一是投入劳动力的工人工资；二是将“脏钱”清洗成“净钱”的洗钱价格，假设这样的非法产品在不同的市场环境中销售。模型的参与者则包括消费者和厂商（罪犯）。

（1）消费者。由全球人口组成，假设这些人对非法产品的需求函数相同或不相同。

（2）厂商（罪犯）。在完全竞争、垄断、双寡头、多厂商等不同的市场环境下，将非法产品销售给消费者。

这样，厂商（罪犯）是非法产品的主要供给者，世界所有人口都有可能是非法产品的消费者（需求方），在局部均衡的条件下，形成价格 P_i^*。罪犯继续从事投资活动（这里是非法活动）的投入也要是“净钱”，这样非法产品的产量，和产品收益、产品成本等因素有关。为了可以进行便利的研究，对全球人口按照需求函数不同，分成了多个阵营。且假设单个国家的需求函数是统一的。那么各个国家的人口组成了全球的总人口。如图5－7所示，将进入非法经济的犯罪收益（经过清洗）抽象成一种产品，即非法产品，以非法产品工人工资作为媒介，求解非法产品供需的局部均衡，研究国家容忍洗钱数量的影响因素。

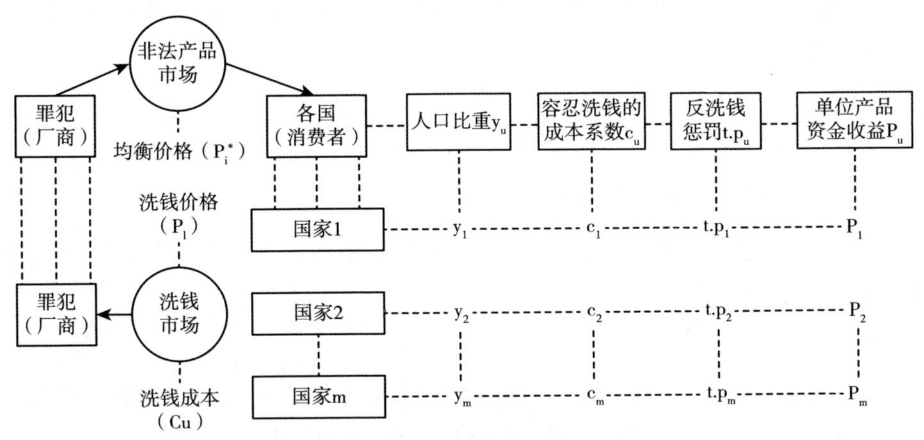

图5－7　非法产品的供求过程

注：其中u代表第u个国家，假设全球由m个国家，则u的取值为u∈（1，m）中的整数。

5.4.3　跨国反洗钱策略分析

犯罪分子有被抓捕的风险，这将会增加犯罪的成本。可以从生产函数中反映出两点：一是有效的洗钱方式将会减少被发现的概率；二是非法产品生产过程中雇佣的工作人员将会要求更高的工资，来补偿被发现的成本。因此，这里的生产非法产品过程中的工资水平体现了刑事执法的力度。

非法产品的成本由工人工资、洗钱价格和其他成本组成，见公式（5－9）。

$$C(x)=(w+P_1+c_0)\cdot x \tag{5-9}$$

其中，w 表示生产非法产品的工人工资；P_1 表示清洗“脏钱”的费用，即洗钱价格，从国家角度，这部分费用也可以视作是各国政府容忍（或协助）洗钱的收益。c_0 表示其他的固定成本，如原材料等，这里将其简化为 0；x 表示非法产品的产量。

接下来根据各国对非法产品需求的差异，在不同的市场环境下分析非法产品供需的局部均衡。

1. 完全竞争生产市场（市场环境）和相同需求函数（各国需求）

首先是最理想的情况，非法产品完全同质，市场中买方和卖方数量多，即在完全竞争市场环境下。此时，厂商和消费者被动接受市场价格。当产品价格和成本相等时达到均衡状态。当 $c_0=0$ 时，非法产品的总供给函数见公式（5-10）。

$$x^s(P_i)=\begin{cases}\infty\cdots\cdots P_i>w+P_1\\ [0,\infty]\cdots P_i=w+P_1\\ 0\cdots\cdots P_i<w+P_1\end{cases} \tag{5-10}$$

其中，P_i 表示产品的售价，此时产品产量满足非零且无穷大。那么均衡价格可以表示为公式（5-11）。

$$P_i^*=w+P_1 \tag{5-11}$$

P_i^* 就是图 5-7 中提到的均衡价格，需求和价格成反比，将非法产品的需求函数简化，用公式（5-12）表示非法产品的总需求函数。

$$P_i=A-x^d \tag{5-12}$$

再假设个人对非法产品的消费者是等量的，也就是其偏好符合拟线性，则在无法了解更多消费特征的前提下，可以把个人消费量估计成非法产品的平均消费量。用 u 表示国家代号，第 u 个国家的消费数量与该国的人口数量有关，如公式（5-13）。

$$x_u^d(P_i)=y_u\cdot(A-P_i) \tag{5-13}$$

公式（5-13）中，y_u 表示第 u 个国家的人口占全球总人口的比率，$x_u^d(P_i)$ 表示第 u 个国家对非法产品的需求数量，u=1，2，3，…，m，见图 5-7。把式（5-12）代入公式（5-13），第 u 个国家的均衡产量如公式（5-14）所示。

$$x_u^* = y_u \cdot [A - (w + P_l)] \tag{5-14}$$

对公式（5－14）进行变换，可以把洗钱价格表示成均衡产量、人口比重及工资的函数，见公式（5－15）。

$$P_l = A - w - \frac{x_u^*}{y_u} \tag{5-15}$$

把洗钱数量抽象成非法产品数量，厂商从节约成本的角度出发，将提供恰好的非法产品数量，则 $l_u^* = x_u^*$。其中，l_u^* 表示提供给第 u 个国家的非法产品数量。

在忽视资金的时间流价值的情况下，第 u 个国家容忍洗钱的收益将由非法产品的数量和洗钱价格决定，见公式（5－16）。

$$R_u(l_u; \cdot) = l_u^* \cdot P_l \tag{5-16}$$

把公式（5－15）和 $l_u^* = x_u^*$ 代入公式（5－16），可得第 u 个国家容忍洗钱的收益函数公式（5－17）。

$$R(l_u; \cdot) = l_u^* \cdot P_l = l_u^* \cdot \left(A - w - \frac{x_u^*}{y_u^*}\right) = l_u^* \cdot \left(A - w - \frac{l_u^*}{y_u^*}\right) \tag{5-17}$$

此外，非法产品的生产好比是上游犯罪，上游犯罪和洗钱本身均会给国家带来损失，如社会成本、经济成本等。这里将这种成本抽象成一个成本系数。见图5－7，第 u 个国家容忍洗钱的成本系数 c_u。而各国容忍洗钱行为还有可能被国际组织发现，从而实施惩罚，假设第 u 个国家容忍洗钱被发现的概率为 p_u，这里的惩罚如果用货币量化，一般比“脏钱”本身的价值要大，可以假设为 $t \cdot x_u^* \cdot P_i$。那么第 u 个国家容忍洗钱的成本可表示为公式（5－18）。

$$T(x_u^*) = (1 - p_u) \cdot c_u \cdot x_u^* + p_u[t \cdot x_u^* \cdot P_i + c_u \cdot x_u^*] \tag{5-18}$$

在第 u 个国家追求“收益最大化”的条件下，求解 $\max\phi(l_u^*) = R(l_u^*) - T(l_u^*)$，令 $\frac{\partial\phi(l_u^*)}{\partial l_u^*} = 0$。则第 u 个国家容忍洗钱的最佳数量，见公式（5－19）。

$$l_u^* = \frac{y_u}{2(1 - t \cdot p_u)} \cdot (A - w - c_u - t \cdot p_u \cdot A)^{①} \tag{5-19}$$

第 u 个国家在容忍洗钱时，将由于对非法资金的占有而获得额外收益，记为：$P_u \cdot x$。那么第 u 个国家容忍洗钱的最佳数量见公式（5－20）。

---

① $1 - t \cdot p_u$ 时，存在最优解，这里假设这个不等式成立。

$$
\begin{aligned}
l_u^* &= \frac{y_u}{2(1-t\cdot p_u)}\cdot(A-w-c_u-A\cdot t\cdot p_u+P_u) \\
&= \frac{A\cdot y_u}{2}+\frac{y_u}{2(1-t\cdot p_u)}\cdot(P_u-w-c_u)
\end{aligned}
\quad (5-20)
$$

对公式（5－19）进行分析，可以发现如下三种情形。

情形一：当 $1-t\cdot p_u>0$ 且 $P_u-w-c_u<0$ 时，国家容忍洗钱数量和非法产品工人工资 w 成反比，和纵容洗钱带来的成本 c_u 成反比，和占有的非法资金收益 P_u 成正比，和国际组织的惩罚强度 $t\cdot p_u$ 成反比。

情形二：当 $1-t\cdot p_u>0$ 且 $P_u-w-c_u>0$ 时，国家容忍洗钱数量和非法产品工人工资 w 成反比，和纵容洗钱带来的成本 c_u 成反比，和占有的非法资金收益 P_u 成正比，和国际组织的惩罚强度 $t\cdot p_u$ 成正比，这种情形下，反洗钱监管是失效的。

情形三：当 $1-t\cdot p_u<0$ 时，公式（5－44）的二阶导数大于零，也就是说公式（5－20）不存在极值，同样，反洗钱监管是失效的。

根据以上分析，可以得到命题 5.4。

命题 5.4：当 $1-t\cdot p_u<0$ 时，即国际组织反洗钱惩罚强度较大时。或者，当 $P_u-w-c_u>0$ 时，即国家容忍洗钱所带来的非法资金收益很大、成本很小时，反洗钱监管是失效的。只有当同时满足 $1-t\cdot p_u>0$ 和 $P_u-w-c_u<0$ 的条件时，反洗钱监管才是有效的。

上述的讨论忽略了国家规模 y_u 和国际对非法产品监管强度的影响。接下来将非法产品的销售市场环境拓展，分别在垄断、双寡头垄断和多厂商的市场环境下研究。① 假设洗钱成本等其他变量相同，分别分析非法产品监管强度对国家容忍洗钱数量的影响。假设其他变量保持不变，p_u、t、P_u 等变量移出模型。

2. 非法产品的垄断生产市场和相同需求函数

与完全竞争市场恰好完全相反的另一个极端情形是垄断市场环境。在非法产品的垄断市场下，国际组织和各国政府积极打击犯罪活动，对非法产品的监管异常严格，此时只有一个厂商（罪犯）从事非法产品的生产。则这个厂商（罪犯）的净收益可以表示成公式（5－21）。

---

① 下文的均衡，均是指古诺均衡。

$$R(x,P_i)=P_i\cdot x-C(x)=P_i\cdot x-(P_1+w)\cdot x \tag{5-21}$$

将公式（5－21）对产量求偏导，得出该厂商（罪犯）收益最大化的极值条件为公式（5－22）。

$$\begin{aligned}\frac{\partial R(x,P_i)}{\partial x}&=P_i(x)+P_i'(x)\cdot x-C'(x)=0\\ \frac{\partial^2 R(x,P_i)}{\partial x^2}&=2P_i'(x)+P_i'(x)\cdot x-C''(x)\leqslant 0\end{aligned} \tag{5-22}$$

求解公式（5－22），得到均衡产量 x^* 的计算公式，见公式（5－23）。

$$x^*=\frac{A-P_1-w}{2} \tag{5-23}$$

将公式（5－23）代入非法产品的需求函数，第 u 个国家非法产品的需求量可以表示成公式（5－24）。

$$x_u^d(P_i)=y_u\cdot(A-P_i^*)=\frac{y_u\cdot(A-P_1-w)}{2} \tag{5-24}$$

通过求解公式（5－25）的最大值，可得第 u 个国家容忍洗钱的最佳数量 l_u^* 满足$\frac{\partial\phi(l_u^*)}{\partial l_u^*}=0$，则 $l_u^*=\frac{y_u\cdot(A-w-c_u)}{4}$。

$$\begin{aligned}\max\phi(l_u^*)&=R(l_u^*)-T(l_u^*)=P_1\cdot l_u^*-c_u\cdot l_u^*\\ &=\left(A-w-\frac{2l_u^*}{y_u}\right)\cdot l_u^*-c_u\cdot l_u^*\end{aligned} \tag{5-25}$$

3. 非法产品的双寡头生产市场和相同需求函数

当市场环境变得稍微宽松，非法产品的厂商由一个变成两个，也就是构成一个非法产品的双寡头生产市场。这两个厂商的最优选择将满足公式（5－26a）、公式（5－26b）。

$$\max_{x_1}\pi_1(x_1,x_2)=P(x_1+x_2)\cdot x_1-C_1(x_1) \tag{5-26a}$$

$$\max_{x_2}\pi_2(x_1,x_2)=P(x_1+x_2)\cdot x_2-C_2(x_2) \tag{5-26b}$$

对成本函数进行简化，即 $C_1(x_1)=(P_1+w)\cdot x_1, C_2(x_2)=(P_1+w)\cdot x_2$。那么，这两个厂商（罪犯）收益最大化的条件如公式（5－27a）、公式（5－27b）、公式（5－27c）所示。

$$\max_{x_1}\pi_1(x_1,x_2)=P(x_1+x_2)\cdot x_1-(P_1+w)\cdot x_1 \tag{5-27a}$$

$$\max_{x_2}\pi_2(x_1,x_2)=P(x_1+x_2)\cdot x_2-(P_1+w)\cdot x_2 \tag{5-27b}$$

$$\max\phi(l_u^*) = R(l_u^*) - T(l_u^*) = P_l \cdot l_u^* - c_u \cdot l_u^*$$
$$= \left(A - w - \frac{3l_u^*}{2y_u}\right) \cdot l_u^* - c_u \cdot l_u^* \qquad (5-27c)$$

令$\frac{\partial\phi(l_u^*)}{\partial l_u^*}=0$，可得第 u 个国家容忍洗钱的最佳数量见公式（5－28）。

$$l_u^* = \frac{y_u \cdot (A - w - c_u)}{3} \qquad (5-28)$$

4. 非法产品的多厂商生产市场和相同需求函数

假设市场环境进一步宽松，非法产品的厂商（罪犯）数量扩大到 n，则厂商（罪犯）的收益最大化函数见公式（5－29）。

$$\begin{bmatrix} \frac{\partial\pi_1}{\partial x_1} \\ \frac{\partial\pi_2}{\partial x_2} \\ \cdots \\ \frac{\partial\pi_n}{\partial x_n} \end{bmatrix} = A - [x_1, x_2, \cdots, x_n] \cdot \begin{pmatrix} 2 & 1 & 1 \\ 1 & \cdots & 1 \\ 1 & 1 & 2 \end{pmatrix} - (P_l + w) = \begin{bmatrix} 0 \\ 0 \\ \cdots \\ 0 \end{bmatrix} \qquad (5-29)$$

经过推导可得，国家容忍洗钱的最优选择为公式（5－30）。

$$l_u^* = (A - w - c_u) \cdot \frac{n \cdot y_u}{2n+1} \qquad (5-30)$$

表 5－1 把上述不同市场环境下的均衡价格 P_i^*、国家容忍洗钱数量 l_u^* 等信息进行了汇总。

表 5－1　相同需求函数的国家容忍洗钱数量

厂商数量	均衡价格（P_i^*）	单个厂商的均衡产量（x_n）	容忍洗钱量（l_u^*）
1	$\frac{A+P_l+w}{2}$	$\frac{A-P_l-w}{2}$	$\frac{y_u \cdot (A-w-c_u)}{4}$
2	$\frac{A+2P_l+2w}{3}$	$\frac{A-P_l-w}{3}$	$\frac{y_u \cdot (A-w-c_u)}{3}$
3	$\frac{A+3P_l+3w}{4}$	$\frac{A-P_l-w}{4}$	$\frac{3y_u \cdot (A-w-c_u)}{7}$
…	…	…	…

续表

厂商数量	均衡价格（P_i^*）	单个厂商的均衡产量（x_n）	容忍洗钱量（l_u^*）
n	$\frac{A+n\cdot P_l+n\cdot w}{n+1}$	$\frac{A-P_l-w}{n+1}$	$\frac{n\cdot y_u\cdot(A-w-c_u)}{2n+1}$
…	…	…	…
完全竞争	P_l+w		$\frac{y_u\cdot(A-w-c_u)}{2}$

洗钱的手段是否高明，决定了洗钱被发现概率的大小，为了弥补被发现的风险，洗钱者和非法产品的生产工人往往会要求更高的工资水平。反过来说，非法产品生产工人的工资水平和洗钱价格在一定程度上可以反映反洗钱的监管强度。在现实中，非法产品的生产和销售无法不受限制，非法产品市场不可能成为随意进出的行业，因此完全竞争市场的假设过于理想。但是这部分推导，可以从理论上说明，监管越严格，非法产品生产的厂商（罪犯）就越少。

因此，反洗钱监管相对较松的环境，非法产品的厂商数量增加，工人工资 w 减少，$(A-w-c_u)$ 增加。再加上，$\frac{y_u}{4}<\frac{y_u}{3}<\cdots<\frac{n\cdot y_u}{2n+1}<\cdots<\frac{y_u}{2}$。从表5-3的均衡结果可以发现，完全竞争条件下的国家容忍洗钱数量 l_u^* 最大，垄断市场条件下的国家容忍洗钱数量 l_u^* 最少。因此，可以得到命题5.5。

命题5.5：随着国际组织打击犯罪和打击洗钱力度的增强，各个国家容忍洗钱的数量将有所减弱。但是，只要有非法产品的生产，洗钱行为将永远存在。

5. 完全竞争市场和不同需求函数

上述的研究假设各国消费者对非法产品的需要函数是完全相同的，也就是说采用了国际平均消费来进行分析。但是在实际中这种假设也过于严格。各个国家由于自身条件的差异，对非法产品的需求弹性往往是不一样的。这里假设有两种不同的需求情形。根据需求函数的差异，将国际消费者分为两个阵营。第一个的需求函数为 $P_i=A-ax$，第二个的需求函数为 $P_i=A-bx$，且 $b>a$。

同样先在完全竞争的市场环境下分析，通过推导，第一阵营的均衡产量

为 $x_{1u}^{*} = y_{1u} \cdot \left(\frac{A - P_1 - w}{a}\right)$，洗钱价格为 $P_1 = A - w - a \cdot x_{1u}^{*}$。

而第一阵营的收益最大化条件如公式（5 - 31）所示。

$$\begin{aligned} \max\phi(l_{1u}^{*}) &= R(l_{1u}^{*}) - T(l_{1u}^{*}) = P_1 \cdot l_{1u}^{*} - c_u \cdot l_{1u}^{*} \\ &= (A - w - a \cdot l_{1u}^{*}) \cdot l_{1u}^{*} - c_u \cdot l_{1u}^{*} \end{aligned} \tag{5-31}$$

公式（5 - 31）中，l_{1u}^{*}表示第一个阵营中第 u 个国家的容忍洗钱数量，求解公式（5 - 31）中的极大值，可得 l_{1u}^{*}的数值满足公式（5 - 32）。

$$l_{1u}^{*} = \frac{y_{1u} \cdot (A - w - c_u)}{2a} \tag{5-32}$$

同理，可得第二阵营中第 u 个国家的容忍洗钱数量满足公式（5 - 33）。

$$l_{2u}^{*} = \frac{y_{2u} \cdot (A - w - c_u)}{2b} \tag{5-33}$$

将上述不同环境下的均衡结果汇总成表 5 - 5，比较表 5 - 5 中的表达式，可以发现，若该阵营消费者对非法产品价格的敏感度较小，即需求函数的斜率较大，在其他条件相同的情况下，敏感度较小的需求者对非法产品的偏好也较强，也就是说，斜率为 b 时，非法产品对消费者的必需程度较大，偏好更强。而当 $y_{1u} = y_{2u}$，且 $b > a$ 时，公式（5 - 34）成立。

$$\frac{y_{1u} \cdot (A - w - c_u)}{4a} < \frac{y_{2u} \cdot (A - w - c_u)}{4b} \tag{5-34}$$

同理可得其他市场下的答案。由此可得命题 5.6。

命题 5.6：国家容忍洗钱数量还取决于该国消费者对非法产品的偏好程度，拥有较高偏好程度的国家，其对非法产品的必需程度也较高，则该国具有较高的容忍洗钱数量。相反，则具有较低的容忍洗钱数量。

表 5 - 2　　　　不同需求函数的国家容忍洗钱动机

厂商数量	需求函数	均衡价格（P_i^{*}）	单个厂商的均衡产量（x_n）	容忍洗钱量（l_u^{*}）
1	第一阵营	$\frac{A + P_1 + w}{2a}$	$\frac{A - P_1 - w}{2a}$	$\frac{y_{1u} \cdot (A - w - c_u)}{4a}$
	第二阵营	$\frac{A + P_1 + w}{2b}$	$\frac{A - P_1 - w}{2b}$	$\frac{y_{2u} \cdot (A - w - c_u)}{4b}$

续表

厂商数量	需求函数	均衡价格（P_i^*）	单个厂商的均衡产量（x_n）	容忍洗钱量（l_u^*）
2	第一阵营	$\frac{A+2P_1+2w}{3a}$	$\frac{A-P_1-w}{3a}$	$\frac{y_{1u}\cdot(A-w-c_u)}{3a}$
	第二阵营	$\frac{A+2P_1+2w}{3b}$	$\frac{A-P_1-w}{3b}$	$\frac{y_{2u}\cdot(A-w-c_u)}{3b}$
…	…	…	…	…
n	第一阵营	$\frac{A+nP_1+nw}{(n+1)a}$	$\frac{A-P_1-w}{(n+1)a}$	$\frac{n\cdot y_{1u}\cdot(A-w-c_u)}{(2n+1)a}$
	第二阵营	$\frac{A+nP_1+nw}{(n+1)b}$	$\frac{A-P_1-w}{(n+1)b}$	$\frac{n\cdot y_{2u}\cdot(A-w-c_u)}{(2n+1)b}$
…	…	…	…	…
完全竞争	第一阵营	P_1+w		$\frac{y_{1u}\cdot(A-w-c_u)}{2a}$
	第二阵营			$\frac{y_{2u}\cdot(A-w-c_u)}{2b}$

6. 国家之间的洗钱博弈

在封闭经济条件下，各国均不考虑其他国家的非法产品供求情况和洗钱行为，政策制定者的目标是选择一个最优的政策松弛程度（即这里的国家容忍洗钱数量），权衡上游犯罪所带来的社会成本和洗钱收益。也就是说，政策制定者只需要考虑公式（5-35）的净收益的极大值问题。

$$\max\phi(l_u^*)=R(l_u^*)-T(l_u^*) \tag{5-35}$$

也就是说，各国只需要从本国的收益和成本中寻求最优解，不用考虑其他国家的情况。但是，在开放经济条件下，各国容忍洗钱的过程往往是不独立的，是一个错综复杂的博弈过程。下面通过古诺均衡的方法论证这个博弈过程。

以其中最简单的情形为例，即完全竞争市场环境和相同需求函数的情况。

依然是以完全竞争生产市场和相同需求函数的情况为例，根据经典古诺均衡的条件，全球各国的容忍洗钱数量，最终会达成一个纳什均衡，即（l_1，l_2，…，l_m）。纳什均衡的状态下，任何国家都不愿意独自改变反洗钱策略。因为一旦该国改变策略，该国在全球市场中的状况将更差，现在假设 l_u^* 仍然表示 u 国的容忍洗钱数量，那么 L^{-j} 表示除了 u 国之外的其他所有国家的容忍洗钱数量之和。那么第 u 个国家选择的最佳容忍洗钱数量，可以通过求解公式（5 - 36）得到。

$$\max\phi(l_u^*) = [A - w - (L^{-j} + l_u^*)] \cdot l_u^* - c_u \cdot [y_u \cdot (L^{-j} + l_u^*)] \quad (5-36)$$

假设其他国家的政策给定，该国最佳洗钱数量见公式（5 - 37）。

$$l_u^* = \frac{A - w - y_u \cdot c_u - L^{-j}}{2} \quad (5-37)$$

在公式（5 - 36）中，y_u 项之外的其他变量对国家容忍洗钱数量的影响仍和命题 5.4、命题 5.5、命题 5.6 是一致的，而 y_u 项的系数则为负，这说明国家容忍洗钱数量和该国人口规模是反向变动的。也就是说，人口规模越少的国家，其容忍洗钱的数量越多。

进一步的，将所有国家的最佳容忍洗钱数量加总，得到全球的洗钱总量如公式（5 - 38）所示。可以发现，这个总量与 y_u 无关。

$$L = \frac{n(A - w) - c_u}{n} \quad (5-38)$$

因此，可以得到命题 5.7。

命题 5.7：国家容忍洗钱数量还取决于该国的人口比重，当一国人口规模较小时，该国也较倾向于容忍洗钱。而全球的洗钱容忍数量和各国人口规模无关。

依据本节的研究可得，封闭经济条件下，政府对洗钱行为是零容忍；开放经济条件下，洗钱存在外部性，小国、经济不发达对洗钱行为相对更加容忍。因此，罪犯只要找到反洗钱链条中最薄弱的国家，就有可能打破反洗钱链条。所以，反洗钱要实现完全有效，需要 200 个左右的国家的共谋。总之，一国容忍洗钱数量的影响因素包括，国际组织打击洗钱的强度、该国对非法产品的需求弹性、该国人口规模等。

现实社会中，FATF 公布了 NCCTs 黑名单，该名单中的国家大多是小国，以塞舌尔为例，该国不仅鼓励洗钱，还公开邀请洗钱，宣称洗钱可以免受起诉。有些学者称这种对“脏钱”的逐底竞争行为是“塞舌尔效应”。因此，NCCTs 黑名单制度的结果也可以佐证这里的理论：（1）国家之间的洗钱行为存在外部性，因为放松的金融监管带来的成本未计入本国的成本；（2）对于规模较小的国家，发生犯罪的区域往往在其他国家，洗钱相对便宜。

但是这些结论并不意味着大国没有参与洗钱，由于大国往往能提供更多的金融服务，所以也可能会参与更多的洗钱。例如世界银行公布的名义国内生产总值（Gross Domestic Product，GDP）全球前 20 名的国家，只有瑞典没有被美国列为洗钱国家。也就是说，大国也存在洗钱问题，但这里主要是“无意识”洗钱，如美国、瑞士、英国等。值得注意的是，本节的研究结论区别于可能被洗钱者利用的“无意识”洗钱，主要针对“有意识”的洗钱行为。

5.5　本章小结

本章从理论角度分析了国际反洗钱政策实施效果的影响因素。

第一，在对反洗钱国际组织和国际标准分析的基础上，得出了国际反洗钱政策实施的一般过程，提出了其政策工具、中介指标和政策目标的主要内容，并对国际反洗钱政策实施有效性的问题进行了解析。从多层委托-代理角度，剖析了国际反洗钱利益主体的关系。这部分研究厘清了国际反洗钱政策实施的链条关系，奠定了反洗钱政策有效性研究的理论基础。

第二，论证了激励机制、形式合作和内在合作等因素对国际反洗钱政策实施有效性的影响。通过构建国际组织、各国政府（反洗钱监管部门）和中介部门三者的双层委托-代理模型，论证了激励机制对于国际反洗钱政策有效性的影响，这部分研究为第 6 章激励机制有效性的研究提供了理论价值论证。在对反洗钱政策基于行政压力的形式合作和基于国家主权选择行为的内在合作概括性阐述的基础上，论证了形式合作和内在合作对国际反洗钱政策实施有效性的影响。形式合作的论证主要通过 FATF 标准的遵守程度和可疑交易报告数量这两个衡量指标的分析，分析结果认为，形式合作对国际反洗钱政策有效性的影响是有限的。内在合作的论证通过构建非法产品供求的局部均衡模型，以国家容忍洗钱洗钱数量表示各国的反洗钱态度的方法，通过理论推导，得出国家对非法产品的需求、经济环境、国家规模等因素对国际反洗钱政策有效性的影响。形式合作和内在合作的理论研究为第 6 章实证模型构建和经验验证提供了理论依据。

第6章　国际反洗钱NCCTs黑名单制度研究

在第5章双层委托-代理模型的分析中，推导了激励机制对国际反洗钱政策的影响。现实中，反洗钱国际组织已经开始重视这个问题，如在金融行动特别工作组（FATF）的建议和联合国的公约中均提出，应对非法收益采取返还、分享等措施。然而，FATF采取的不合作国家或地区（NCCTs）黑名单制度依然是目前国际反洗钱政策最主要的激励机制。2000年至今，NCCTs黑名单制度经历了初创、过渡和成熟三个阶段，其实施原因、评估机构和评估方式均发生了很大的变迁。理论上，自然、经济、金融等先天禀赋相对薄弱的国家更加依赖国外金融经济的扶持，因此更加具有吸引"脏钱"的动机。那么，NCCTs黑名单国家或地区应以这些国家或地区为主，借助二值概率模型和有序概率模型，分析2008年前后黑名单在列国或地区是否存在这种先天禀赋问题，可以证明NCCTs黑名单制度是否有效。

6.1　国际反洗钱政策的激励机制——不合作国家黑名单制度

1990年，FATF颁布了最初的反洗钱"40条标准"，该标准经历多次更新，成为反洗钱国际合作的重要标准。与此同时，随着金融市场的全球化和开放化，资金流动加速，支付技术飞速发展，跨国金融交易越来越频繁，这些为"脏钱"的全球流动提供了极大的便利。受到《银行保密法》的影响，一些国家，特别是一些离岸金融中心，在国内现有的法律法规中，缺乏对客户识别等方面的反洗钱规章制度，导致了这些国家或地区对严重犯罪的洗钱工具和非法资产的匿名保护，从而对于"脏钱"有极大的吸引力，使得这些国家或地区成为“避税天堂”。为了更好地推行 FATF 建议中的相关准则，再加上这些国家或地区对避税资金、非法资金的逐利行为。2000 年，FATF 开始对反洗钱不合作的国家或地区实施声誉惩罚，即发布反洗钱不合作国家或地区（NCCTs）黑名单。NCCTs 黑名单制度历经数年，成为反洗钱国际合作中最重要的激励机制，对反洗钱国际合作有效性的提高意义重大。

6.1.1　黑名单制度的产生和变迁

2000 年伊始的 NCCTs 黑名单制度，主要是对不满足国际反洗钱标准的国家或地区实施声誉惩罚，对于情节严重的，FATF 还号召其成员对这些国家或地区采取提防金融交易和限制贸易的方法和手段。这里依照 NCCTs 黑名单制度的产生和发展脉络，可以将该制度的实施分为初创、过渡和成熟三个阶段，该制度从实施原因、评估机构和评估方式等方面均发生了很大的变迁。

1. 黑名单制度的三个阶段

（1）2000～2007 年（初创阶段）。初创阶段的主要工作是 NCCTs 标准的制定和两轮黑名单国家或地区的评估。2000 年，在“40 条标准”的基础上，FATF 制定了评估反洗钱 NCCTs 的“25 条标准”[①]，并发布了第一份《FATF 反洗钱不合作国家或地区报告》。同年 6 月，FATF 发布了第二份报告，对第一轮评估的情况进行了总结。随后直到 2007 年 10 月，FATF 每年发布一次报告对该制度的实施状况进行汇总，见表 6－1。总的来讲，初创阶段共进行了两轮评估，2000 年的评估考察了 31 个国家或地区，其中 15 个国家或地区被列入黑名单，2001 年的评估考察了 16 个国家或地区，其中 8 个国家被列入黑名单。也就是说，NCCTs 制度的第一个阶段，2000 年 6 月～2007 年 10 月，共评估了 47 个国家或地区，其中 23 个国家或地区被列入黑名单，这些国家或地区均在 2000 年和 2001 年被考察。换句话说，2001 年以后，直到 2008 年，FATF 没有再对世界上的其他国家或地区进行考察。表 6－1 和附录 B2 列出了被列入黑名单的 23 个国家或地区及其列名、监控和除名情况，

---

① 详见本书附录 B1。

表 6 - 2 列出了没有被列入黑名单的其他 24 个国家或地区。如表 6 - 1 和附录 B2 所示，这 23 个国家或地区随后逐步被除名，直到 2006 年 10 月，最后一个国家——缅甸也被宣布从 NCCTs 黑名单、监控名单中除名。至此，NCCTs 黑名单制度的初创阶段结束。

表 6 - 1　　FATF 不合作国家或地区黑名单大事记（2000 ~ 2007 年）

报告	发布时间	重要事件
第一份	2000 年 2 月	2000 年 2 月，关于 NCCTs 评估的框架、制度和程序的第一份报告发布
第二份	2000 年 6 月	2000 年 6 月，第一轮评估识别了 15 个国家或地区成为 NCCTs：开曼群岛、巴哈马、库克群岛、多米尼加、以色列、黎巴嫩、列支敦斯登、马绍尔群岛、瑙鲁、纽埃、巴拿马、菲律宾、俄罗斯、圣基茨和尼维斯、圣文森特和格林纳丁斯
第三份	2001 年 6 月	2001 年 6 月，巴哈马、开曼群岛、列支敦斯登、巴拿马被除名 第二轮评估，识别了 6 个不合作国家：埃及、危地马拉、匈牙利、印度尼西亚、缅甸、尼日利亚
第四份	2002 年 6 月	2001 年 9 月，格林纳达和乌克兰进入黑名单 2001 年 12 月，FATF 建议其成员对瑙鲁实施相应的抵制措施 2002 年 6 月，匈牙利、以色列、黎巴嫩、圣基茨和尼维斯被除名
第五份	2003 年 6 月	2002 年 10 月，多米尼加、马绍尔群岛、纽埃、俄罗斯被除名 2002 年 12 月，FATF 建议其成员对乌克兰实施相应的抵制措施 2003 年 2 月，FATF 撤回对乌克兰的抵制倡议，但其仍在列，格林纳达被除名 2003 年 6 月，圣文森特和格林纳丁斯被除名
第六份	2004 年 7 月	2003 年 11 月，FATF 建议其成员对缅甸实施相应的抵制措施 2004 年 2 月，埃及和乌克兰被除名。2004 年 7 月，危地马拉被除名
第七份	2005 年 6 月	2004 年 10 月，FATF 撤回对瑙鲁和缅甸的抵制倡议，但他们仍在列 2005 年 2 月，库克群岛、印度尼西亚、菲律宾被除名
第八份	2006 年 6 月	2005 年 10 月，瑙鲁被除名。2006 年 6 月，尼日利亚被除名
第九份	2007 年 10 月	2006 年 10 月，缅甸被除名

资料来源：根据 FATF 2000 ~ 2007 年的《不合作国家或地区报告》（Report on Non - Cooperative Countries and Territories）的年度报告整理而得。

表 6-2　没被列入黑名单的 NCCTs 评估国家或地区（2000~2007 年）

序号	名称	2000 年 6 月	2001 年 6 月	2001 年 9 月	所属大洲
1	安提瓜和巴布达	√			北美洲
2	伯利兹城	√			北美洲
3	百慕大群岛	√			北美洲
4	英属维尔京群岛	√			北美洲
5	塞浦路斯	√			欧洲
6	直布罗陀	√			欧洲
7	根西岛	√			欧洲
8	马恩岛	√			欧洲
9	泽西岛	√			欧洲
10	马耳他	√			欧洲
11	毛里求斯	√			非洲
12	摩纳哥	√			欧洲
13	萨摩亚	√			大洋洲
14	圣卢西亚	√			北美洲
15	捷克		√		欧洲
16	波兰		√		欧洲
17	塞舌尔群岛		√		非洲
18	斯洛伐克共和国		√		欧洲
19	特克斯和凯科斯群岛		√		北美洲
20	乌拉圭		√		南美洲
21	瓦努阿图		√		大洋洲
22	哥斯达黎加			√	北美洲
23	帕劳群岛			√	大洋洲
24	阿拉伯联合酋长国			√	亚洲

资料来源：根据 FATF 2000~2007 年的《不合作国家或地区报告》（Report on Non－Cooperative Countries and Territories）的年度报告整理而得。

(2) 2008～2009年（过渡阶段）。

过渡阶段的主要工作是NCCTs评估方式和标准的革新和适应。2006年10月后，FATF不再发布NCCTs黑名单。2007年，FATF对这种声誉惩罚制度重新规定，对不符合要求的国家或地区先实行监测，再号召其成员对不进行整改的国家或地区进行经济贸易抵制。因此，2008年开始的黑名单，一年发布三次，分别于2月、6月和10月，包含两个文件，一是“FATF公开声明”①；二是“提高全球反洗钱/反恐融资的遵守程度：进行中的过程”②。其中，过渡阶段，即2008年和2009年，只包括第一个文件“FATF公开声明”，名单中既有从未被考察过的国家或地区，又有重新被考察的国家或地区。表6－3列出了这些国家或地区。

表6－3　　　　FATF不合作国家或地区黑名单（2008～2009年）

序号	名称	2008年			2009年			所属大洲	其他
		2月	6月	10月	2月	6月	10月		
1	巴基斯坦	√	√	√	√	√	√	亚洲	第三阶段仍在列
2	土库曼斯坦	√	√	√	√	√	√	亚洲	第三阶段仍在列
3	伊朗	√	√	√	√	√	√	亚洲	第三阶段仍在列
4	乌兹别克斯坦	√	√	√	√	√	√	亚洲	2010年2月被除名
5	塞浦路斯	√	√	√	除名			欧洲	曾经在第一阶段评估，但是未列入黑名单
6	圣多美和普林西比	√	√	√	√	√	√	亚洲	第三阶段仍在列

资料来源：根据FATF网站资料整理。

(3) 2010年至今（成熟阶段）。成熟阶段的主要工作是按照改进的NCCTs评估标准和方式对全球各国或地区进行反洗钱评估。2010年至今的NCCTs黑名单，同时包含“FATF公开声明”和“提高全球反洗钱/反恐融资的遵守程度：进行中的过程”两个文件。截至2017年12月，已经发布了24次名单，58个国家或地区在列，表6－4列举了2013年至今的列名和除名情况。

---

① “FATF Public Statement”，真正意义上的NCCTs黑名单应该仅包含FATF“公开声明”中的国家或地区。

② “Improving Global AML/CFT Compliance：On－going process”，受监控国家或地区的名单，也被称为“监控名单”。

表 6－4　　　FATF 不合作国家或地区黑名单（部分名单）①

序号	名称	所属大洲	2013			2014			2015			2016		
			2	6	10	2	6	10	2	6	10	2	6	10
1	孟加拉国	亚洲	④	④	⑤	⑥								
2	文莱	亚洲	⑤	⑥										
3	印度尼西亚	亚洲	②	②	②	②	②	②	⑤	⑥				
4	科威特	亚洲	④	④	④	④	④	⑤	⑥					
5	老挝	亚洲		④	④	④	④	④	④	④	③	④	④	④
6	缅甸	亚洲	②	②	②	②	②	②	②	②	②	⑤	⑥	
7	巴基斯坦	亚洲	②	②	②	②	⑤	⑤	⑥					
8	叙利亚	亚洲	②	②	②	②	⑤	⑤	⑤	⑤	⑤	⑤	⑤	⑤
9	伊朗	亚洲	①	①	①	①	①	①	①	①	①	①	②	②
10	朝鲜	亚洲	①	①	①	①	①	①	①	①	①	①	①	①

注：①②号名单出现在 FATF 的“公开声明”中，①号名单代表反洗钱制度有明显缺陷的国家或地区，FATF 号召其成员和非成员采用抵制措施，是最强烈的名单（也包含存在实际危害，即已经发生多起相关事件的国家或地区）。②号名单代表已经给 FATF 递交了高层政治承诺，但仍需提防的国家或地区，FATF 号召其成员对来自这些国家或地区的客户采取更加严格的尽职调查措施。③④⑤⑥号名单来自 FATF“提高全球反洗钱/反恐融资遵守度：进行中的过程”，③号名单代表进展不明显，进入警告的国家或地区，④号名单代表已经取得一定行动进展，但仍存在问题的国家或地区，⑤号名单代表反洗钱已经取得实质性进展，FATF 即将进行实地探访的国家或地区，一般下一次会被除名，特殊情况下，可能会由于战争等安全因素而无法直接实地访问，则仍然停留在该层次，如叙利亚。⑥号名单代表被除名的国家或地区，对于已经在制度层面解决洗钱漏洞的国家或地区，FATF 将组织现场访问，确认措施，如果确实有积极的效果，FATF 将考虑是否把这些国家或地区除名。

2017 年 11 月发布的名单见表 6－5。

表 6－5　　　FATF 不合作国家或地区黑名单（2017 年 11 月）

	号召成员抵制	其他受到监控的国家或地区
波黑		是
埃塞俄比亚		是
斯里兰卡		是
朝鲜	是（①号名单）	

---

① 本书附录 B3 有详细名单。

续表

	号召成员抵制	其他受到监控的国家或地区
伊朗	是（②号名单）	
伊拉克		是
突尼斯		是
特立尼达和多巴哥		是
叙利亚		是
乌干达		是
瓦努阿图		是
也门		是

资料来源：根据 FATF 网站资料整理。

总的来讲，黑名单制度的过渡阶段和成熟阶段，共评估了 80 个国家或地区，其中 59 个由于存在洗钱漏洞或存在实质上的洗钱风险（包括恐怖融资风险）而被列入名单①。这 59 个国家或地区中，46 个采取了必要的改革措施来解决洗钱/恐怖融资漏洞，并且被除名，13 个仍在名单中。截至 2017 年 11 月，被列入黑名单，即 FATF“公开声明”的国家，只剩下朝鲜和伊朗，详细过程见本书附录 B3。

2. 黑名单制度的变迁

随着国内外经济、金融、技术环境的变化，为了增强 NCCTs 黑名单制度的有效性和说服力，该制度的实施经历了多个层面的变迁。实施原因从防范离岸金融中心成为洗钱中心到防范洗钱实际发生风险或恐怖融资风险等原因导致的洗钱中心。评估机构从区域性评估机构为主到 ICRG（The International Cooperation Review Group，国际合作审查小组）领导区域性评估小组。评估方式从“非黑即白”的列名方式到“黑—灰—白”等多个层次的列名方式，涉及的国家也逐渐增加。

（1）实施原因的变迁。初创阶段的 NCCTs 黑名单制度的实施原因主要是由于离岸金融中心缺乏监管，在客户识别方面存在诸多问题，损害了现

① 这里的 59 个国家或地区，既包括 FATF“公开声明”中的名单，又包括 FATF“提高全球反洗钱/反恐融资遵守度：进行中的过程”中的名单。

行的反洗钱法律。因此，2000 年、2001 年被列名的国家或地区以离岸金融中心为主，出发点是促使这些国家或地区遵守反洗钱的相关标准，也就是说，更多地从反洗钱制度的遵守程度角度出发。2006 年，当最后一个国家从 NCCTs 黑名单中除名，该制度一度处于中断状态。直到洗钱上游犯罪的扩张，以及 FATF 职能的扩展，国际组织意识到，除了对反洗钱规则的遵守之外，NCCTs 黑名单制度还可以从其他方面提高反洗钱国际合作的有效性。为了使得该制度具备更长远的持续性，2008 ~ 2009 年的过渡阶段，FATF 结合国内外现状等对该制度进行了进一步的调整。成熟阶段的实施，除了反洗钱规则的遵守度之外，还考虑了发生洗钱风险或恐怖融资风险的现实状况。

正是由于实施原因的变迁，初创阶段的反洗钱不合作国家或地区仅被称为“不合作国家或地区”，重点强调遵守程度。而过渡阶段和成熟阶段的名称则为“高风险和不合作国家”，除了强调形式上的遵守程度之外，还侧重了各国真实的洗钱风险。

（2）评估机构的变迁。2000 年 2 月，FATF 的全体会议中，确立了四个区域性的评估团队，分别为美洲（Americas）、亚洲太平洋地区（Asia/Pacific）、欧洲（Europe）和中东地区评估小组（Middle East）。2004 年 10 月的会议上，又将上述四个组织合并为两个，一是亚洲太平洋地区评估小组，二是美洲、欧洲、非洲/中东地区评估小组。2000 ~ 2004 年，区域性的评估小组负责了 NCCTs 的列名、除名和监督等事宜。2007 年，FATF 成立了国际合作审查小组（ICRG）。ICRG 参照各国的互评报告、区域审查小组的初步评估，决定是否进行更加深入的调查和评估，最后由 FATF 决定是否列名。ICRG 作为一个独立的权力部门全权负责黑名单制度的执行，它的成立标志着 NCCTs 黑名单制度的实施开始步入正轨。

（3）评估方式的变迁。初创阶段的黑名单制度，由区域评估团队将评估结果直接递交给 FATF 相关部门。有问题的国家或地区首先进入黑名单，一旦取得进展则被除名，进入监控名单，最终彻底除名，依赖的标准是 25 条标准。而成熟阶段的黑名单制度则结合互评报告、区域评估团队等组织的评估，由 ICRG 给出最终的评估结果，FATF 以两个公开文件的形式发布 NCCTs 名单，依赖的标准是动态变化的，会随着 FATF 相关制度和国际环境的改变而改变。成熟阶段的评估流程见图 6 - 1。

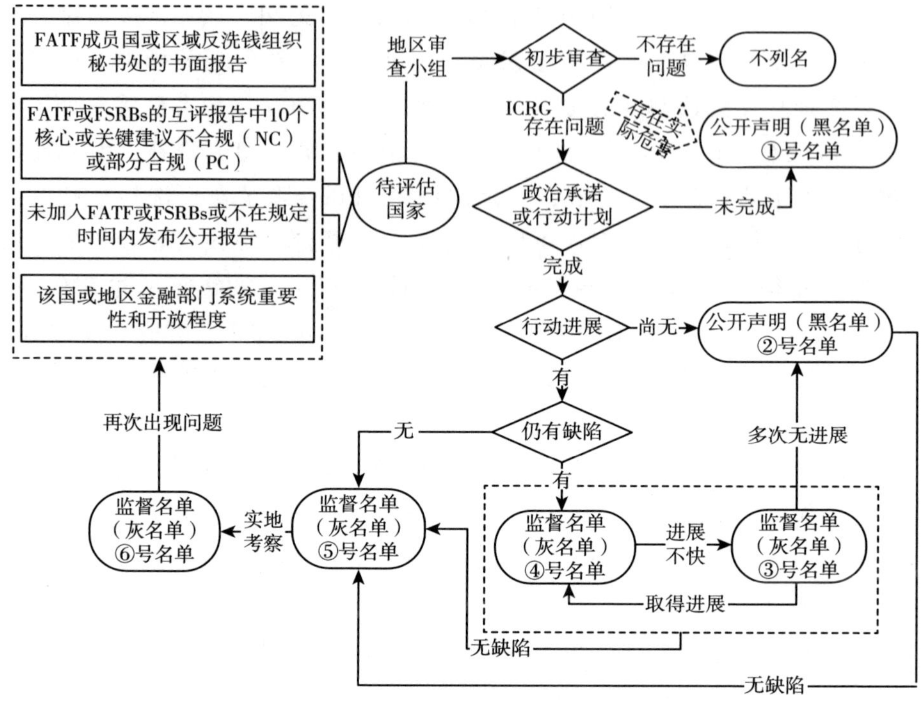

图 6－1 NCCTs 黑名单的评估流程（2010 年至今）

6.1.2 促进黑名单国家积极反洗钱的措施

被列名的国家或地区除了要承受声誉惩罚之外，FATF 还会通过其他手段来促使这些国家或地区积极采取反洗钱制度。总的来讲，FATF 主要有两种措施来对这些国家或地区施压。

1. 号召 FATF 成员对黑名单国家（地区）采取必要的抵制措施

FATF 建议中的“建议 10”“建议 19”和“建议 21”给出了 FATF 成员应该采用的相关措施的指导。FATF 在“公开声明”中明确提出，对在反洗钱/反恐融资方面存在极大制度漏洞的国家或地区，将号召其成员及其他国家或地区对该成员采取经济、金融、贸易等方面的抵制处罚。从而，促使这些黑名单国家或地区迫于压力，采取反洗钱的相关制度和政策。

依照“建议 21”，FATF 成员可能采取的抵制措施，包括以下几点：

（1）与在不合作国家或地区（NCCTs）开户的个人或法人进行金融交易时，履行客户识别义务。

（2）对在不合作国家或地区（NCCTs）开户的个人或法人进行金融交易时，一旦发现可疑交易，要积极向国际金融情报中心（FIUs）报告。

（3）有条件、有限制、有针对性地与不合作国家或地区（NCCTs）进行金融交易。

（4）对国内开办的不合作国家或地区（NCCTs）的金融机构也要特别关注。

2. 说服和鼓励NCCTs黑名单国家积极采用FATF的相关建议

FATF及其成员还通过说服和鼓励的方法，促使NCCTs黑名单国家或地区提高反洗钱立法及反洗钱国内实践，通过与其对应的类FATF区域性组织（FSRBs）和其他反洗钱国际组织的通力合作，促进反洗钱工作的推进，促使该国或地区反洗钱制度与FATF的相关建议相一致。这种说服和鼓励往往采取对话的方式。

6.2　黑名单国家（地区）的特征分析

以2010年2月～2017年11月的名单为例，共计有58个国家或地区进入名单，其中23个进入FATF“公开声明”的黑名单，35个进入FATF“提高全球反洗钱/反恐融资遵守度：进行中的过程”的监控名单。见图6－2、表6－6，在列的国家或地区以亚非洲国家、经济欠发达国家、沿海国家为主。这些国家往往由于其先天禀赋的制约，而采取了较宽容的金融监管政策，确实有可能存在反洗钱不合作的情况①。

① 图6－2（a）表示2000～2006年的NCCTs黑名单和监控名单在各大洲的分布情况，图6－2（b）为2008～2015年的情况。表6－6列举了2010年2月～2016年10月的情况。

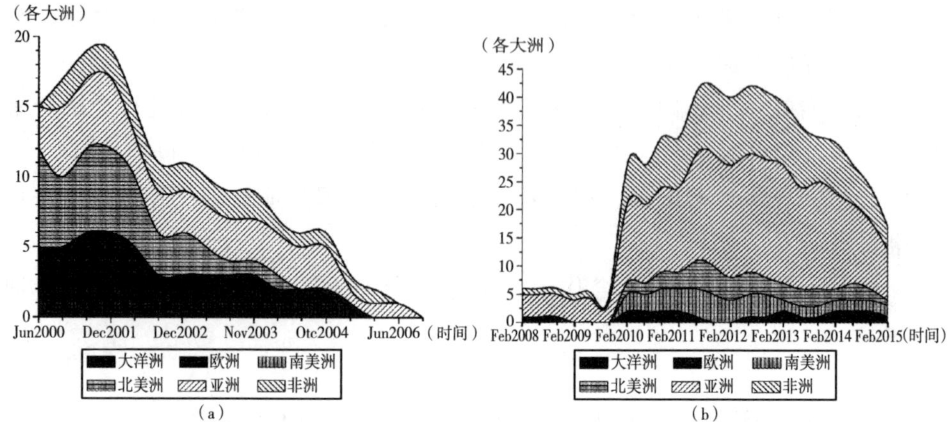

图 6－2　NCCTs 名单国家或地区在各大洲的分布情况

资料来源：根据 NCCTs 的年报和 FATF 网站 http：//www. fatf－gafi. org/公布的黑名单整理而成。其中，横坐标表示年月，纵坐标表示在特定时间，被列入不合作国家或地区（NCCTs）名单的国家或地区在各大洲的分布。阴影的表示方法如图中所示。

表 6－6　NCCTs 黑名单国家或地区的特征分析
（2010 年 2 月～2017 年 11 月）

经济水平	NCCTs	监控名单	合计	地理位置	NCCTs	监控名单	合计
	N	N			N	N	
中低等收入	12	16	28	东亚与太平洋	6	6	12
低等收入	3	5	8	拉丁美洲 & 加勒比海地区	3	5	8
中高等收入	8	5	13	撒哈拉以南非洲	7	4	11
高收入非经合组织	0	8	8	中东和北非	5	2	7
高收入经合组织	0	1	1	其他地区	2	18	20
合计	23	35	58	合计	23	35	58

资料来源：根据 FATF 网站资料整理而得。NCCTs 数量是指 FATF “公开声明” 中的国家或地区数量，监测名单数量是指 FATF “提高全球反洗钱/反恐融资遵守度：进行中的过程” 中的国家或地区数量。

6.3　反洗钱不合作国家（地区）与其禀赋特征的理论关系

6.3.1　思路和相关假设

如前所述，为了解决洗钱风险漏洞的问题，FATF认为需要建立一套完整的规范制度体系，即FATF“40条建议”。而为了监控各国对这“40条建议”的遵守程度，FATF采用了一系列特定的准则来确定反洗钱不合作国家或地区，即NCCTs黑名单[①]。洗钱和反洗钱的经济学研究大多由多那托·麦斯安德尔率先提出，这些研究思路和结论已经成为这方面研究的重要前提。多那托·麦斯安德尔（2005）提到，从本质上，NCCTs黑名单制度是在假定采用宽松金融监管的国家或地区反洗钱努力不够，甚至会出现便利洗钱行为的前提下进行的。换句话说，FATF将反洗钱监管作为金融监管的一部分，没有积极履行反洗钱政策的国家或地区，则表示采取了宽松的金融监管，而FATF的“40条建议”的遵守情况，即为度量一个国家或地区金融监管宽松程度的标准之一。本章依然沿用多那托·麦斯安德尔（2005）关于这部分研究的初步架构，并进一步深入研究反洗钱不合作国家或地区与其禀赋特征的理论关系。

作为一项国际间推行反洗钱政策的声誉激励机制，NCCTs黑名单制度是防止一个国家或地区成为“洗钱天堂”的重要方法。这种方法是不是有效，主要取决于各国或地区的反洗钱态度，不同国家或地区对NCCTs黑名单制度的反应并不一致（Johnson J.，2001）。因此，近年来，不断有学者质疑黑名单制度的有效性，见6.1节所述，NCCTs的相关制度也多次修订。而关于NCCTs黑名单制度有效性的研究一直悬而未决的最大原因在于，以往的研究往往默认为提供洗钱或者恐怖融资的这些国家都采取了宽松的金融监管，也就是都把宽松金融监管作为独立变量。与第5章的容忍洗钱数量类似，本章

---

① 在此之前，国际组织对离岸金融中心的风险性也进行了衡量，关于NCCTs国家或地区和离岸金融中心之间的区别和联系见Mitchell（2003），Alworth、Masciandaro（2004）。

从另一个角度分析，首先假设放松的金融监管是由各国政策制定者选择的行为，是其在“利润最大化”条件下的公共政策选择。在基于本国的结构特征和禀赋，政策制定者发现选择接受吸引“脏钱”（或者是恐怖融资活动）的金融政策是最优选择，因此这些国家或地区成为反洗钱不合作国家（地区）。其次采用计量经济学的实证方法，分析了 2008 年前后的 NCCTs 在列国或地区是否具有这些先天禀赋特征，从而论证这种黑名单的列名方法是否合理，黑名单制度是否有效。其中，在对 NCCTs 列名方法的赋值方面，综合考虑了 2008 年后的多层次“灰名单”的列名规则。

如前所述，从本质上来看，NCCTs 黑名单制度实施的重要假设前提是采取较宽松金融监管国家或地区的反洗钱监管也相对宽松，即反洗钱努力不够，甚至可能会采取便利洗钱等主动参与行为。

而这些反洗钱努力不够的国家或地区，或者说反洗钱不合作国家或地区，除了外在因素之外，其内在的先天禀赋是不是也起到了决定性的作用？本书的理论分析基于此展开研究，用国家纵容洗钱最优数量代表反洗钱监管的宽松程度，分析某国在追求“利益最大化”过程中，国家纵容洗钱最优数量选择行为的影响因素。这里基于第 3 章的反洗钱经济学理论模型，将研究视角放到一国政策制定者，通过政策制定者支付函数的最大化，来描述特殊国家特征和禀赋之间的关系。

总的来说，理论研究部分基于以下假设：

（1）某国是“小国”，反洗钱监管宽松程度是某国政策制定者的选择行为，是内生变量。在理论分析过程中，以纵容洗钱最优数量来表示反洗钱监管的宽松程度。

（2）政策选择行为不是由福利最大化来决定，而是“利益最大化”，即经济学理论中的“利润最大化”。

（3）政策制定者的“利润最大化”问题，受到国家自然、经济、金融等因素的影响。

6.3.2 政策制定者的最优选择

某国政策制定者将面临两种情况：一是放松反洗钱监管，即纵容洗钱，且未被发现，获得洗钱收益；二是被发现，受到国际制裁，不仅浪费成本，还要因此受到高额的罚金。这是关于政策制定者和自然的经典博弈，基于前述的"小国"假设，假设政策制定者是风险中性的，则该国纵容洗钱数量由其最优化条件决定。

1. 国家纵容洗钱数量的最优选择

用公式（6-1）来表示政策制定者的期望效用函数，其中，p代表纵容洗钱被发现的概率，B代表纵容洗钱获得的收益，C代表纵容洗钱付出的成本，S代表纵容洗钱行为被发现所承受的罚金。

$$E(U)=[(1-p)(B-C)]-p(C+S) \tag{6-1}$$

由于国内犯罪行为的发生，总有犯罪收益的存在，这里假设某国的总犯罪收益为W，这部分收益在没有清洗之前，效用为零，即$U(W)=0$。假设进入洗钱领域的资金为Y，非法资金通过清洗进入合法领域投资，能获得稳定收益B，即$B=mY$，其中m代表纵容洗钱的收益率。

若政策制定者选择纵容洗钱，洗钱者则会选择尽可能多的清洗犯罪收益W。这些国家由于采用宽松的反洗钱监管而产生了声誉风险cY，这里的c表示单位非法资金所导致的声誉风险。此外，政策制定者必须考虑，洗钱意味着国内的组织犯罪或恐怖活动可能会增加，本国发生的犯罪成本对于当局者来讲，更加的敏感，由于政治选举的原因，犯罪率的提高，将会更容易丢失选票，因此，这里用$\gamma^2 Y$反映某国纵容洗钱所带来的犯罪活动成本。则总成本可以表示为：$C=cY+\gamma^2 Y$。

纵容洗钱的国家，一旦被发现可能会受到惩罚。而这个惩罚一般会比待清洗的"脏钱"数量更多，这里表示为：$S=tY^2$，其中t代表惩罚的严厉程度。

将$B=mY$，$C=cY+\gamma^2 Y$和$S=tY^2$代入公式（6-1），可得公式（6-2）。

$$E(U)=[(1-p)(mY-cY-\gamma^2 Y)]-p(cY+\gamma^2 Y+tY^2) \tag{6-2}$$

求解公式（6-2）的极值，E（U）对Y求导数，并令导数为0，可得公式（6-3）。

$$Y^*=\frac{m(1-p)-c-\gamma^2}{2pt} \tag{6-3}$$

其中，Y^*代表国家纵容洗钱的最优数量。

2. 国家纵容洗钱最优数量的影响因素

公式（6-3）中，$Y^*>0$，所以，$m(1-p)-c-\gamma^2>0$。

为了证明国家纵容洗钱最优数量的影响因素，分别对公式（6－3）中的Y^*求偏导数。可得公式（6－4）、公式（6－5）、公式（6－6）。

$$\frac{\partial Y^*}{\partial m}=\frac{1-p}{2pt}>0 \tag{6-4}$$

$$\frac{\partial Y^*}{\partial c}=\frac{-1}{2pt}<0 \tag{6-5}$$

$$\frac{\partial Y^*}{\partial \gamma}=\frac{-\gamma}{pt}<0 \tag{6-6}$$

以上理论推导过程是多那托·麦斯安德尔（2005）的研究内容。由公式（6－4）、公式（6－5）、公式（6－6）进一步分析，可以得出以下几点结论：

（1）国家纵容洗钱最优数量与经济、自然禀赋成反比。由公式（6－4）可知，国家纵容洗钱最优数量与洗钱收益成正比。但是，相对而言，洗钱收益对于经济禀赋、自然禀赋较差的国家具有更大的吸引力。因此，国家纵容洗钱最优数量与国家经济、自然禀赋负相关。

（2）国家纵容洗钱最优数量与对外金融依存度成反比。由公式（6－5）可知，国家纵容洗钱最优数量与声誉成本成反比。虽然“纵容洗钱”的声誉会吸引更多的“脏钱”，从而获得洗钱收益。但是从长远来看，将会抑制合法资金的流入，从而带来更大的损失。特别是对外金融依存度较高的国家，这种国际声誉风险的负面影响则更加严重。因此，国家纵容洗钱最优数量与某国的对外金融依存度负相关。

（3）国家纵容洗钱最优数量与国内犯罪及恐怖活动成本成反比。纵容洗钱将会产生额外的犯罪或恐怖活动的损失，为了实现“利润最大化”，各国政府将极力降低犯罪或恐怖活动带来的损失。因此，如公式（6－6）所示，国家纵容洗钱最优数量与国内犯罪或恐怖活动带来的成本成反比。

综上所述，国家纵容洗钱最优数量与国家自然禀赋负相关，与国家经济禀赋负相关，与国家对外金融依存度负相关，与国内犯罪及恐怖活动成本负相关。如前所述，国家纵容洗钱最优数量的大小，可以理解成国家反洗钱监管的宽松程度，这样也就是说国家反洗钱监管的宽松程度受到自然禀赋、经济禀赋、对外金融依存度和国内犯罪及恐怖活动成本的影响。自然禀赋越差、经济越不发达、越依赖于国外金融输入、国内犯罪及恐怖活动带来的损失越小，则越倾向于采取较宽松的反洗钱监管制度，从而更容易成为反洗钱不合作国家或地区。

6.4　实证研究设计

在实际情况中，国际组织认为采取较宽松反洗钱监管的国家或地区，是潜在的反洗钱不合作国家或地区，即反洗钱 NCCTs 国家或地区。然而，NCCTs 黑名单和反洗钱监管宽松程度的直接检验并不容易。上述理论研究分析了“纵容洗钱最优数量—反洗钱监管宽松程度—反洗钱 NCCTs 黑名单”的逻辑关系。基于上述理论分析，本书构建 NCCTs 黑名单和国家或地区禀赋特征关系的回归模型。2000 年至今，FATF 阶段性的发布 NCCTs 黑名单，共有 78 个国家或地区被列入。根据数据搜集的程度，这里选取包括 NCCTs 黑名单国家或地区①和其他国家的 156 个国家或地区作为样本国②。在多那托·麦斯安德尔（2005）的研究中，解释变量包括国家或地区自然禀赋、经济禀赋、金融禀赋、犯罪活动成本等，其中犯罪活动成本和恐怖活动成本是一个综合指数。本书将犯罪活动成本和恐怖活动成本分开，引入恐怖主义指标，且搜集

---

①　严格意义上的黑名单仅包括，2008 年之前被列入的国家或地区和 2008 年之后被列入①号和②号名单的国家或地区。①号名单代表反洗钱制度有明显缺陷的国家或地区，FATF 号召其成员和非成员采用抵制措施，是最强烈的名单（也包含存在实际危害，即已经发生多起相关事件的国家或地区）。②号名单代表已经给 FATF 递交了高层政治承诺，但仍需提防的国家或地区，FATF 号召其成员对来自这些国家或地区的客户采取更加严格的尽职调查措施。③④⑤⑥号名单来自 FATF“提高全球反洗钱/反恐融资遵守度：进行中的过程”。③号名单代表进展不明显，进入警告的国家或地区。④号名单代表已经取得一定行动进展，但仍存在问题的国家或地区。⑤号名单代表反洗钱已经取得实质性进展，FATF 即将进行实地探访的国家或地区，一般下一次会被除名，特殊情况下，可能会由于战争等安全因素而无法直接实地访问，则仍然停留在该层次，如叙利亚。⑥号名单代表被除名的国家或地区，对于已经在制度层面解决洗钱漏洞的国家或地区，FATF 将组织现场访问，确认措施，如果确实有积极的效果，FATF 将考虑是否把这些国家或地区除名。

截至 2017 年 12 月，2008 年之前的名单国家或地区有 23 个，2008 年之后的名单国家或地区有 61 个，其中巴拿马、菲律宾、印度尼西亚、缅甸、尼日利亚、乌克兰 6 个国家或地区在 2008 年之前的名单中也出现了。2008～2017 年，记入①号和②号名单的国家或地区共有 25 个。这样，若仅考虑黑名单，即 2008 年之前的 23 个国家和 2008～2017 年被列入①号和②号名单的国家或地区，这里搜集的 NCCTs 黑名单国家或地区数量达到 42 个。此外，由于数据搜集的问题，部分被列入名单的国家或地区从样本中舍去，如 2008～2017 年名单中的巴哈马、开曼群岛、库克群岛、列支敦斯登、马绍尔群岛、瑙鲁、纽埃、圣基茨和尼维斯、圣文森特和格林纳丁斯、格林纳达 10 个国家或地区，2008 年之后名单中的安提瓜和巴布达、文莱、朝鲜、圣多美和普林西比、瓦努阿图 5 个国家或地区。本书实证研究中，只有二值概率模型采用了严格意义上的黑名单，其他均含所有名单。

②　截至 2017 年 12 月，全球大概有 224 个国家和地区，这里的 156 个国家和地区代表了世界 GDP 的 90% 以上，世界人口的 90% 以上。因此，这里以 156 个国家和地区作为全世界的数据。

的数据尽可能地跨度 2000 ~ 2017 年，以期进行全面综合的分析。

6.4.1 数据来源与样本选取

1. 被解释变量：Nccts

被解释变量 Nccts 代表一定时期内被列入黑名单的次数。其中，Nccts_a 代表 2000 ~ 2007 年间，Nccts_b 代表 2008 ~ 2017 年间，Nccts_c 代表 2000 ~ 2017 年间。多那托·麦斯安德尔（2005）研究了 2005 年前的黑名单，被解释变量是二值数据，被记入黑名单，记作“1”；没有被记入黑名单，记作“0”。作为对比，本书也将对二值概率模型进行回归分析。

2. 解释变量：La

La 是表示某个国家（地区）自然禀赋的变量，这是一个表示土地使用的综合指标。这部分数据来自美国的中央情报局（Central Intelligence Agency, CIA）。数据的时间点为 2011 年，由于自然条件的变化相对缓慢，这个数据是可行的。根据国际规定，土地共有五种使用途径：（1）耕地，可以重复种植小麦、玉米、水稻等粮食作物，这里赋值为“1”；（2）可以种植如柑橘、咖啡、橡胶等持久经济作物的土地，这里赋值为“2”；（3）可以种植牧草等持久草本植物的土地，这里赋值为“3”；（4）森林，这里赋值为“4”；（5）其他，如城市用地等，这里赋值为“5”。根据不同类型土地的比例，可以计算出土地使用的综合指标，具体见公式（6－7）。其中，i 表示第 i 种土地，如上所述，耕地为第 1 种土地。p 表示第 i 种土地的占有比例。显然，La 越大，则表示土地的综合指标越低，即土地的使用率越低。理论上，国家纵容洗钱最优数量和土地使用的综合指标 La 是正比例的关系。即综合指标 La 越大的国家或地区，其自然禀赋越差，越倾向于采取较宽松的金融监管，更易成为纵容洗钱国家或地区，也就是说，成为黑名单国家或地区的概率水平和 La 变量呈正向变动关系。

$$La = \sum_{i=1}^{5} i \cdot p_i \tag{6-7}$$

3. 解释变量：Ec

Ec 是代表某个国家或地区经济禀赋的变量，这里用一国购买力平价的

GDP指标表示，数据来自世界银行，时间段为2000～2017年，根据各年的人口进行平均[①]，再求年度均值。理论上，国家纵容洗钱动机和其经济发展水平呈反比例的关系，即成为黑名单国家或地区的概率水平和Ec变量呈反向变动关系。

4. 解释变量：Fi

Fi是表示某个国家或地区金融依赖禀赋的变量。这部分数据来自国际清算银行（Bank for International Settlement，BIS）。这里取国外存款净额，不同于真正的外部资产和负债。将每年的年末数据按人口进行平均[②]，再求年度均值。理论上，国家纵容洗钱最优数量和国外存款数量呈正比例的关系，即某国成为黑名单国家或地区的概率与Fi变量呈正向变动关系。

5. 解释变量：Cri_c

Cri_c是表示某个国家或地区组织犯罪风险的变量。根据CIA网站的信息，若该国存在毒品生产或毒品交易市场，则组织犯罪变量记为“1”，否则记为“0”[③]。理论上，存在组织犯罪的国家或地区，其金融监管也较严格，其纵容洗钱最优数量也就较小。即存在组织犯罪的国家成为黑名单国家的概率低于无组织犯罪的国家或地区。

6. 解释变量：Cri_t

Cri_t是表示某个国家或地区恐怖活动风险的变量。世界经济与和平研究所（Institute for Economics and Peace，简称IEP）从2012年开始计算全球恐怖主义指数（Global Terrorism Index，简称GTI），该指数的编制基于国际恐怖主义数据库（Global Terrorism Database，简称GTD）[④]，以近5年的恐怖事件影响为权重，计算当期各国的恐怖主义指数，具体的计算方法见附录B4。IEP分别于

---

① 索马里采用的是2013～2017间5年的平均值，叙利亚采用的是2000～2007年8年的平均值。其他少数国家或地区存在零星数据缺失，在实证过程中，做了必要的处理。

② 数据来源：BIS/Statistics Explorer/Locational Banking Statistics/Global Tables/Amounts Outstanding。

③ 数据来源：CIA/The World Factbook/Transnational Issues/Illicit Drugs。联合国网站有各国犯罪情况的数据，但是相对不完整，所以这里没有采用。

④ GTD是目前全世界最权威的恐怖主义数据库，包括了超过104000件各国或地区发生的恐怖事件数据。

2012 年、2014 ~ 2018 年发布了全球恐怖主义指数的报告，报告中公布了 160 多个国家或地区 2011 ~ 2017 年的恐怖主义指数，这里取 7 年的平均值，与 Cri_c 类似，某国或地区成为黑名单国家或地区的概率与 Cri_t 指标呈反向变动关系。

6.4.2 模型设定与计量方法

这里选择记入黑名单的次数衡量反洗钱监管的宽松程度，由于记入黑名单的次数只能取非负整数，不满足正态分布的假定。即使进行对数转化，使用 OLS 估计也会出现偏误。适合该数据的模型为计数模型。借鉴袁建国等（2015）、张超林和杨竹清（2018）的论文，设定如公式（6 - 8）的泊松分布模型，采用最大似然估计法进行估计，来检验自然禀赋、经济金融禀赋、国内犯罪和恐怖主义活动对某国或地区被记入 NCCTs 黑名单次数的影响。

$$E(Nccts_i) = \exp(\alpha + \beta_1 La_i + \beta_2 Ec_i + \beta_3 Fi_i + \beta_4 Cri\_c_i + \beta_5 Cri\_t_i + \varepsilon_i) \tag{6-8}$$

其中，$Nccts_i$ 为被解释变量记入黑名单的次数。ε_i 为干扰项。

由于 Nccts 变量包含了一定量的 0 值，这里使用零膨胀泊松回归进行实证检验，同时使用 Vuong 统计量对回归方法的可靠性进行检验。如果 Vuong 统计量为正且很大，则使用零膨胀回归模型是合理的。本书进行实证估计使用的软件为 Stata 15.0。

6.4.3 实证结果及分析

1. 描述性统计

本书对模型中的变量进行了描述性统计，结果见表 6 - 7。Nccts 的均值为 4.91，表示 2000 ~ 2017 年，156 个样本国中，平均每个国家或地区被列名 4.91 次。标准差是 7.51，表示不同国家或地区被列名次数存在较大差异。中位数是 0，表示超过一半的国家或地区并没有被列名。均值高于中位数，一定程度上表示黑名单的列名集中于少部分国家或地区。La 的均值大于标准差，均值与中位数几乎相等，说明各国或地区的自然禀赋差异较小。Ec 和 Fi 的标准差大于均值，均值大于或小于中位数，表明各国或地区的经济禀赋、金融禀赋差异较大，经济发展和对外金融的依赖也集中于少部分国家或地区。

以此类推，可以得到 Cri_c、Cri_t 的特征，各国犯罪情况差异性不大，各国恐怖活动的差异性也不明显，但是集中于部分国家或地区。

表 6－7　　变量的描述性统计量

变量	均值	标准差	最小值	中位数	最大值	样本数
Nccts	4.910	7.510	0	0	36	156
La	3.540	0.593	2.242	3.505	4.928	156
Ec	10937.41	15689.88	209.988	3963.35	74548.73	156
Fi	－1265.727	6797.799	－47352.92	－1.023	41324.54	156
Cri_c	0.699	0.460	0	1	1	156
Cri_t	2.369	0.423	0	1.501	9.823	156

2. 零膨胀负二项回归结果

为了便于比较，本书首先采用了 OLS 回归、泊松回归等方法。怀特检验的结果表明，$p = 0.0059$，所以，本书的回归采用稳健标准误的方法。见表 6－8，第①种方法是采用稳健标准误的 OLS 回归。R^2 为 0.2738，只有三个解释变量显著。第②种方法采用稳健标准误的泊松回归，五个解释变量均显著。表 6－9 中还列出了泊松模型的平均边际效应，与 OLS 回归结果相比，系数的差异相对较大。此外，泊松回归的条件之一是均值和方差是相等的，表 6－7 的描述性统计量显示这个条件是不成立的，因此还需要考虑其他的回归模型。

表 6－8　　OLS 回归和泊松回归结果（156 个国家或地区）

回归结果	①OLS 回归	②泊松回归	平均边际效应
La	1.43676 (0.89804)	0.27719 * (0.18324)	1.36109 * (0.91749)
Ec	－0.00013 **** (0.00003)	－0.00006 **** (0.00002)	－0.00032 **** (0.00008)
Fi	8.28e－06 (0.00004)	0.00006 ** (0.00003)	0.00031 ** (0.00017)
Cri_c	1.16274 **** (0.25742)	0.94101 **** (0.31478)	4.6206 **** (1.57325)
Cri_t	1.16274 **** (0.25742)	0.16316 **** (0.03013)	0.80116 **** (0.17119)

续表

回归结果	①OLS 回归	②泊松回归	平均边际效应
_cons	-3.84313 (3.26532)	-0.21186 (0.76556)	
Log likelihood		-674.24226	
p	prob > F = 0.0000	Prob > chi2 = 0.0000	
R^2	R - squared = 0.2738	Pseudo R2 = 0.2915	

注：括号内是标准差，标星代表了统计显著性，0.01（****），0.02（***），0.05（**），0.10（*）。

表 6-9　负二项回归、零膨胀泊松回归和零膨胀负二项回归的结果（156 个国家或地区）

回归结果	③负二项回归	④零膨胀泊松回归	⑤零膨胀负二项回归
La	0.64721 **** (0.23423)	0.08475 * (0.06522)	0.55966 **** (0.05499)
Ec	-0.00005 **** (0.00002)	-0.00004 **** (7.59e-06)	-0.00004 **** (0.00001)
Fi	0.00006 * (0.00004)	0.00004 * (0.00002)	0.00005 * (0.00003)
Cri_c	0.74273 ** (0.35695)	0.11314 (0.10012)	0.37372 *** (0.17165)
Cri_t	0.18944 **** (0.04289)	0.07792 **** (0.01228)	0.10734 **** (0.02291)
_cons	-1.51680 * (0.91855)	2.00176 **** (0.26159)	0.29227 * (0.17417)
Log likelihood	-328.94911	-304.9879	-295.6822
Alpha	(2.85527, 6.05224)		(0.10798, 0.31649)
Vuong		8.59	5.64
p	prob > chi2 = 0.0000	0.0000	0.0000

注：括号内是标准差，标星代表了统计显著性，0.01（****），0.02（***），0.05（**），0.10（*）。

由于被解释变量 Nccts 的取值中，0 比较多，且样本方差大于均值，因此，应选择零膨胀负二项回归。作为对比，表 6-10 列出了负二项回归、零膨胀泊松回归、零膨胀负二项回归等的结果。其中，第③种方法是负二项回归（NB2），回归结果显示，Alpha 的 95% 置信区间为（2.8553，6.0522），故可以在 5% 的显著性水平上拒绝过分散参数“Alpha = 0”的原假设（对应于泊松回归），即认为应使用负二项回归。第④种方法是零膨胀回归，其中，Vuong 统计量 8.59，远远大于 1.96（比该统计量更大的概率是 0.0006），故拒绝“标准泊松回归”，认为应使用“零泊松回归”。第⑤种方法是零膨胀负二项回归，Alpha 的 95% 置信区间为（0.1080，0.3165），可在 5% 的显著性水平上拒绝“Alpha = 0”的原假设（对应于泊松回归），即认为应该使用负二项回归。另一方面，Vuong 统计量为 5.64，远远大于 1.96（比该统计量大的概率是 0.0000），故拒绝“标准负二项回归”，接受“零膨胀负二项回归”。因此，在上述各种模型设定中，更倾向于选择零膨胀负二项回归。①

表 6-10　NCCTs 黑名单与国家禀赋特征的实证关系（以 2008 年为界限）

回归结果	Nccts_a	Nccts_b	Nccts_c
La	0.02670 (0.12685)	0.57886**** (0.04644)	0.55966**** (0.05499)
Ec		-0.00003**** (8.47e-06)	-0.00004**** (0.00001)
Fi		0.00004** (0.00002)	0.00005* (0.00003)
Cri_c		0.29551** (0.14253)	0.37372*** (0.17165)
Cri_t		0.08818**** (0.01930)	0.10734**** (0.02291)
_cons		0.54622**** (0.17276)	0.29227* (0.17417)
Log likelihood	-69.57112	-260.9744	-295.6822
Alpha		(0.03850，0.18819)	(0.10798，0.31649)
Vuong	4.71	6	5.64
p	0.0000	0.0000	0.0000

注：括号内是标准差，标星代表了统计显著性，0.01（****），0.02（***），0.05（**），0.10（*）。

① 模型中的解释变量大多是平均数据或者替代变量，这本身就在一定程度上避免了内生性问题，且总体来看回归结果比较稳健。

3. 2008 年前后的比较分析

值得注意的是，由于 2008 年前后黑名单列名规则发生了很大的改变，因此很有必要分别进行研究。表 6 - 10 列出了相应阶段的回归结果。其中，Ncc-ts_a 代表 2000 ~ 2007 年的，Nccts_b 代表 2008 ~ 2017 年的。为了更好地反映当时的情况，这里 Nccts_a 的回归中，用的 Ec 和 Fi 的均值是 2000 ~ 2007 年的均值。而 Nccts_b 的回归中，用的是 2008 ~ 2017 年的均值。其中，经过比较，Nccts_a 采用的零膨胀泊松回归的方法。

根据 Nccts_b 和 Nccts_c 的回归结果可以发现，5 个解释变量的显著性水平均较高，整个方程所有变量的联合显著性也很高。这在一定程度上可以说明一个国家或地区成为反洗钱不合作国家或地区（NCCTs）的可能性，取决于特定的国家禀赋。此外，还可以发现，这个概率和 La 变量正向变动，和 Ec 变量反向变动，和 Fi 变量正向变动，和 Cri_c、Cri_t 变量均正向变动。La 数值越大，代表土地开发程度越低。Ec 数值越大，代表经济发展水平越高。Fi 数值越大，代表一国对国外的金融依赖越高。Cri_c、Cri_t 的数值则代表了一国组织犯罪、恐怖主义危害的程度。也就是说，某国或地区成为黑名单国家或地区的可能性与其自然、经济、金融禀赋负相关，先天禀赋越差的国家或地区越可能选择较宽松的金融监管，越倾向于纵容洗钱，这与理论推导结论一致。但是这里的回归结果还显示，某个国家或地区成为反洗钱不合作国家或地区（NCCTs）的可能性与该国或地区发生组织犯罪和恐怖活动的损失显著有关，但是呈正向变动关系，即受到组织犯罪和恐怖活动侵害较严重的国家或地区更容易选择较宽松的金融监管，更倾向于纵容洗钱，成为反洗钱不合作国家或地区。这个实证结论与理论推导结论不一致。此外，在 Nccts_a 的回归结果中，大多数变量均不显著。

6.4.4 进一步的分析

为了更全面地分析黑名单与国家禀赋的关系，本书还采用了另外两种方法量化 2000 ~ 2017 年的 NCCTs 黑名单，相对应地采用了两种模型，将该被解释变量设为 Binccts。第一种是二值概率回归模型，在该模型中，被记入黑名单的国家（地区）用“1”表示；没有被记入黑名单的国家（地区）用

"0"表示。第二种是序数模型，在该模型中，根据黑名单的列名规则，对样本国（地区）反洗钱监管宽松程度进行了赋值。

1. 二值概率模型的回归结果

通过数据整理，进行二值概率模型进行回归。这里把 Binccts_a 的赋值分成了三种类型，分别做 logit 回归。Binccts_a 代表 2008 年之前的赋值，Binccts_b 代表 2008 年之后的赋值，Binccts_c 代表 2000～2017 年的赋值，回归结果见表 6－11[①]。

表 6－11　　二值逻辑回归结果（156 个国家或地区）

回归结果	Binccts_a	Binccts_b	Binccts_c
La	0. 21352 (0. 72270)	0. 40357 (0. 44532)	0. 45251 (0. 43826)
Ec	－. 00003 (0. 00003)	－0. 00012**** (0. 00004)	－0. 00006**** (0. 00002)
Fi	0. 00004* (0. 00002)	－0. 00016* (0. 00010)	0. 00003 (0. 00007)
Cri_c	0	1. 56491*** (0. 67061)	2. 18177**** (0. 69698)
Cri_t	0. 34888**** (0. 12777)	0. 21860*** (0. 09547)	0. 29413**** (0. 09239)
_cons	－3. 75018* (2. 73415)	－4. 30231**** (1. 72873)	－5. 09441**** (1. 86431)
Log pseudolikelihood	－32. 18454	－53. 36038	－62. 79173
Prob ＞ chi2	0. 0325	0. 0013	0. 0001

注：括号内是标准差，标星代表了统计显著性，0. 01（****），0. 02（***），0. 05（**），0. 10（*）。

2. 有序概率模型的回归结果

上述的实证模型没有考虑到 NCCTs 名单的列名等级，仅将列名分为"1"和"0"，这样的赋值给回归结果带来了较大误差。实际上，FATF 发布的 NCCTs 名单是分成多个层级的，特别是 2008 年之后的黑名单分为了

---

① 稳健标准误和普通标准误几乎相同，因此，排除模型设定的问题。

六个等级，分别为①②③④⑤⑥号名单。这里将2000~2017年的在列国或地区也分成六个等级，采用有序概率变量。有些国家或地区仅被FATF列为监控名单，这里假定这些国家或地区的反洗钱监管宽松程度指数=1；有些国家或地区一直处于监控名单，由于进展不快被警告，这里假定这些国家或地区的反洗钱监管宽松程度指数=2；有些国家或地区仅在黑名单中出现一次，这里假定这些国家或地区的反洗钱监管宽松程度指数=3；有些国家或地区屡次出现在黑名单中，这里假设这些国家或地区的反洗钱监管宽松程度指数=4；有些国家或地区被列入黑名单，且FATF号召其成员对该国或地区进行经济贸易抵制，这里假设这些国家或地区的反洗钱监管宽松程度指数=5；其他国家或地区，记为0。具体细节见表6-12。表6-13罗列了部分NCCTs黑名单国家或地区的反洗钱监管宽松程度指数。同样，这里也分成了三种情况，Bincets_d代表2008年之前的赋值，Bincets_e代表2008年之后的赋值，Bincets_f代表2000~2017年的赋值，回归结果见表6-14。

表6-12　　国家反洗钱监管宽松程度的赋值标准

赋值	标准	2008年之前	2008年之后
5	被列入黑名单，且被号召抵制的国家或地区	出现过“★”标记的国家或地区	出现过①号名单的国家或地区
4	屡次被列入黑名单	没有出现过“★”标记，出现两次及两次以上“●”标记的国家或地区	没有出现过①号名单，出现两次及两次以上②号名单的国家或地区
3	仅在黑名单中出现了一次	没有出现过“★”标记，仅出现一次“●”标记的国家或地区	没有出现过①号名单，仅出现过一次②号名单的国家或地区
2	在监控名单中被警告的国家或地区	无	没有出现过①②号名单，出现过③号名单的国家或地区
1	仅在监控名单中出现过的国家或地区	无	没有出现过①②③号名单的国家或地区
0	其他国家或地区	没有被列名的国家或地区	没有被列名的国家或地区

注：“●”标记代表被列入黑名单（listed）。“★”标记代表被列入黑名单，且要求其成员对该国或地区进行抵制政策（Listed and Counter-measures Apply）。①②号名单出现在FATF的“公开声明”中。

表 6－13 反洗钱监管宽松程度指数（2000～2017 年，部分国家或地区）

序号	国家名称	指数	序号	国家名称	指数
1	阿富汗	2	13	塞浦路斯	1
2	阿尔巴尼亚	1	14	玻利维亚	4
3	伊朗	5	15	委内瑞拉	1
4	印度尼西亚	4	16	乌克兰	5
5	埃及	4	17	哥伦比亚	0
6	多米尼加	4	18	尼日利亚	4
7	爱沙尼亚	0	19	巴拿马	3
8	俄罗斯	4	20	菲律宾	4
9	越南	4	21	厄瓜多尔	4
10	法国	0	22	孟加拉国	1
11	波黑	1	23	阿塞拜疆	1
12	安哥拉	3	24	古巴	4

注：根据 FATF 历年 NCCTs 名单整理而得。

表 6－14 有序概率回归结果（156 个国家或地区）

回归结果	Bincets_d	Bincets_e	Bincets_f
La	0. 32188 (0. 58919)	0. 62936 ** (0. 32939)	0. 70392 ** (0. 32433)
Ec	－0. 00004 (0. 00004)	－0. 00005 **** (0. 00002)	－0. 00005 **** (0. 00002)
Fi	0. 00005 (0. 00005)	5. 36e－06 (0. 00006)	0. 00004 (0. 00005)
Cri_c	16. 68441 (1443. 079)	1. 26992 **** (0. 44734)	1. 66816 **** (0. 46081)
Cri_t	0. 33440 **** (0. 11727)	0. 18318 **** (0. 06864)	0. 25220 **** (0. 06938)
Log likelihood	－42. 14494	－150. 94981	－159. 80662
Prob ＞ chi2	0. 0012	0. 0000	0. 0000

注：括号内是标准差。标星代表统计显著性，0. 01 （****），0. 02 （***），0. 05 （**），0. 10 （*）。

3. 三种回归模型的比较与分析

表 6－4、表 6－5、表 6－8 分别列出了零膨胀负二项回归、二值逻辑回归和有序逻辑回归的结果。二值概率模型仅仅考虑了被列入黑名单①的情况，精度上仍有欠缺。序数模型在赋值上又存在一定的任意性。所以，综合多种因素，计数模型相对更优。

三种模型的回归结果在大体上一致的。从总体来看，2008 年后的 NCCTs 黑名单与国家或地区禀赋之间的关系更加显著，而 2008 年前均体现了相对不显著的回归结果。某国或地区政策制定者在选择本国或地区反洗钱监管宽松程度时，会综合考虑该国或地区的自然、经济、金融、犯罪、恐怖活动等先天禀赋，先天禀赋相对较弱的国家或地区可能会选择纵容洗钱，从而选择较宽松的金融监管。这样的国家或地区极易成为反洗钱不合作国家或地区。通过对 FATF 的 NCCTs 名单在列国或地区的禀赋特征进行实证分析，验证了这样的结论。2008 年前回归结果的不显著说明了 2008 年之前黑名单制度的任意性，这与多那托·麦斯安德尔（2005）的实证结果并不一致。2008 年后的黑名单国家或地区恰恰是由于其先天禀赋的缺陷而选择了纵容洗钱。换句话说，2008 年之后的黑名单大多涉及可能存在纵容洗钱的国家或地区，符合前文的理论解释，这样的黑名单制度从总体上是合理的。

此外，理论上，纵容洗钱的可能性与本国发生犯罪和恐怖活动的成本是呈反向变动的，但是表 6－4、表 6－5、表 6－8 的回归结果均是正向变动。一方面说明 NCCTs 黑名单制度在一定程度上仍缺乏足够的说服力，有些国家或地区纵容洗钱但是由于积极遵守相关制度而没有被列入，有些国家或地区由于自身的一些政治等问题没有能够积极遵守相关规定而被列入，这些都可能导致黑名单制度的有失公平性；另一方面也可能是犯罪或恐怖活动所带来的洗钱收益远大于其本身带来的损失。从而使得该国或地区选择纵容洗钱。此外，犯罪活动和恐怖活动较严重的国家或地区往往其内部管理也相对松散，因此，对反洗钱规制的态度也难以积极。

---

① 即 2008 年前被列入名单或 2008 年后被列入①、②号名单。

6.5　本章小结

本章的研究重点是反洗钱国际合作的激励机制——黑名单制度。第一，通过对金融行动特别工作组（FATF）历年年报、不合作国家或地区（NCCTs）历年报告等资料的搜集和整理，归纳出 NCCTs 黑名单制度经历的三个阶段、NCCTs 名单的评估机构和方式变迁等内容。第二，通过归纳和总结，从定性角度分析了 NCCTs 黑名单国家的基本特征。第三，基于第 3 章的理论基础，将研究视角放到国际，通过构建经济学模型，分析国家禀赋、政策制定者和宽松金融监管的关系，得出一国政策制定的监管最优选择往往取决于该国或地区的经济、金融禀赋，该国或地区发生犯罪和恐怖活动的数量等因素的结论。第四，从实证角度，通过构建概率模型，借助 156 个国家或地区的样本数据，分析了这些因素的影响，实证结果和理论结果大部分吻合。本章的研究重点是反洗钱 NCCTs 黑名单和国家禀赋之间的关系，通过本章的研究，可以得出以下几点结论：

（1）NCCTs 黑名单制度总体上是有效的。理论推导结果是，一国金融监管宽松程度的选择往往取决于其自身的自然、经济、金融等先天条件，先天条件较差的国家或地区会更倾向于选择较宽松的金融监管，从而吸引国外金融投资，弥补自身的条件不足。实证模型以在 NCCTs 名单中是否列名、如何列名等方式来代表一国金融监管宽松指数，即得到较多声誉惩罚的国家或地区往往就是金融监管较宽松的国家或地区，那么是否被列名、如何被列名也就应该与国家或地区的先天禀赋有关，实证结果与理论分析结论大致吻合，从这个角度来讲，NCCTs 黑名单制度总体上是有效的。

（2）NCCTs 黑名单中的国家或地区的确存在纵容洗钱的动因。根据理论和实证分析结果，一国成为 NCCTs 国家或地区与该国或地区的土地使用率、GDP 水平、国内犯罪成本、国内恐怖活动成本等因素有关。正是由于这些国家或地区在某些先天因素上存在困境，才会在实施反洗钱制度时，或敷衍、推脱，或仅仅是表面的友好。这些都证明了，FATF 列出的黑名单国家或地区的确存在反洗钱漏洞，国际组织应该重视这些国家或地区的洗钱风险。此外，当前的 NCCTs 黑名单制度仍存在一定的缺陷。从理论角度，由于外部性问题，犯罪行为较少发生的国家或地区将更倾向于容忍洗钱，也就是说一国或地区是否成为黑名单国家或地区的可能性应该与其国内组织犯罪、毒品交易等犯罪活动的发生率成反比，但是本章的实证结果是正比的关系。除了数据问题之外，黑名单制度对于“形式上遵守”的过分强调也是主要原因。因此，当前的 NCCTs 黑名单制度仍存在一定的缺陷，应加大“内在合作”的衡量。

（3）2008 年后的 NCCTs 黑名单制度更为合理。理论推导结果是，某国或地区纵容洗钱最优数量取决于其自身的自然、经济、金融、犯罪、恐怖活动等先天条件，先天条件较差的国家或地区会更倾向于纵容洗钱。实证模型以在 NCCTs 名单中是否列名、如何列名等方式来代表某国或地区反洗钱监管宽松程度，即得到较多声誉惩罚的国家或地区往往就是反洗钱监管较宽松的国家或地区，那么是否被列名、如何被列名也就应该与国家或地区的先天禀赋有关，实证结果与理论分析结论大致吻合。与之相对应，2008 年前的 NCCTs 黑名单与国家或地区禀赋关系则相对不显著，这说明 2008 年前的黑名单制度具有一定的任意性，而 2008 年后的 NCCTs 黑名单制度则更为合理。

（4）单纯的黑名单制度对反洗钱有效性的提高作用有限。2008 年之后的黑名单制度是大致合理的。但是，进入 NCCTs 黑名单的国家或地区往往由于其自身的先天禀赋而选择了不积极反洗钱，而黑名单制度本质上是“棍棒激励”，无法从根本上解决这些国家或地区的先天困境，还应该结合其他正向的“胡萝卜激励”。而对于由于内部管理松散而漠视反洗钱规制的国家或地区则应该给予更为严厉的惩罚。此外，进入名单的国家或地区往往被其他国家认为是“洗钱天堂”，从而吸引更多的洗钱者，这一方面有利于洗钱信息的传递，另一方面这些国家的转型也将变得更加困难。总之，单纯的黑名单制度对反洗钱有效性的提高作用有限，国际反洗钱政策的激励机制仍需强化。

第7章　国际反洗钱政策实施效果研究

历时多年的国际反洗钱政策是否取得了预期的效果，是国际反洗钱组织必须要考虑的问题，而国际反洗钱政策的实施效果取决于国际合作和公私合作的有效性，包括形式上的合作和内在的合作。第6章探讨了反洗钱不合作国家或地区（NCCTs）黑名单制度，该制度是反洗钱国际合作最重要的激励制度。研究结果表明，反洗钱NCCTs黑名单制度是有效的，但是NCCTs黑名单中的国家或地区的确存在纵容洗钱的动因，2008年后的NCCTs黑名单制度更为合理，单纯的黑名单制度对反洗钱有效性的提高作用有限。本章基于第5章国际反洗钱政策的政策目标，研究国际反洗钱政策的总体效果。而判断一项政策是否取得其政策目标，衡量指标的选择至关重要。但是，无论是上游犯罪、恐怖融资、逃税、金融稳定的衡量，还是洗钱规模的测度。都存在一定的不足，还无法实现评价反洗钱政策效果的作用，反洗钱政策效果的评价必须寻找其他方法。本章基于第3章的非法经济、合法经济和金融系统关系的理论分析，分析出非法资金在国际领域流转的特征。在此基础上，构建面板数据模型，从而从实证角度分析金融行动特别工作组（FATF）、国家规模等因素对国际反洗钱政策效果的影响，以此论证国际反洗钱政策的实施效果。

7.1　衡量国际反洗钱政策效果的主要指标

如前所述，评价国际反洗钱政策的实施效果可以根据指标数据的变化来判断。基于联合国毒品与犯罪办公室（UNODC）等国际组织的统计数据，结合现有文献的研究成果，可能采用的衡量指标有上游犯罪和洗钱规模。这里首先对这两个指标进行分析，探讨其作为反洗钱政策实施效果衡量指标的可行性。

7.1.1 上游犯罪

第 4 章对国际反洗钱政策的政策目标进行了分析，主要有四个：打击和制止上游犯罪；防止恐怖主义融资；反逃税；维护核心金融系统的稳定。然而，现有研究和国内外相关数据库只涉及了部分上游犯罪的数据。即使是洗钱上游犯罪最关键的两个，即毒品交易和欺诈，可以找到的数据也很有限，更别提美国政府规定的 130 多种上游犯罪。

欺诈是产生最高犯罪收益的上游犯罪（Walker J.，Unger B.，2009）。但是，只有个别国家有特定欺诈种类的零星估计，如信用卡欺诈、增值税欺诈等。由于数据的缺乏，目前对欺诈进行严格的经验对比是不可能的。但是，迄今为止，没有任何迹象表明，近几年的欺诈行为有所减少。

而在洗钱的上游犯罪中，毒品的数据相对较多。UNODC 的数据库和年报中或多或少的涉及了毒品的相关数据。最新的《世界毒品报告》在 2015 年的年报中提及，2015 年，约有 190000 例与毒品有关的死亡案例。其中还提到近年的毒品使用情况，见图 7－1，这些数据有些来自调查问卷，如吸毒人

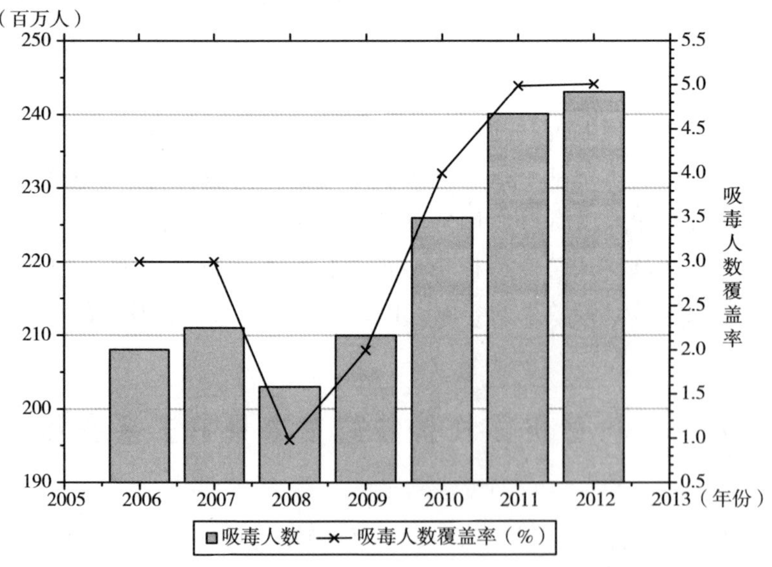

图 7－1 全球使用毒品人数统计

资料来源：根据 2015 年度联合国毒品与犯罪办公室（UNODC）报告整理，这是目前最新的《世界毒品报告》。

数及其覆盖率情况，准确性相对较弱，但是也能从某些方面说明全球毒品的使用情况。从图 7－1 的相关数据还可以发现，自 2008 年，全球使用毒品的总人数和占全球人口的比重是稳步上升的。如果从这个角度来看，国际反洗钱政策并没有实现打击毒品交易的目标。

除了这些数据之外，UNODC 还尝试对毒品的供应情况进行估算。主要采取卫星测控的方法，每年都对鸦片和可卡因等毒品的种植情况进行调查。通过类似于谷歌地图的程序对利用卫星拍摄到的鸦片田照片进行缩放，以此估算其产量。图 7－2 对这些估算结果进行了汇总。从中可以发现，1995 年以来，可卡因的生产并没有明显下降，但是鸦片的种植面积从 2007 年 9000 公吨下降到了 7800 公吨。鸦片是制作海洛因的最危险毒品，鸦片产量的减少，可以被视作是反洗钱政策的成功。

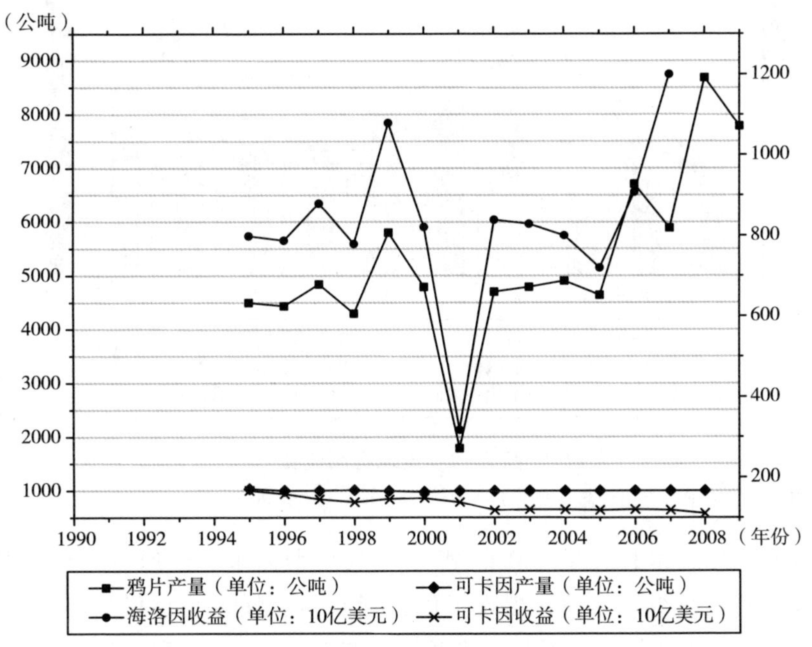

图 7－2　全球毒品产量

资料来源：根据联合国毒品与犯罪办公室（UNDOC）各年年报整理。

除了可卡因和鸦片之外，其他毒品的数据则是通过执法部门没收的数量来估计的，见图 7－3，以 2003 年为基准年，一些硬性毒品[①]，如海洛因、冰

① 硬性毒品，是指毒性较大、容易成瘾的毒品，如海洛因、冰毒等。

毒等出现了数量减少的现象。然而，一些软性毒品[①]，如摇头丸等，却出现了数量大幅增加的现象。此外，一些媒体报道也提到，软性毒品的质量和纯度也出现了大幅提升，以至于因此而发生的健康问题，如长期使用印度大麻而导致的精神错乱，也有所增加。硬性毒品数量的减少，可以视作反洗钱政策的成功，软性毒品质量的提高和数量的增加，又说明了反洗钱政策的失败。

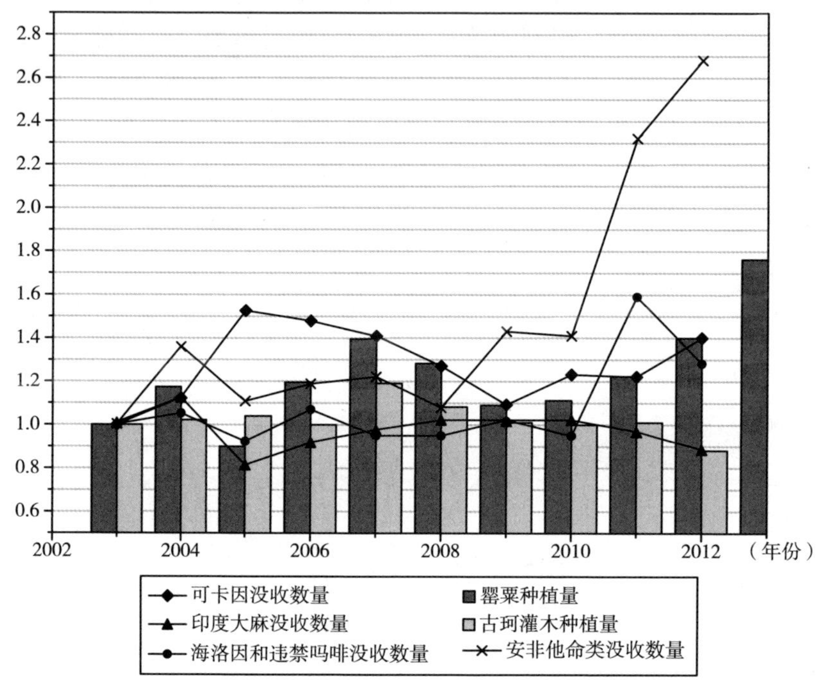

图 7－3　全球毒品收益

资料来源：根据联合国毒品与犯罪办公室（UNDOC）各年年报整理。

因此，从总体上来看，20 世纪 80 年代中期以来，全球毒品产品及其收益并没有明显减少，然而，出现了硬性毒品向软性毒品替代的情况。所以，如果说反洗钱的政策对犯罪行为有积极效果的，那么最多是导致了硬性毒品的减少和软性毒品大幅增加（Unger B.，Hertog J. D.，2012）。

除了关于毒品的这些零星数据之外，其他洗钱上游犯罪的衡量指标几乎

① 软性毒品，是指毒性较小、不容易成瘾的毒品，但可以同样起到毒品的致幻效果，会对大脑的神经造成伤害，且伤害是不可逆的。现在市场上主要有四类：摇头丸、KEN 粉、麻古和冰。摇头丸之类的毒品，虽然叫做软性毒品，但是它们对中枢神经系统的破坏比海洛因和吗啡等更剧烈。

很难找到。因此关于国际反洗钱政策是否起到了打击其上游犯罪的作用，从目前来看，估计的难度依然很大，而恐怖融资和核心金融系统的稳定性，也都没有恰当的指标来衡量反洗钱政策的实施效果。

7.1.2　洗钱规模

根据上述研究可以发现，反洗钱政策从对上游犯罪影响的方面来测度实施效果几乎是不可能的。反洗钱在打击洗钱上游犯罪方面的效果并不显著，以毒品犯罪为例，反洗钱政策实施以来，毒品犯罪并没有明显减少，毒品犯罪收益也没有显著减少。那么，洗钱数量本身呢，是否有所变化呢[①]？如图 7－4 所示，一些学者对全球的洗钱规模进行了测度，通过对比这些研究结果可以发现，在过去的 30 多年，洗钱规模的减少也不明显。表 7－1 则更加全面地汇总了国外学者对全球洗钱规模的估测值，结果从 2700 亿美元到 28500 亿美元，显然估算的误差过大。

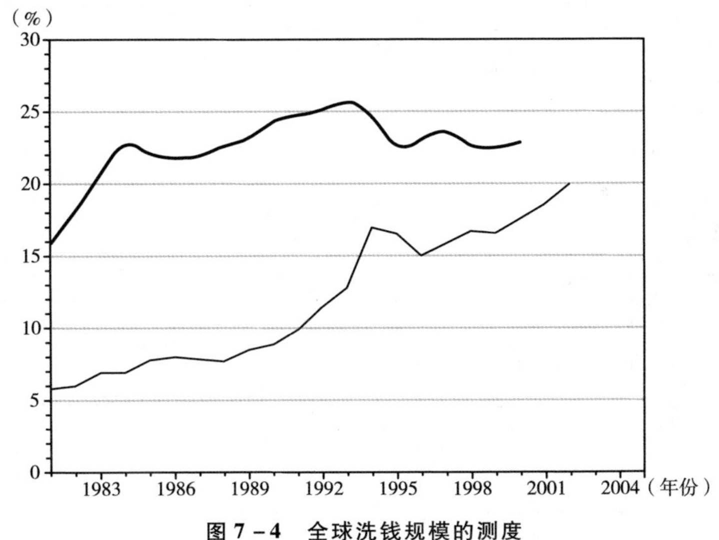

图 7－4　全球洗钱规模的测度

资料来源：根据布里吉特·昂格尔、弗兰斯·范·瓦尔登（2009）和布里吉特·昂格尔、约翰·丹·赫托格（2012）的研究和图中所列文献整理。其中，横坐标代表年份，纵坐标代表洗钱规模占全球 GDP（国内生产总值）的比重。

---

① 有一种可能性是，在新政策下罪犯害怕被捕，开始建设下层社会，可以用犯罪收益从事金融活动不用清洗。非法收益可以在黑市经济支付，罪犯们自己开办学校和大学、食品店、裁缝店、汽车商等。这里假设这些情况都不存在。

表 7-1　　　　洗钱规模历年测度结果

源自	年度	金额（10 亿美元）
NCIS（Washington，D. C.，USA）	1998	1300
NCIS（Washington，D. C.，USA）	2001	1900
NCIS（Washington，D. C.，USA）	2003	2100
UN-Estimates（New York；USA）	1994/1998	700～1000
IMF/Interpol（Washington，D. C.，USA）	1996	500
Takats（2007）	2005	600～1500
CITE	2002	1000～1600
Agarwal and Agarwal（2004）	2005	2000～2500
Agarwal and Agarwal（2004）	2002	500～1000
Friedrich Schneider（University of Linz）	2001	595
Friedrich Schneider（University of Linz）	2002	640
Friedrich Schneider（University of Linz）	2003	680
Friedrich Schneider（University of Linz）	2004	720
Friedrich Schneider（University of Linz）	2005	760
Friedrich Schneider（University of Linz）	2006	790
The Economist（London）	1997	400
The Economist（London）	2001	600
Friedrich Schneider（University of Linz）	2001	270
Friedrich Schneider（University of Linz）	2002	295
Friedrich Schneider（University of Linz）	2003	330
Friedrich Schneider（University of Linz）	2004	340
Friedrich Schneider（University of Linz）	2005	345
Friedrich Schneider（University of Linz）	2006	338
Sam Kerry	1997	420～1000
Michael Schuster	1994	500～800
John Walker	1998	2850

资料来源：根据弗里德里希·施耐德、厄休拉·威第堡尔（2008）；弗里德里希·施耐德（2010）及相关研究成果汇总而成。

根据洗钱上游犯罪和洗钱规模的测度结果比较可以发现，由于数据和估计方法选择的问题，目前这两项指标仍无法准确地衡量国际反洗钱政策的实施效果，仍需要寻找其他方法。

7.2　国际反洗钱政策实施效果国际比较的实证模型构建

第 3 章已经通过理论分析，得出了非法经济和金融系统的关系；第 5 章论述了形式上的合作和内在的合作对反洗钱实施效果的影响。由于之前 FATF 更注重的是各国反洗钱制度的合规性，也就是形式上的合作（孙陵霞、张成虎，2016），因此，可以用是否 FATF 成员来代表形式上的合作。也就是说，FATF 成员有更加积极的形式上的遵守程度。由于数据的限制，内在的合作这里只取国家规模这一影响因素。基于第 5 章的研究，通过构建理论和实证模型。首先在开放经济条件下探讨非法资金在不同国家之间的流转特征，其次通过面板数据实证分析，论证 FATF 的建立及国家规模对反洗钱实施效果的影响。

7.2.1　基本假设

本节的大部分假设基于多那托·麦斯安德尔等学者的研究，并据此作了进一步推进。本节的主要假设有：

（1）假设进入一个国家金融系统的资金有两个部分，一是来自合法渠道，二是来自非法渠道。其中来自非法渠道的资金，即为通过金融系统清洗的“脏钱”，或者叫非法资金。

（2）假设非法经济和金融系统的联系主要来自于洗钱，当非法（犯罪）活动增加，进入金融领域清洗的非法资金也将增加。

（3）未经过清洗的“脏钱”效用很低，甚至为零，只有“净钱”有使用价值。因此无论再投资于合法领域，还是非法领域，都需要“净钱”。

（4）假设非法资金在国际间流转不完全受到限制，则非法资金总有一部分可以流入自己愿意去的地方。

（5）人口规模较大的国家，更倾向于反洗钱；人口规模较小的国家，更倾向于容忍洗钱。

（6）FATF 成员，由于采用了 FATF 的“40 + 9 条建议”，将更倾向于反洗钱；非成员国，即使采纳了 FATF 的建议，也表明了反洗钱动机的不足，更倾向于容忍洗钱。

其中，第（5）和第（6）也正是本章7.3节实证部分将要论证的。人口规模较大的国家，金融系统和非法经济之间的关系将较强；人口规模较小的国家，金融系统和非法经济之间的关系也将较弱。成为金融行动特别工作组（FATF）成员后，各国或地区的金融系统和非法经济之间的关系将减弱；相对于非FATF国家或地区，FATF国家或地区的金融系统和非法经济的关系也相对更弱。

7.2.2 模型构建

1. 非法资金国际流动的博弈分析

根据第5章的研究，各国的洗钱容忍度和人口规模成反比。即人口规模较小的国家，洗钱容忍度较高；人口规模较大的国家，洗钱容忍度较低。

假设A国为人口较多的国家，B国为人口较少的国家，c_A、c_B分别代表A、B国的洗钱成本，p_A、p_B分别代表A、B国的洗钱被发现概率。a_A代表A国洗钱者a在A国洗钱所获收益，同理可得a_B、b_A、b_B。A_a代表洗钱者a在A国洗钱，A国所获收益，同理可得A_b、B_a、B_b。四者的完全信息静态博弈过程见表7-2。

表7-2　　非法资金国际流动的博弈过程

洗钱者	国家A	国家B
A国洗钱者a①	(a_A, A_a)	$(\underline{a_B}, \underline{B_a})$
B国洗钱者b	$(b_A, \underline{A_b})$	$(\underline{b_B}, B_b)$

表7-2中，a_A应满足公式（7-1）。

$$a_A = y_A I_A (1 - c_A)(1 - p_A) + (-t_A y_A{}^2 I_A{}^2) p_A \quad (7-1)$$

其中，$y_A I_A$代表洗钱的数量②。t_A代表惩罚比率。

表7-2中，a_B应满足公式（7-2）。

$$a_B = y_B I_B (1 - c_B)(1 - p_B) + (-t_B y_B^2 I_B^2) p_B \quad (7-2)$$

---

① 这里假设，A国的洗钱者，其洗钱上游犯罪也在A国发生，而B国洗钱者，其洗钱上游犯罪也在B国发生。不考虑跨国洗钱的情况，这里的假设不影响研究结论。

② I_A代表非法收入，y_A代表比率。

由于A国是大国，B国是小国。那么A国更加难以容忍洗钱。则，$c_A > c_B$，$p_A > p_B$，当清洗等额非法资金时，即 $y_A I_A = y_B I_B$，$a_A < a_B$。同理可得，$b_B > b_A$。

表中 A_a 应满足公式（7－3）。

$$A_a = u_A y_A I_A - v_A y_A I_A \tag{7-3}$$

同理可得，$A_b = u_A y_B I_B$。

A_a 表示A国在获得洗钱收益的同时，还要承担其犯罪所带来的后果。A_b 代表A国在获得洗钱的收益的同时，并不需要承担其犯罪所带来的后果。当清洗等额非法资金时，即 $y_A I_A = y_B I_B$，可得，$A_a < A_b$。同理可得，$B_b < B_a$。

因此，可以得到如表7－2所示的纳什均衡，（a_B，B_a）将是最优的纳什均衡。也就说，A国洗钱者a在B国洗钱，B国吸收洗钱者a的非法资金，是最优决策。B国洗钱者b倾向于在B国洗钱，A国倾向于吸收B国洗钱者b的非法资金①。

因此，结合第3章和上述的博弈分析，可以得到命题7.1。

命题7.1：假设大国容忍洗钱动机相对较弱，在清洗等额非法资金的条件下，非法资金国际流动的纳什均衡为大国非法资金流入小国，小国容忍大国非法资金的流入，洗钱行为出现了外部性。大国一方面要容忍洗钱的上游犯罪给其带来的危害，另一方面却无法获得非法资金本身所带来的经济收益；小国的非法经济收益则有三部分：大国的非法收入，小国的犯罪危害，小国的非法收入。

FATF成员和非成员的洗钱成本、洗钱被发现概率，和上述A国、B国类似，由此可得与FATF相关的推论7.1.1。

推论7.1.1：FATF成员倾向于不容忍洗钱，在清洗等额非法资金的条件下，非法资金国际流动的纳什均衡为FATF成员的非法资金流入非成员，非成员容忍成员非法资金的流入，洗钱行为出现了外部性。成员一方面要容忍洗钱的上游犯罪给其带来的危害，另一方面却无法获得非法资金本身所带来的经济收益；非成员的非法经济收益有三个部分：成员的非法收入，非成员的犯罪危害，非成员的非法收入。

2. 非法资金在A国和B国金融系统的流转分析

根据上述的博弈分析，下面对非法经济在A国和B国金融系统的流转过程

---

① 第二种情况往往不会发生。

进行分析。基于前述假设，无论合法还是非法投资，都需要“净钱”。也就是说，只要有犯罪，就存在洗钱。洗钱行为总会有交易成本，一方面是技术成本，另一方面是反洗钱监管成本。假设这部分成本为 CR，即为洗钱金额的一部分，满足：$CR = cyI$。那么剩下的部分 $(1-c)yI$ 可以再投资假设这部分资金中有 q 份用于再投资于非法经济。q 是与 r 有关的函数，其中 $r = r_i - r_l$，即非法投资的收益率减去合法投资的收益率，总收益为 $q(1-c)(1+r_i)yI$。

假设通过洗钱，非法资金的流转过程见图 7－5，且重复无穷多次。A 国非法资金更倾向于流入 B 国。B 国由于人口规模少，犯罪空间有限，清洗后的资金更容易流入 B 国从事非法活动。

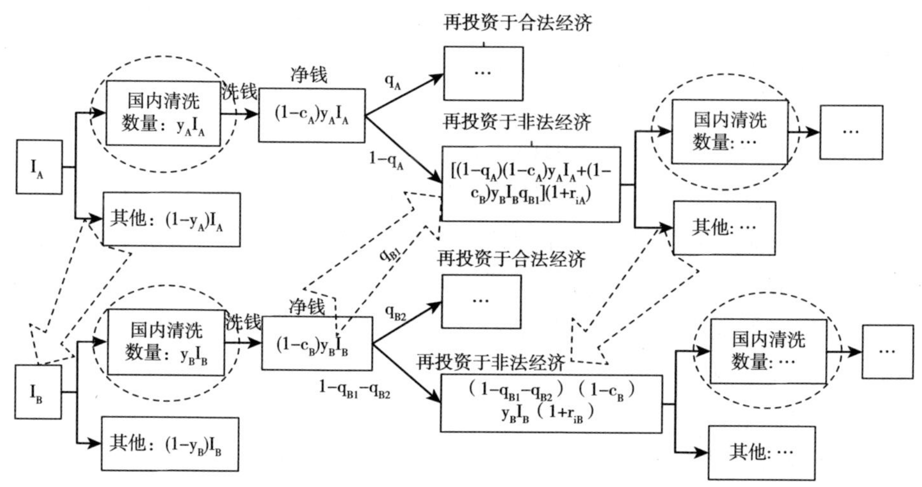

图 7－5 非法资金在 A 国和 B 国金融系统的流转过程

在 A 国，假设初始的非法收益为 I_A，在非法资金可以在国际间流转不完全受限的前提下，A 国的非法资金一部分流转到了 B 国，一部分依然以非法资金的形式存在于 A 国，能在 A 国金融系统清洗的只剩下 y_AI_A，经过清洗，这部分资金的“净钱”数量为 $(1-c_A)y_AI_A$①，“净钱”可以再投资于合法经济或者非法经济。B 国的“净钱”也会流转到 A 国从事非法活动。假设 A 国的非法收益率为 r_{iA}，那么非法收益满足公式（7－4）。

$$[(1-q_A)(1-c_A)y_AI_A+(1-c_B)y_BI_Bq_{B1}](1+r_{iA}) \qquad (7-4)$$

---

① c_A 代表洗钱成本，为了研究的便利，这里不考虑洗钱被发现的情况，这个假设并不影响研究结论。

以此类推，可以得到命题 7.2 和推论 7.2.1、推论 7.2.2。

命题 7.2：人口规模较大的国家（A 国），留在国内清洗的非法资金与金融系统之间有一定的相生作用，作用的大小取决于非法资金流出的程度；人口规模较小的国家（B 国），留在国内清洗的非法资金与金融系统之间有一定的相生作用，作用的大小取决于非法资金流入的程度。

同理可以得到与 FATF 有关的推论 7.2.1。

推论 7.2.1：FATF 成员，留在国内清洗的非法资金与金融系统之间有一定的相生作用，作用的大小取决于非法资金流出的程度；非 FATF 成员，留在国内清洗的非法资金与金融系统之间有一定的相生作用，作用的大小取决于非法资金流入的程度。

下文将用犯罪率作为衡量非法经济的指标，银行存款作为衡量金融系统的指标。根据命题 7.1、命题 7.2、推论 7.1.1、推论 7.2.1，可以得到推论 7.2.2。

推论 7.2.2：人口规模较大的国家（或 FATF 成员），银行存款和犯罪率有相生的关系，作用的大小取决于非法资金流出的程度，甚至可能出现犯罪率对银行存款负的贡献度；人口规模较小的国家（或非 FATF 成员）银行存款和犯罪率有相生的关系，作用的大小取决于非法资金流入的程度，当流入资金过多，犯罪率对银行存款的贡献度将会不显著。

推论 7.2.2 是前述定理和推论的总结和量化，下文主要是通过构建实证模型的方法验证推论 7.2.2 是否成立，以此来分析非法经济和金融系统的内在关系，从而判断反洗钱是否达到了预期的效果。

7.3　国际反洗钱政策实施效果国际比较的面板数据实证分析

7.3.1　数据准备①

关于合法经济、非法经济金融系统的直接指标难以获得，因此只能采用近似指标替代的方法。这里用国内生产总值（GDP）替代合法经济，银

① 由于近年来数据属性的变化，为了保证所搜集数据的一致性，这里只包含了 12 年的数据。

行存款[①]替代金融系统的经济行为，犯罪率[②]替代非法经济。

1. 用 GDP 替代合法经济

麦斯安德尔用人均 GNP 替代合法经济，世界银行官方网站[③]也给出了各国的 GDP 数据。因此就目前来说，GDP[④] 作为合法经济的替代，更易获得且更具普遍接受性，所以这里采用 GDP（每 10 万人）作为合法经济的替代。

2. 用犯罪率（Crime Rates）替代非法经济

早期学者尝试了多种方法来度量非法经济，包括国民收支差异、劳动力参与率的波动、货币交易理论、货币需求理论等。这些测度里，大多会涉及逃税收益。但是对于本书的研究来讲，逃税收益并不是一个优良指标，原因是洗钱包含的上游犯罪收益范围比逃税收益更广。因此，继续采用麦斯安德尔（1999）和杰基·约翰逊、德斯蒙德·里姆（Johnson J.，Lim YCD，2002）的方法，以犯罪率替代非法经济。

联合国（UN）从 1980 年开始对各国的犯罪情况进行统计，1970～2002 年的数据历经 8 轮统计[⑤]。2003 年开始的数据来自联合国的网站数据库[⑥]，也就是被定罪的总人数[⑦]。样本中并不是所有的国家每年都向 UN 提供犯罪数据，有些国家的犯罪数据难以获得。结合其他数据搜集的难度，并为了保证数据搜集依据的一致性，本书的数据范围为 2003～2014 年，也就是全部来自于联合国犯罪数据库，以每 10 万人的犯罪人数替代非法经济。

3. 各国银行存款数据

国际货币基金组织（IMF）的国际金融系统（International Financial Sys-

---

① 有些国家的银行存款是以存款部门包含在广义货币内的存款为准，为了表述的便利，这里统一称为“银行存款”。

② 非法经济规模，或者地下经济规模，仍没有统一的方法来估计，根据洗钱的定义，洗钱的上游犯罪包含多种犯罪形式，所以这里以犯罪率作为代替。

③ 官方网站为 http：//data. worldbank. org. cn/，文中的人口数据也是来自这里。

④ GDP 还被其他学者作为合法经济的替代，如克罗兰德（Klovland，1984），巴雅达（Bajada，1997），戴维·贾尔斯（Giles，1998）等。

⑤ 涉及犯罪率的数据是 V153 指标“被定罪的总人口（Grand Total of Persons Convicted）”。其中，关于我国的犯罪数据不全。经考证，部分取自统计局网站，采用的指标是刑事罪犯总数。

⑥ 官方网站为 http：//www. unodc. org/unodc/en/data－and－analysis/statistics/crime. html。

⑦ Total Convictions。

tem，IFS）数据库包含了各国的银行数据，但并没有现金存款、提款和流转的明细。各国中央银行的年报中，也甚少提及。用盈利能力、资产或负债又不合适。考虑到数据选取的合理性和数据获取标准的一致性，这里提取包含在广义货币的部分存款[①]作为“银行存款”的替代指标。

在给 IMF 汇报数据的国家或地区中，有些采用的是标准化的报表（Standardized Reports Forms，SRFs），有些采用的是非标准化的报表（Non - standardized Report Forms，Non - SRFs），汇报格式的不一致[②]，导致数据的搜集标准也会出现偏差。文中涉及的 45 个国家或地区[③]中有 6 个是 Non - SRFs，分别是中国、印度、阿根廷、瑞士、吉尔吉斯斯坦以及中国香港特别行政区，其余 39 个为 SRFs，其中 8 个[④]为欧元区国家或地区。SRFs 国家或地区的存款数据，取自“可转移存款（Transferable Deposits）”和“包含在广义货币中的其他存款（Other Deposits Included in Broad Money）”之和。Non - SRFs 国家或地区的存款数据，取自“银行活期存款（Deposit Money Bank - demand Deposits）”的数据。加总后的数据，依据人口平分，以每 10 万人的银行存款作为衡量指标。

4. 遵守程度指标

一般认为，金融行动特别工作组（FATF）成员具有更强的遵守程度，因此这里还引入了 FATF 虚拟变量。FATF 成员的情况见表 7 - 3。

下面的回归部分，将对 45 个国家或地区的数据进行分组。表 7 - 4 列出了不同分组情况下，变量的描述性统计量。其中，bank_de 代表银行存款（单位为百万美元/10 万人），gdp 代表国内生产总值（单位为百万美元/10 万人），crime_rate 代表犯罪率（单位为犯罪人数/10 万人），infla 代表通胀率（通货膨胀率年度百分比变化）。其中，人口规模的分组依据是，按照 2003 ~ 2014 年平均人口，进行递减排序并编号。分成三个类别：大型、中型、小型。平均人口

---

① 后面将具体说明。

② 这种标准的不一致多少会给本书的研究结论带来误差。

③ 这 45 个国家或地区包括：1 中国、2 印度、3 美国、4 俄罗斯、5 日本、6 墨西哥、7 德国、8 土耳其、9 法国、10 意大利、11 韩国、12 乌克兰、13 哥伦比亚、14 阿根廷、15 波兰、16 澳大利亚、17 罗马尼亚、18 荷兰、19 哈萨克斯坦、20 危地马拉、21 葡萄牙、22 捷克、23 匈牙利、24 瑞典、25 阿塞拜疆、26 奥地利、27 瑞士、28 保加利亚、29 塞尔维亚、30 中国香港、31 丹麦、32 吉尔吉斯斯坦、33 芬兰、34 哥斯达黎加、35 格鲁吉亚、36 克罗地亚、37 摩尔多瓦、38 巴拿马、39 亚美尼亚、40 阿尔巴尼亚、41 蒙古国、42 马其顿、43 爱沙尼亚、44 毛里求斯、45 塞浦路斯。

④ 8 个国家为：德国、法国、意大利、荷兰、葡萄牙、奥地利、芬兰、爱沙尼亚。

大于 1 亿的为大型国家，共 6 个[①]；平均人口介于 1000 万 ~1 亿之间的为中型国家，共 18 个[②]；平均人口小于 1000 万的为小型国家，共 21 个。

表 7－3　　　　FATF 成员（2016 年）

国家或地区名称	FATF	FSRBs 成员	第四轮评估时间	其他
阿根廷	2000－	GAFILA	2021 ~ 2022	
澳大利亚	1990－	APG	2014 ~ 2015	
奥地利	1990－		2015 ~ 2016	
比利时	1990－		2014 ~ 2015	
巴西	2000－	GAFILAT	2021	
加拿大	1990－	AGP	2015 ~ 2016	多个 FSRBs 的观察者
中国	2007－	APG、EAG	2017 ~ 2018	
丹麦	1991－		2016 ~ 2017	
芬兰	1991－		待定	
法国	1990－		2020	多个 FSRBs 的观察者
德国	1990－		2020 ~ 2021	多个 FSRBs 的观察者
希腊	1991－		2018 ~ 2019	
中国香港	1991－	APG	2018 ~ 2019	
冰岛	1991－		2016 ~ 2017	
意大利	1990－		2015	EAG 观察者
日本	1990－	APG	2019 ~ 2020	MONEYVAL 观察者
韩国	2009－	APG	2019	
卢森堡	1990－		2020 ~ 2021	
马来西亚	2016－	APG	2014 ~ 2015	
墨西哥	2000－	GAFILAT	2016 ~ 2017	多个 FSRBs 的观察者
荷兰	1990－		2020 ~ 2021	CFATF 合作者
新西兰	1991－	APG	2019 ~ 2020	
挪威	1991－		2014	
葡萄牙	1991－		2017	多个 FSRBs 的观察者
俄罗斯	2003－	EAG、MONEYVAL	2018 ~ 2019	APG 观察者
新加坡	1992－	APG	2015 ~ 2016	

① 中国、印度、美国、俄罗斯、日本、墨西哥。
② 篇幅所限，不再一一列举。

续表

国家或地区名称	FATF	FSRBs 成员	第四轮评估时间	其他
南非	2003 -	ESAAMLG	2019 ~ 2020	
西班牙	1990 -		2014	多个 FSRBs 的观察者
瑞典	1990 -		2016 ~ 2017	
瑞士	1990 -		2016	
土耳其	1991 -		2019	EAG 观察者
英国	1990 -	APG	2018	多个 FSRBs 的观察者
美国	1990 -	APG	2016	多个 FSRBs 的观察者

资料来源：根据 FATF 网站资料整理。

表 7 - 4　　45 个国家或地区相关变量的描述性统计量

国家或地区类别	统计量	bank_de	gdp	crime_rate	infla	样本数
大型	最大值	10445.9100	5298.0040	646.7175	14.1078	N = 72 n = 6
	均　值	2039.8110	1806.1030	154.1462	4.5177	
	最小值	3.8430	55.7897	25.9000	-1.3467	
中型	最大值	5890.9690	6764.6100	2047.1400	25.2964	N = 216 n = 18
	均　值	1371.3720	2134.3580	690.1778	4.5513	
	最小值	14.6610	104.8522	10.9000	-0.8355	
小型	最大值	7601.0820	8800.2610	44367.0000	25.05666	N = 252 n = 21
	均　值	1071.5840	1673.9950	2735.1560	4.832626	
	最小值	0.5970	38.0507	72.7000	-2.5	
FATF	最大值	10445.9100	8800.261	4566.044	25.29637	N = 252 n = 21
	均　值	2383.0430	3369.2340	845.8325	3.376261	
	最小值	9.2674	112.4519	25.9	-2.5	
非 FATF	最大值	7601.0820	3495.0350	44367.0000	25.2319	N = 288 n = 24
	均　值	504.7891	728.9763	2131.4140	5.6777	
	最小值	0.5970	38.0507	10.9000	-0.9346	
2008（含）年之前	最大值	7337.8400	7211.9560	44367.000	25.2964	N = 270 n = 45
	均　值	1091.0180	1671.6410	1650.5010	5.3949	
	最小值	0.5970	38.0507	10.9000	-2.5000	
2008 年之后	最大值	10445.9100	8800.2610	42782.0000	16.4959	N = 270 n = 45
	均　值	1596.0900	2120.6920	1480.0660	3.8179	
	最小值	2.0793	87.1224	25.2000	-1.3467	

续表

国家或地区类别	统计量	bank_de	gdp	crime_rate	infla	样本数
全部	最大值	10445.9100	8800.2610	44367.0000	25.2964	N = 540 T = 45
	均　值	1320.5960	1875.7550	1573.0300	4.67810	
	最小值	0.597	38.0507	10.9	-2.5	

注：bank_de、gdp 的单位是百万美元/10 万人，crime_rate 的单位是犯罪人数/10 万人，infla 是按 CPI 衡量的通货膨胀率年度百分比变化。

7.3.2 估计方法选择

1. 平稳性检验

为了消除异方差，尽可能地缩小估计偏差，首先对以上数据进行变量序列的平稳性检验（沈悦、郭培利，2014）。先对变量 bank_de、gdp、crime_rate 取对数，如公式（7－5a）、公式（7－5b）、公式（7－5c）所示。

$$lnbank = \ln(bank\_de) \tag{7-5a}$$

$$lngdp = \ln(gdp) \tag{7-5b}$$

$$lncrime = \ln(crime\_rate) \tag{7-5c}$$

检验结果见表 7－5，选择常用的 LLC 和 fisher－ADF（PP）的单位根检验方法。同时考虑同质与异质面板单位根的原假设。表 7－5 的检验结果表明（lnbank、lngdp、lncrime、infla 均含截距和趋势）：LLC 单位根检验下，所有变量在 1% 显著水平拒绝原假设。ADF 和 PP 检验中，也大多数通过了 5% 显著水平拒绝原假设，个别在 10% 显著水平下拒绝原假设。因此这 4 个变量都是基本稳定的。

表 7－5　　　　稳定性检验结果

变量名	截距项 趋势项	LLC		ADF－fisher		PP－fisher	
		adj. t_d *	概率值	P 统计量	概率值	P 统计量	概率值
lnbank	均带	-7.6938	0.0000	114.1576	0.0437	119.6965	0.0199
lngdp	均带	-7.8995	0.0000	112.0460	0.0577	124.9632	0.0087
lncrime	均带	-7.8004	0.0000	107.3890	0.1021	140.9868	0.0005
infla	均带	-16.0279	0.0000	179.4493	0.0000	375.3267	0.0000

注：* 代表 10% 的显著性水平。

2. 面板数据模型的选择

首先进行F检验判断选择混合回归或固定效应模型。假设混合回归是可以接受的，即，“H_0：all $u_i=0$”，运行固定效应普通标准误回归模型，可得F(44,446)=222.80，prob>F=0.0000。因此强烈拒绝原假设，认为固定效应模型（FE）明显优于混合回归。

再进行固定效应和随机效应模型的hausman检验。得到的检验概率为：prob=0.2653。所以无法拒绝原假设，应选择随机效应模型。但是随机效应模型假设误差项和解释变量之间是不相关的，对于本研究相对严格，且本章要做组别比较，所以这里依然选择固定效应模型，随机效应模型作为比较分析。

7.3.3 回归结果分析

1. 相关性

为了更好地分析银行存款和犯罪率之间的关系，先对lnbank和lncrime的相关程度进行分析。表7-6罗列了在不同分组情况下，lnbank和lncrime的皮尔逊相关系数。相关性结果表明，大国条件下，银行存款和犯罪率之间在10%的显著性水平下负相关，小国条件下，银行存款和犯罪率之间在1%的显著性水平下正相关。而非成员的相关系数略大于非成员。2008年前后的相关系数变化不大。

表7-6　　lnbank和lncrime的相关性分析

分组	lnbank							
	大型	中型	小型	成员	非成员	≤2008	>2008	所有
lncrime	-0.2282*	0.6876***	0.4591***	0.3480***	0.4535***	0.3672***	0.3994***	0.3747***
样本数	72	216	252	252	288	270	270	540

注：*代表10%的显著性水平，**代表5%的显著性水平，***代表1%的显著性水平。

表7-6的相关性分析结果说明了银行存款和犯罪率之间存在显著的相关关系，而在不同规模国家之间，FATF成员和非成员之间这种相关关系有所不同。相对而言，国家规模较小的国家、FATF非成员的相关系数较小。而在大

国，甚至出现了负的相关性，这可能是由于大国的非法资金出现了流通到国外清洗的现象。

2. 回归结果

根据前述分析，为了研究非法经济对银行存款的贡献程度，可以构建如下面板数据模型。构建公式（7－6）的实证模型：

$$lnbank_{jt} = \beta_0 + \beta_1 lngdp_{jt} + \beta_2 lncrime_{jt} + \beta_3 fatf_{jt} + \beta_4 infla_{jt} + \varepsilon_{jt} \quad (7-6)$$

其中 j 代表国家，t 代表年份。回归结果见表 7－7。

表 7－7 面板数据模型的估计结果

回归结果	（1） FE	（2） FE	（3） FE	（3） RE	（3） MLE
lncrime	0.0467 （0.0369）	0.0575* （0.0364）	0.0614* （0.0361）	0.0726** （0.0320）	0.0723** （0.0320）
lngdp	1.3177*** （0.0192）	1.3351*** （0.0194）	1.3330*** （0.0192）	1.3394*** （0.0188）	1.3392*** （0.0187）
fatf		－0.1995*** （0.0509）	－0.1855*** （0.0506）	－0.1926*** （0.0495）	－0.1923*** （0.0492）
infla			－0.0068*** （0.0022）	－0.0072*** （0.0022）	－0.0071*** （0.0022）
样本数	540	540	540	540	540
R^2	组内 0.9166	组内 0.9158	组内 0.9183	总体 0.8835	prob ≥ chibar2 ＝0.0000

注：* 代表 10% 的显著性水平，** 代表 5% 的显著性水平，*** 代表 1% 的显著性水平。

表 7－7 罗列了变量逐渐增加的固定效应模型和包含所有变量的随机效应模型。其中，绝大多数系数通过了 10% 的显著性检验，无论在何种形式的回归结果中，lncrime 都对 lnbank 有显著的贡献度，这说明模型构建是合理性的。

表 7－8 是按照人口规模的分组，回归结果显示，大型国家出现了负的贡献度，即犯罪率增加 1%，银行存款减少 0.3275%。小型国家出现了相对较高的贡献度，即犯罪率增加 1%，银行存款增加 0.0996%，中型国家的结果适中。

表 7-8　　固定效应模型分组估计结果（一）

回归结果	大型	中型	小型	总体
lncrime	-0.3275*** (0.1044)	0.0396* (0.0481)	0.0996* (0.0559)	0.0614* (0.0361)
lngdp	1.3300*** (0.0457)	1.2895*** (0.0259)	1.3672*** (0.0311)	1.3330*** (0.0192)
fatf	-0.1999*** (0.0646)	0.0153 (0.0624)		-0.1855*** (0.0506)
infla	-0.01779*** (0.0072)	-0.0023 (0.0028)	-0.0084* (0.0035)	-0.0068*** (0.0022)
样本数	72	216	252	540
组内 R^2	0.9635	0.9412	0.9037	0.9183

注：* 代表 10% 的显著性水平，** 代表 5% 的显著性水平，*** 代表 1% 的显著性水平。

表 7-9 按照是否为 FATF 成员，以及 2008 年前后进行分组。回归结果表明，对于非 FATF 成员，犯罪率对银行存款的贡献度是显著的，即犯罪率增加 1%，银行存款增加 0.0606%，但是对于 FATF 成员，犯罪率对银行存款的贡献度是不显著的。时间跨度上，2003～2008 年，犯罪率对银行存款的贡献度为 0.0958，即犯罪率增加 1%，银行存款增加 0.0958%，2008～2014 年，犯罪率对银行存款的贡献度出现了负值。

表 7-9　　固定效应模型分组估计结果（二）

回归结果	FATF 成员	非成员	2008 年（含）之前	2008 年之后	总体
lncrime	0.0820 (0.0655)	0.0606* (0.0446)	0.0958** (0.0502)	-0.0072* (0.0494)	0.0614* (0.0361)
lngdp	1.3341*** (0.0392)	1.3397*** (0.0232)	1.2872*** (0.0274)	1.1317*** (0.0420)	1.3330*** (0.0192)
fatf			-0.2422* (0.1007)		-0.1855*** (0.0505)
infla	-0.0084* (0.0051)	-0.0059** (0.0026)	-0.0015 (0.0028)	-0.0087*** (0.0028)	-0.0068*** (0.0022)
样本数	252	288	270	270	540
组内 R^2	0.8679	0.9310	0.9263	0.8110	0.9183

注：* 代表 10% 的显著性水平，** 代表 5% 的显著性水平，*** 代表 1% 的显著性水平。

以上的实证分析结果证明了推论 7.2.2，在金融行动特别工作组（FATF）非成员方和小国都出现了，犯罪率对银行存款较高的贡献度，也就是说非法资金通过这些国家或地区清洗的可能性较大。而 2008 年之前，犯罪率对银行存款具有正的贡献度，而 2008 年之后，出现了负的贡献度，也就是说通过金融系统清洗的非法资金出现了减少。由于这里的金融系统数据主要是来自银行，所以，可以说通过银行系统进行清洗的非法资金出现了减少。

综上所述，反洗钱政策实施以来，通过银行等金融系统清洗的非法资金减少，即反洗钱政策从总体上来看是有效。而在不同规模的国家或地区出现了反洗钱政策实施效果的差异性，其中小国的反洗钱有效性相对较弱。同理，FATF 成员也取得了比非成员更强的有效性。

7.4 本章小结

本章首先从衡量指标的角度，分析了国际反洗钱政策的实施效果，通过对这些指标的研究可以发现，难以找到一个准确的指标来判断反洗钱政策的实施效果。其次在假设 FATF、人口规模对国际反洗钱政策实施效果存在影响的前提下，从经济学、博弈论的理论角度，分析了非法资金国际流转的特征。最后从计量经济学的角度，以 45 个国家或地区为样本，历时 12 年，利用犯罪率、银行存款、国内生产总值等主要指标，采用异质面板的实证方法，综合分析 FATF（形式上的合作）、人口规模（内在的合作）等因素对反洗钱政策实施效果的影响。这部分实证分析论证了国际反洗钱政策的实施效果，佐证了现行反洗钱措施的可行性。通过本章的研究，可以得出以下几个观点：

（1）国际反洗钱政策实施效果的分析仍要从经济学角度进行。洗钱上游犯罪的纷繁复杂，国际犯罪数据的缺失，使得国际反洗钱政策实施效果的衡量无法通过犯罪数量的变化来衡量。洗钱规模的测度结果差异很大，目前仍然无法找到一个足够精确的方法来测度国际洗钱规模，洗钱规模也无法成为衡量国际反洗钱政策实施效果的指标。因此，想要对国际反洗钱政策实施效果进行分析，必须借助经济学的方法。

（2）国际反洗钱政策总体上是有效的。本章的理论推导和实证分析论证了非法资金国际流转的特征，并通过犯罪率对银行存款贡献度的比较得出，通过 FATF 成员清洗的非法资金相对比非成员的少，2008 年后通过各国或地区金融系统清洗的非法资金有减弱的趋势。国际反洗钱政策的目的在于防止非法资金通过金融系统清洗，以这个目的来讲，国际反洗钱政策总体上是有效的。

（3）人口规模较小的国家或地区更倾向于容忍洗钱。从第 5 章的理论分析得出，人口规模和国际反洗钱政策实施效果的关系，得出人口规模较小的国家或地区，更倾向于容忍洗钱。本章从实证角度论证了这个研究结论，人口规模较小的国家或地区，非法资金通过金融系统清洗的可能性更大。

第8章 国际反洗钱政策实施的对策建议及对我国的启示

通过对国际反洗钱政策的实施过程、激励机制及其政策有效性的研究，可以发现，反洗钱最重要的激励机制——不合作国家或地区（NCCTs）黑名单制度总体上是有效的，但仍存在缺陷。金融行动特别工作组（FATF）成立以来，反洗钱政策实施取得了很大的进展。但是，与国际组织、各国政府和中介部门付出的努力相比，反洗钱政策实施的有效性仍显不足。因此，还需要深入剖析反洗钱有效性不足的原因，以探索国际反洗钱政策实施的对策建议。并在此基础上，揭示出对我国反洗钱政策实施的启示。

8.1 国际反洗钱政策实施有效性不足的主要原因

虽然反洗钱政策取得了一定的成效，但是依然存在有效性不足的现象，究其根源，主要是以下几点原因。

1. 反洗钱激励机制仍显不足

总体而言，反洗钱最主要的激励机制——NCCTs黑名单制度是有效的。FATF通过设立区域反洗钱组织、扩展成员、成员互评估和实施NCCTs黑名单制度等方法，在全球范围内，形成了反洗钱规制的辐射效应。这些无疑给反洗钱国际合作、反洗钱有效性的提高带来了极大的正面作用。但是无论是国际层面还是国内层面，国际反洗钱政策实施的激励机制仍显不足。

第一，NCCTs黑名单制度本身存在缺陷。

（1）NCCTs黑名单公允性方面仍存在一定的不足。反洗钱国际合作是由欧美发达国家倡导的，在政策制定和实施的过程中，不可避免地会从这些国家的利益角度出发。因此，在黑名单评估和列名过程仍存在不公平之处。以黑名单中欧洲国家的数量为例，见表8-1，在初创阶段和过渡阶段，黑名单中包括了一定数量的欧洲国家，但逐年减少。而在2010~2017年间的成熟阶段，欧洲国家没有在FATF“公开声明”中出现过一次。这一方面可能是由于欧洲国家本身在国际规范和制度方面的先进性，另一方面也说明了黑名单制度的有失公允性。这种不公平性还体现在FATF成员和非成员之间，现行的黑名单制度或多或少地存在对成员的偏袒。在初创阶段，成员主要采用的是自查评估；到了成熟阶段，虽然在评估方法中提到，自评、互评不过关的国家（包括成员）可能会被进一步考察，甚至被列入黑名单。但是，除阿根廷、土耳其等个别国家外，国际合作审查小组（ICRG）重点考察的对象都是非FATF成员。一些FATF成员即使自身反洗钱和反恐融资体系面临缺陷，且长时间未能得到解决，也不会被列名。此外，由于FATF是一个国际组织，这样的国际地位使得其发布的建议仅为软法。各国在收到对NCCTs在列国采取抵制措施的号召时，会权衡利弊。如果在列国是大国，一些小国将无视FATF的抵制号召；如果在列国是小国，则情况相反。综合以上几点，目前的NCCTs黑名单制度在实施过程中不可避免地出现了有失公允性。

表8-1　　反洗钱不合作国家名单中欧洲国家的减少

黑名单	N（在列国家数）	欧洲国家
FATF NCCTs 2000.06	15	2个：列支敦斯登；俄罗斯
FATF NCCTs 2001.12	19	3个：匈牙利；俄罗斯；乌克兰
FATF NCCTs 2002.12	11	2个：俄罗斯；乌克兰
FATF NCCTs 2004.02	3	0个：没有欧洲国家
FATF公开声明2008~2009	6	1个：塞浦路斯（2009年2月被除名）
FATF公开声明2010~2013	22	0个：没有欧洲国家
FATF公开声明2014~2017	11	0个：没有欧洲国家

（2）进入NCCTs黑名单的国家或地区转型困难。NCCTs黑名单制度是第三方约束，会产生两个联合的效用。一方面，进入名单的国家或地区相当于向世界各国宣告其“洗钱中心”的市场地位，这会巩固一些离岸金融中心的洗钱承诺；另一方面，这些国家或地区将面临转型困难的问题，从而不得不更加努力地参与洗钱市场竞争。也就是说，参与洗钱并被记入NCCTs黑名单的国家或地区，将很难转型，难以从洗钱市场脱离，因此可能会更加积极地

参与洗钱竞争，变本加厉地纵容洗钱，给这些国家或地区的进一步发展带来了更大的困境。

（3）进入 NCCTs 黑名单的国家或地区可能面临自身的先天禀赋困境。FATF 的“黑名单”既不是提供洗钱的国家或地区，也不是离岸金融中心的名单，仅仅是反洗钱不合作的国家或地区，或者说是不遵守 FATF 反洗钱规定的国家或地区。各国政府不遵守 FATF 反洗钱规定的原因有很多，除了吸引“脏钱”或为了保护国内的非法收益之外，还有可能是因为自然条件、经济金融条件等先天禀赋的不足。而这种先天禀赋困境，仅仅通过黑名单的声誉惩罚制度是难以解决的。因此，从这个角度来看，NCCTs 黑名单制度本身无法解决各国或地区面临的现实困境，评估标准是缺乏权威性的。

（4）NCCTs 黑名单的评估标准更新缓慢。随着各国对反洗钱国际标准遵守程度的提高，被除名的国家或地区越来越多。截至 2017 年 12 月，被列入 FATF“公开声明”的国家只有伊朗和朝鲜。再加上近年来洗钱犯罪环境的变化，洗钱上游犯罪范围的扩展，NCCTs 黑名单列名的规则又进入一个变革节点，NCCTs 黑名单的评估标准亟须进一步更新，以更科学的方法和手段考察更多的国家或地区。

第二，国际层面的激励手段单一。

正是由于 NCCTs 黑名单制度重声誉惩罚，轻实质解决，因此不结合其他方法，单纯的黑名单制度难以为继。识别出的不合作国家或地区往往也是迫于自身发展压力而采取宽容的金融监管政策，单纯的黑名单声誉激励并不能改变该国或地区的政治、自然、经济金融等的现状，没有从根本上促进这些国家或地区积极实施 FATF 反洗钱制度。因此，反洗钱不合作国家或地区会修订反洗钱的相关规则，但是不能断定可以立刻停止宽松的金融监管，因为这种选择行为的来源往往是根深蒂固的。因此，NCCTs 黑名单制度必须结合对先天禀赋较差的国家或地区经济补偿等方法，才能带来更好的实施效果。单纯的黑名单声誉激励仍不足够解决反洗钱的国际合作困境。

第三，国内层面的激励手段仍较为缺乏。

第 1 章 1.3 节罗列了我国反洗钱的相关法律和规定中，与金融中介部门有关的条款。从中可以看出，这些条款重点对金融中介部门反洗钱的职责做了规定，几乎没有提及正向激励。在具体的实践中，关于反洗钱的激励或者奖励也比较少见，在历年的《中国反洗钱报告》中，也只有两次提及表彰或者奖励，以反洗钱成效为标准的奖励仅 2012 年有一次。因此，理论分析中提到的政府当局要给金融中介部门的报酬，在实践中并不多见。也就说，对金融中介的激励措施并不明确，国内层面的激励手段几乎为空白。

总之，国际层面的NCCTs黑名单制度本身存在缺陷，因此国际层面的激励手段仅靠该制度难以实现目标。且从目前来讲，国内层面的激励手段也相对匮乏。因此，反洗钱激励机制仍显不足。

2. 反洗钱的委托－代理关系存在失衡现象

第5章5.2节提到了国际反洗钱政策利益主体的委托－代理关系，但是这样的委托－代理关系本质上存在失衡现象，这也给反洗钱的政策效果带来了负面作用。

第一，国际层面的反洗钱委托－代理关系在目标上是失衡的。在国际层面，委托人是国际组织，其反洗钱目标是通过促使各国积极反洗钱，建立真实有效的洗钱监控体系，尽可能地阻止非法资金通过金融系统等中介部门流转。代理人是各国政府，其最优策略是减少犯罪、提高公共福利以及其他的国家利益。因此，两者的目标存在一定的失衡。

第二，第一级的委托人是美国、英国等发达国家，这本身就是带有私利初衷的委托－代理关系。如前所述，历年来进入NCCTs黑名单的国家或地区，以亚洲和非洲国家居多。一方面是由于这两大洲的发展中国家比较多，其本身的政治经济环境决定了法律、规章、制度的不规范性；另一方面也揭示了国际反洗钱政策是以发达国家为主导的，即使发达国家进入NCCTs黑名单，相关的经济惩罚也将名存实无。换句话说，当前反洗钱规制的形成和美国通过政治、军事和经济手段对其他国家实施霸权主义的野心或多或少有些关系，这种带有私利初衷的委托－代理关系本质上也是不稳定的。

第三，国内层面的反洗钱委托－代理关系在目标上也是失衡的。在国内层面，委托人是各国政府，其反洗钱目标是减少犯罪、提高公共福利以及其他的国家利益。代理人是各中介部门，他的目标是避免由于不遵守反洗钱规制、被罪犯利用洗钱、员工协助洗钱等原因，被政府当局惩罚。这种目标的不一致也会给反洗钱政策带来不利影响。

3. 反洗钱政策实施效率较低

反洗钱政策涉及的利益主体越来越多，其委托－代理链条也越来越长，这给反洗钱政策的实施效率带来极大的阻碍。

第一，委托人的“搭便车”问题，决定了这种委托－代理关系缺乏政策执行的效率。本质上，反洗钱应该是各国政府积极合作。但是，在实施过程中，难免出现“搭便车”行为，总有一些国家希望，通过其他国家积极反洗钱，而自己不用付出很大代价，就可以获得反洗钱的成效。

第二，多层级的委托－代理关系必然会带来更多的效率损失。显然，反洗钱体系的多层委托－代理关系也会影响到政策的实施效率，这种多层、复杂的委托－代理关系，必然会给反洗钱的相关利益主体带来推诿、拖延的机会，从而导致国际反洗钱政策实施陷入低效的状态。

第三，委托人和代理人的权力倒挂，导致反洗钱的“道德风险”，影响反洗钱政策的实施效率。“道德风险”也被称为委托－代理风险。第一级委托人——国际组织，权威程度不够，第二级委托人——各国政府，权威性又较强，这势必造成权力倒挂，产生委托权和代理权、代理权之间的合谋租金，其结果必然是代理人的阳奉阴违。换句话说，国际反洗钱规制中，国际组织、各国政府、中介部门形成了链式的委托－代理关系，国际组织对各国政府授权过度，会使各国政府形成绝对的权力，各国政府和中介部门形成利益同盟关系，形成委托－代理风险，从而导致政策实施效率下降。

4. 反洗钱的先天困境

国际反洗钱政策还在两大合作（国际合作和公私合作）、有意识洗钱和无意识洗钱的界定等方面存在先天困境。

第一，国际合作和公私合作的两大“合作悖论”。如前所述，在公私合作和国际合作过程中，往往存在权衡收益成本后的逆向选择行为，这里称之为“合作悖论”。一方面是委托－代理合作悖论，与一般的委托－代理关系类似，委托人希望代理人自觉地尽职工作，但是代理人往往会根据现实情况，权衡得失，一旦付出过大，则会选择不尽职或者形式上的尽职。另一方面是有选择性合作悖论，反洗钱义务在私人部门、各国之间的分配存在不均衡的现象，本质上，反洗钱应该要求所有的部门和国家均履行反洗钱职责，但是，实际上这是几乎不可能完成的任务。

第二，有意识洗钱和无意识洗钱难以区分。洗钱很难定义，更多的洗钱表现是一种犯罪动机，而不是犯罪活动。而中介部门的从业人员以及政府的相关人员只要被认为协助了洗钱行为，就可以被控告或者定罪，甚至于他们可能都没有意识到洗钱交易的存在，这样的责任对于中介部门来讲责任过大，也是不合理的。因此，在对中介部门从业人员的定罪中，有意识洗钱（合谋）和无意识洗钱（故意无视）的界定是最大的困难。

8.2　相关对策建议

反洗钱政策由于激励机制单一、委托－代理关系失衡、实施效率较低和先天困境等原因导致其政策实施的有效性不足。基于反洗钱有效性不足的原因，可以提出提高国际反洗钱政策有效性的几点措施建议。

1. 建立反洗钱有效性的衡量指标体系

目前来讲，可以衡量反洗钱政策总体效果的指标只有洗钱规模和上游犯罪。但是前者在具体研究中存在误差较大的弊端，后者在实际统计工作中又往往是不全面的。因此，衡量方法和指标的研究，反洗钱数据库的建设是反洗钱政策评价的重要前提。

第一，多种衡量方法和指标必须结合。反洗钱有效性的衡量指标体系确立是其合理有效实施的重要保障。任何一种单一的衡量指标和方法，都无法实现反洗钱有效性的所有评估问题，因此，多种衡量方法和指标必须结合。

第二，建立健全反洗钱数据库是反洗钱有效性衡量指标研究的前提。反洗钱规制已经从制度的遵守过渡到政策的协调和灵活运用阶段。后续研究中，将进一步通过模型计算国际洗钱规模，丰富反洗钱政策的实施及其效率的研究。但是，想要经验性地证明这种有效性，急需更权威的数据。因此，在建立和完善反洗钱政策实施机制模型的基础上，要尽快建立反洗钱数据库，搜集可用于政策效果评价的相关数据。

2. 构建多样化的激励机制

如前所述，无论是国际层面，还是国内层面，反洗钱激励机制都相对单一，甚至是匮乏的，因此，应从多个方面完善反洗钱的激励机制。

第一，建立和完善反洗钱惩罚和激励的“领头羊”机制。由于“罚不责众”的思路，以及为了让洗钱行为“多绕几个圈”而变得更加难以察觉。因此，虽然参与洗钱是一种竞争行为，但是没有任何一个国家愿意成为唯一的洗钱垄断者。同样，没有任何一个中介部门愿意成为反洗钱不积极的部门。

基于这样的原因，应寻找和严惩参与洗钱并占据洗钱领导地位的国家或地区，或者反洗钱最不积极的中介部门。也就是说，应建立和完善反洗钱惩罚和激励的“领头羊”机制。

第二，主动防御系统和被动防御系统并存，构建多样化的激励措施。总体来看，反洗钱的正向激励是欠缺的，应该鼓励激励措施的多样化。在反洗钱评价制度已经完善的前提下，对积极反洗钱的国家、地区（或者中介部门）给予适度的正向激励，包括物质激励和精神激励。如采用类似于降息或免息贷款、降低中介部门的市场准入门槛、对追缴的非法收入实行分成制度等灵活措施。甚至可以和金融市场合作，将洗钱风险纳入金融产品的设计和定价中。

3. 提高反洗钱监测能力

反洗钱两大“合作悖论”存在的主要原因是成本收益问题。反洗钱监测能力的提高，将使得中介部门的反洗钱成本大大降低。因此，应从信息技术、人员培训等方面提高洗钱行为的识别能力。

第一，借助于数据挖掘、信息技术等自动化手段，提高可疑交易识别的准确性。“了解你的客户”“客户尽职调查”“大额交易报告”和“可疑交易报告”等制度是中介部门履行反洗钱职责的主要工具，也是信息披露质量的重要保证，这必须要借助于数据挖掘、信息技术等自动化手段。

第二，反洗钱专业人才的培养。第 3 章提到“专业”洗钱者的存在，这些人员往往是具备一定专业知识的人才或管理人员。为了提高反洗钱的有效性，首先应重视对中介部门从业人员的品德教育，其次应该加大对从业人员合谋洗钱的惩罚，最后应该从技术上对从业人员进行培训，使其具备更全面的反洗钱知识，从而更容易识别洗钱行为。此外，对于反洗钱岗位的设定，应在各个国家，各个中介部门设定洗钱报告官（MLROs）的职位，并对其进行岗位培训。

4. 充分利用反洗钱的经济措施

目前来看，国际反洗钱政策实施已经取得了一定的成效，但主要依赖于政治手段。发展中国家往往更容易受到双边和多边的压力，不得不屈服于发达国家，而实施反洗钱政策。但是由于授权美国等发达国家可以指控发展中国家，这项措施本身就有道德缺陷。因此，应该更加重视经济措施。

第一，尽可能地介入可供调控的经济指标，如税率等。科斯定理和庇古税是两个解决外部性的重要经济学方法。由于一些先天因素，科斯定理无法应用到洗钱领域，而庇古税则是比较可行的方法，因此，应对不履行反洗钱职责的国家实施多征税等经济措施。

第二，尽可能地通过经济补偿等措施减少外部性。由于不同规模的国家、经济发展水平不等的国家之间在洗钱和反洗钱上存在外部性，所以为了更好地实施反洗钱措施，大国、发达国家或者监管部门应给予小国、发展中国家一定的支持与资助，减少外部性，降低发展中国家容忍洗钱的程度。这些资助可以是金融资助，也可以是经济补偿。

5. 提高反洗钱的执法投入

第 3 章区分了“标准”洗钱者（罪犯）和“专业”洗钱者，不同的政策选择将影响到“专业”洗钱者的洗钱意愿。

在具体的政策选择中，有三个方面的政策措施：一是提高罪犯被抓获的可能性，提高传统打击犯罪领域的投入；二是提高洗钱者被抓获的可能性，提高反洗钱执法的投入；三是提高罪犯和洗钱者讨价还价过程被发现的概率，提高金融从业人员发现洗钱行为的能力。

6. 其他措施

此外，还应该从其他方面给反洗钱政策的实施提供便利的环境，营造全民反洗钱的氛围。

第一，应该进一步加大反洗钱的宣传。目前的反洗钱宣传主要由商业银行等金融机构承担。还应该将反洗钱教育引入社区，由点及面地扩大反洗钱政策的影响力。

第二，应该进一步增加洗钱的举报方式。在我国，中国人民银行网站公布了洗钱的举报电话，但是历年来的举报数量很少。因此还要增加公众举报的奖励金额和渠道，并加强举报者的隐私保护措施。

目前来看，无论是传统的打击犯罪领域的措施，还是提高金融从业人员发现洗钱行为能力的措施，国内外都已经作了很大的努力，而提高洗钱者被抓获的措施，依然处于不足状态。因此，应在控制预算的前提下，尽可能地不再增加金融中介部门的花费，而在专业侦查领域进一步地增加反洗钱的执法、设备等投入。

总之，和其他犯罪行为一样，洗钱行为不可能消亡，但是可以防止他们在某些能给人类带来毁灭性灾难的领域发生。只要反洗钱政策能让罪犯或者恐怖分子不通过银行，而是用手提箱装钱，确实降低了洗钱资金和恐怖活动资金的转移、扩散速度，反洗钱就是有效的。而只有从根本上解决制度、机制的问题，才能增强反洗钱的能力和积极性，从而提高反洗钱政策的有效性。

8.3 对我国反洗钱政策实施的启示

对于我国来讲，应该在反洗钱政策实施的过程中注意以下几点问题。

1. 我国反洗钱政策实施应结合国际趋势和我国实际

第一，从监管理念的角度。欧亚反洗钱与反恐融资工作组（FATF、EAG）、亚太反洗钱工作组（APG）等反洗钱国际组织发布的工作准则、工作指导文件等，体现了最新的反洗钱政策调整和洗钱风险评估的理念。我国应及时根据国际政治、经济的发展趋势和国际反洗钱的先进理念，不断调整反洗钱的战略计划。

第二，从新型洗钱手段识别的角度。近年来，互联网、第三方支付的发展，基于线上的新型洗钱方式不断涌现，反洗钱国际组织也开始侧重新型洗钱方式的研究。这些新型洗钱方式具有交易匿名、跨境不可追踪等特点。在这样的背景下，我国的反洗钱监管当局也应该深入研究洗钱的不断演化过程、机理及对可能出现的新手段、新载体和新产品作出预判，据此及时调整反洗钱工作内容。

第三，从反洗钱研究的角度。随着洗钱形式和反洗钱监管方式的改变，其相关研究也日新月异。我国的反洗钱研究也应不断借鉴、学习和吸取国外关于反洗钱的研究新进展，鼓励和支持国内反洗钱专家积极参加国际相关会议，不定期的交换有关反洗钱的成果。

第四，我国的反洗钱制度规范性要尽可能地与世界接轨，但具体实施和侧重点应结合我国实际。反洗钱是我国政府无法推卸的一项社会责任，我国应积极配合国际反洗钱组织，将国内的反洗钱制度时刻与国际接轨。但是，由于我国经济社会环境的特殊性，在制度实施过程中还要考虑实际情况。

2. 我国应争取国际反洗钱斗争的话语权

我国作为发展中国家，应在反洗钱国际合作中积极争取同类型国家的话语权。2007 年，我国成为 FATF 的正式成员。2012 年，FATF 修订发布了新的国际标准，以此为依据，2014 ~ 2022 年间将对成员国开展互评估。2018 年，FATF 委托国际货币基金组织（IMF）牵头组成国际评估组，对我国进行了长达一年的互评估。2019 年 2 月，FATF 第三十届第二次全会审议通过了《中国反洗钱和反恐怖融资互评估报告》。成为 FATF 的正式成员和互评估的通过在一定程度上提高了我国的话语权。但在一年一度的换届主席名单中，仍然以欧美发达国家为主，接下来我国应积极争取成为 FATF 主席团成员。通过提高我国在反洗钱国际合作中的话语权，一方面是对我国的保护，另一方面也为发展中国家的利益争取了良好的空间，防止 NCCTs 黑名单制度成为西方列强威慑其他国家、控制其他国家金融声誉的武器，使该制度真正成为反洗钱国际合作有效性不断提高的催化剂。

3. 我国应严控非法资金的流入和流出

我国正处于人民币国际化的进程中，其爆发的洗钱风险难以估量。且我国既不是发达国家，也不是资源匮乏的小国，由于人口规模庞大，犯罪行为国内发生，犯罪收益国外清洗①，给我国带来的危害更大。因此，为了避免洗钱风险给我国经济、政治带来严重的危害，我国应严控非法资金的流入和流出。

第一，我国应防范非法资金的流入。我国反洗钱监管当局应提示金融机构和企事业单位，在与洗钱高风险的国家（或地区）进行金融贸易活动时，加强警惕，防患于未然。一方面要防止国内犯罪收益通过这些国家的金融系统清洗，另一方面也要防止我国金融系统成为洗钱分子清洗犯罪收益的渠道。

第二，我国应加强非法资金外逃的监控。尽管我国的经济发展已经取得了举世瞩目的成就，但也产生了惊人的洗钱规模，并有大半数以上洗钱资金流到国外（梅德祥，2015；梅德祥、高增安，2015）。洗钱资金大量流入外国，本质上相当于我国承担犯罪和反洗钱成本而外国享受犯罪收益，这完全

① 一方面要承担洗钱及其上游犯罪所带来的犯罪成本，另一方面却难以获得洗钱的收益。

违背了国家反洗钱的初衷。而且，我国大规模的非法资金流到外国，将大大削弱我国政府招商引资的作用。倘若非法资金外流持续恶化，将是一个不可小视的经济、金融、社会乃至政治问题。

4. 我国应尽快加入国际金融情报组织

根据我国洗钱活动的特点和非法资金的主要流向，我国应该加强国际反洗钱合作的信息共享与情报交流，更加有效地预防、查处和制止非法所得资产的国际转移，积极拓展境外追逃、资产追回、财产冻结、人员引渡等方面的国际合作。埃格蒙特集团成员机构在世界各大洲的覆盖水平逐年提高，埃格蒙特集团主导的国际金融情报交换机制在全世界范围内的代表性也随之提高。但是，我国与埃格蒙特集团成员国的标准仍有一定的差距（侯合心、冯乾，2016）。

第一，金融情报机构申请成为埃格蒙特集团成员，需要具备两个基础条件：一是具有“国家信息中心”地位。“自认可以作为中央或国家机构，负责接收（如默许或请求）、分析、传输金融信息，以及披露金融信息方面达到埃格蒙特集团标准的金融情报单位，都有资格申请成为埃格蒙特集团成员”。二是充分的“自主处置信息”地位。如果申请国金融情报机构的“充分自主性”因立法限制而无所作为，埃格蒙特集团会将申请搁置不予回应。但是我国的反洗钱中心并非国家信息中心，且我国金融情报体系实际上是一种“双轨体制”，金融情报机构的职责实际分别由中国人民银行内部的两个相对独立的部门，即反洗钱局和中国反洗钱监测分析中心承担（FATF，2007），而埃格蒙特集团的所谓国家信息中心则具有唯一性。

第二，我国加入埃格蒙特集团的问题，还将面临来自两大客观现实的压力。一是埃格蒙特集团的国际金融情报原则应用标准化后，对非成员机构的国际金融情报交换形成压力。二是 FATF 制度机制要求其成员参与以埃格蒙特集团为核心的国际金融情报合作机制的强度，会随两个集团的目标更趋一致而逐步提高，甚至可能在未来 FATF 的动态互评机制中，逐渐增加对成员参与金融情报国际合作水平的评估强度。

第三，我国金融情报机构的信息功能存在差距。按照埃格蒙特集团关于金融情报机构定义，其信息功能必须具备四个纬度，即“金融机构”“执法”“行政”和“国际合作”。目前，我国反洗钱中心的信息功能实际上只实现了一个纬度，即对金融机构的情报接受，而且，在双轨体制下，反洗钱中心的这一纬度也不完整。

2004 年，我国向埃格蒙特集团提交申请，经历了 2007 年我国成功加入 FATF 后国际反洗钱参与地位的提升，国内反洗钱与国际反洗钱的关联程度已经显著提高（如全球追讨腐败资金）。如果说 2004 年或 2007 年，我国对类似问题的选择余地还相对大的话，那是因为在当时情况下，整个国家的洗钱犯罪治理效率对金融情报的要求并不迫切；但是同样的问题发展到今天，其“紧迫性”已经毋庸置疑。

5. 我国应尽快实施“风险为本”反洗钱监管

国家反洗钱监管行政部门和各类金融机构构建反洗钱监管体系时，要充分考虑所投入成本和获得的收益。基于经济学角度，国家反洗钱监管行政部门和各类金融机构都是一个经济主体，成本性和收益性居于显著位置。从成本性考虑，主要包括两个部分：固定成本，主要是构建国家反洗钱体系的法律法规和政策制定的行政成本；变动成本，主要是检查成本（现场检查和非现场检查）、雇员成本和培训成本，其收益主要是有效打击各类犯罪活动，构建健康安全的经济运行环境。从各类金融机构看，内控合规部门及其工作制度属于行政成本，其收益主要是免受上级行政主管部门的行政处罚，树立名誉及社会效益。

因此，我国也应尽快推行“风险为本”反洗钱监管，将反洗钱有限的、宝贵的资源投入到洗钱风险最大的产品、服务类型和行为之中。在评估环节，依据反洗钱机理、来源、可能性和结果四个角度，将风险等级划分为坚决阻止、减缓、可接受的等三个层次。特别要确定需要坚决阻止的风险，如系统性、整体性的风险。针对这类洗钱风险，将集中主要的反洗钱资源，用政府主管部门、金融行业人员和研究者的建议，不断完善政策，采用高效率的阻止措施。

此外，洗钱风险评估是一项复杂的工程，涉及上下游犯罪部门、洗钱与反洗钱国内各个行业主管部门，因此，需要与多个部门积极合作。从纵向看，洗钱是众多犯罪的中间环节，因此，需要加强与公安侦查、检察起诉和法院审判等部门通力配合。从横向看，打击洗钱涉及国内政治、经济整体形势及各个行业主管部门，如与公安部、国家外汇管理局、商务部、海关、税务、工商、交通运输部、工信部和统计局等部门，众多部门应通力合作。

8.4 本章小结

本章首先深入剖析了反洗钱政策实施有效性不足的主要原因。一是反洗钱激励机制仍显不足。主要从 NCCTs 黑名单制度的缺陷、国内外激励手段的单一性、国内层面的激励手段较为缺乏等方面分析了反洗钱激励机制的不足。二是反洗钱的委托 - 代理关系存在失衡现象。主要从国际层面、国内层面委托 - 代理关系的目标不一致和发达国家的私利初衷等方面分析了这种失衡现象。三是反洗钱政策实施效率较低。主要从委托人的“搭便车”问题、多级委托 - 代理所带来的效率损失、委托权和代理权的权力倒挂所带来的“道德风险”等多个方面分析了反洗钱的政策实施效率问题。四是反洗钱的先天困境。主要从国际合作和公私合作的“两大合作悖论”、有意识洗钱和无意识洗钱难以区分等方面分析了反洗钱的先天困境。其次，提出了增加反洗钱政策有效性的相关措施。一是建立反洗钱有效性的衡量指标体系。多种衡量方法和指标必须结合，而建立反洗钱数据库是反洗钱有效性衡量指标研究的前提。二是构建多样化的激励机制。应从建立和完善反洗钱惩罚和激励的“领头羊”机制、采取主动防御系统和被动防御系统并存等方面构建多样化的激励措施。三是提高反洗钱监测能力。应从借助数据挖掘等自动化手段、加强反洗钱专业人才的培养等方面提高反洗钱监测能力。四是充分利用反洗钱的经济措施。应从介入可供调控的经济指标（如税率等）、对小国或发展中国家实施经济补偿等方面实施反洗钱的经济措施。五是提高反洗钱的执法投入。此外，还应该从加大反洗钱的宣传、增加洗钱的举报方式等方面营造全民反洗钱的氛围。最后，提出了对我国反洗钱政策实施的几点启示。一是我国反洗钱应结合国际趋势和我国实际；二是我国应争取国际反洗钱斗争的话语权；三是我国应严控非法资金的流入和流出；四是我国应尽快加入国际金融情报组织；五是我国应尽快实施“风险为本”反洗钱监管。

第9章　结论与研究展望

9.1　本书的主要研究结论

本书针对国际反洗钱政策实施的实施效果问题，以微观经济学、博弈论、委托－代理理论为理论基础，分析反洗钱政策的实施过程及其存在的有效性问题。针对当前反洗钱政策实施的现状与问题，从理论和实证的角度对反洗钱政策进行评价，重点从两个角度进行评价。一是激励机制，从理论角度分析了激励机制对反洗钱实施效果的影响，并以评估国际反洗钱政策的实施效果为出发点，构建线性概率模型，分析列入不合作国家或地区（NCCTs）黑名单的国家在先天禀赋上的特征，以此来论证当前反洗钱国际合作最重要的激励机制——NCCTs黑名单制度的合理性和有效性。二是反洗钱政策的总体实施效果评价，从理论角度论证了基于国家主权的反洗钱决定因素，运用面板数据模型论证FATF的成立、国家规模等因素对反洗钱实施效果的影响，以实现对反洗钱政策实施效果的整体评价。因此，本书的主要研究结论有：

（1）从理论角度综合分析了激励机制、反洗钱制度和标准的遵守程度、国家规模等对国际反洗钱政策实施效果的影响。本书首先从政策工具、中介指标和政策目标的方面描述了国际反洗钱政策的实施过程，在此基础上构建了国际组织、各国政府和中介部门三者的双层委托－代理模型，以此解释了激励机制对于反洗钱实施效果的影响。其次，分析了“两大合作”，国际合作和公私合作的遵守程度，研究了当前这种遵守程度的衡量指标及其对反洗钱实施效果的影响，得出衡量指标是不完备的，两大合作本身仅仅是形式上的遵守，遵守程度对反洗钱实施效果的影响往往也不是立竿见影的等结论。最后，通过构建经济学局部均衡模型，用国家容忍洗钱数量分析各国反洗钱的内在合作，得出国家规模、国家对非法产品的需求等对国际反洗钱政策实施效果的影响。综合本书的理论推导可以发现，激励机制、国家规模、国际反洗钱制度和标准的遵守程度、国内人文法制环境等对国际反洗钱政策实施效果均会产生作用。

（2）反洗钱国际合作的主要激励机制——不合作国家或地区（NCCTs）黑名单制度总体上是有效的，但仍存在很多缺陷。本书的研究重点之一是反洗钱国际合作的激励机制——NCCTs 黑名单制度。第一，通过对金融行动特别工作组（FATF）历年年报、NCCTs 历年报告等资料的搜集和整理，归纳出 NCCTs 黑名单制度经历的三个阶段、NCCTs 名单的评估机构和方式等内容。第二，通过归纳和总结，从定性角度分析了 NCCTs 黑名单国家的基本特征。第三，基于第 3 章的理论基础，将研究视角放到国际，通过构建经济学模型，分析国家禀赋、政策制定者和宽松金融监管的关系，得出一国政策制定者的监管最优选择往往取决于该国的自然禀赋、经济金融禀赋、发生犯罪和恐怖活动的程度等因素的结论。第四，从实证角度，通过模型，借助 156 个国家或地区的样本数据，分析了这些因素的影响。实证结果表明，2008 年之前的黑名单制度存在任意性，2008 年之后的黑名单制度是大致有效的，但是一国金融监管的宽松程度和该国发生犯罪和恐怖活动程度正相关，这与理论结果相违背。因此，NCCTs 黑名单制度还需要进一步改进，并应该结合其他“正向激励”手段。

（3）金融行动特别工作组（FATF）在反洗钱政策实施中的作用不容忽视，国际反洗钱政策已经取得一定进展。第 7 章的相关性分析中，FATF 成员的犯罪率和银行存款出现了较低的相关程度。回归分析中，非 FATF 成员的犯罪率对银行存款具有较显著的正效应。这些实证结果均表明，FATF 成员的反洗钱取得了更好的效果。时间跨度的对比分析，也进一步地论证了 FATF 成立以来，国际反洗钱政策实施所取得的效果，2003～2008 年，犯罪率和银行存款的相关性较低，犯罪率对银行存款的贡献度也显著为正。总之，FATF 成立以来，纵向的时间对比说明通过金融系统清洗的非法资金有所递减，横向的国家或地区对比说明通过成员金融系统清洗的非法资金相对较少，FATF 的成立对反洗钱政策的实施起到了积极的作用，从这个角度，国际反洗钱政策已经取得了一定进展。

（4）人口规模和反洗钱政策实施效果呈反向变动关系。第 7 章的相关性分析中，大型国家的犯罪率和银行存款出现了负的相关系数，小型国家犯罪率和银行存款的相关系数为正且较大。回归分析中，大型国家的犯罪率对银行存款出现了负的贡献度，小型国家的贡献度显著为正，中型国家适中。结合相关性分析和回归分析，可以发现：对于大型国家，可能存在非法资金流出的现象，犯罪对经济的负面效应凸显，导致负的相关性和贡献度；对于小型国家，依然显著为正的贡献度，说明非法资金流入引起的银行存款增加并不明显，这可能因为多个小国分散了大国的非法资金，或者本研究中涉及的小国并没有出现明显的容忍洗钱行为，即非法资金流入了样本以外的国家或地区。无论怎样，大型国家的反洗钱取得了一定的成效，小国依然有纵容洗钱的嫌疑，中型国家则可能处于两者之间，既不积极反洗钱，也不纵容洗钱。形成了各国或积极反洗钱，或纵容洗钱，或漠不关心的不同态度。

（5）激励机制不足等原因导致了反洗钱政策的有效性不足，应采用激励机制多样化等措施提高反洗钱政策的有效性。本书从以下几个方面深入分析了反洗钱有效性不足的原因：一是反洗钱激励机制仍显不足，主要从国内外激励手段的单一性、不合作国家或地区（NCCTs）黑名单制度的缺陷等方面分析了反洗钱激励机制的不足；二是反洗钱的委托－代理关系存在失衡现象，主要从国际层面、国内层面委托－代理关系的目标不一致和发达国家的私利初衷等方面分析了这种失衡现象；三是反洗钱政策实施效率较低，主要从委托人的“搭便车”问题、多级委托所带来的效率损失、委托权和代理权的权力倒挂所带来的“道德风险”等多个方面分析了反洗钱的政策实施效率问题；四是反洗钱的先天困境，主要从国际合作和公私合作的“两大合作悖论”、有意识洗钱和无意识洗钱难以区分等多个方面分析了反洗钱的先天困境。在有效性不足原因剖析的基础上，本书提出了提高反洗钱政策有效性的相关措施：一是应将多种衡量方法和指标结合。也就是应进一步加强反洗钱实施效果衡量指标的研究，而建立反洗钱数据库是该研究的前提条件；二是应从建立和完善反洗钱惩罚和激励的“领头羊”机制、采取主动防御系统和被动防御系统并存等方面构建多样化的激励措施；三是应从借助数据挖掘等自动化手段、加强反洗钱专业人才的培养等方面提高反洗钱监测能力；四是应从介入可供调控的经济指标（如税率等）、对小国或发展中国家实施经济补偿等方面实施反洗钱的经济措施；五是应提高反洗钱的执法投入。此外，还应加大反洗钱宣传等方面营造全民洗钱的氛围。我国在反洗钱政策实施的过程中，也应该注意以下几个问题：一是我国反洗钱应结合国际趋势和我国实际；二是我国应争取国际反洗钱斗争的话语权；三是我国应严控非法资金的流入和流出；四是我国应尽快加入国际金融情报组织；五是我国应尽快实施“风险为本”反洗钱监管。

9.2 后续的研究方向

本书的研究从国际反洗钱政策的实施过程，分析了反洗钱政策的激励机制、有效性等问题，并通过计量经济学的实证方法对反洗钱政策的整体有效性进行了评价。本书的研究是反洗钱政策评价的初步尝试，后续还可以在以下几个方面展开研究。

（1）反洗钱政策实施效果评价的面板数据实证模型的扩展研究。本书通过构建面板数据实证模型，部分解释了反洗钱取得的成效，但是在数据采集、模型构建、研究问题等方面仍然有很大的发展空间，或者说还存在很多未解决的问题。第一，反洗钱措施除了金融行动特别工作组（FATF）规定的措施之外，还有激励措施，如不合作国家或地区（NCCTs）。由于时间跨度的问题，目前的 NCCTs 名单中，在列的国家或地区寥寥无几，因此无法将“黑名单制度”纳入最终的面板数据模型。第二，是否是 FATF 成员，只是对 FATF“40 条标准”遵守程度的衡量指标之一，并不全面，还可以编制遵守度指标，更准确地验证 FATF 的建立及其相关反洗钱规制的有效性。第三，模型中添加了 FATF 和通货膨胀率两个指标，还可以添加更多的控制变量，并综合考虑交叉效应等问题。在能收集到税收相关数据的情况下，还可以将离岸金融中心、避税中心等特殊情况考虑进来。第四，模型中只考虑了银行类存款机构作为洗钱渠道的问题，洗钱还会有其他的渠道，不一定会反映在银行存款中，且本研究的银行存款的数据主要来自国际货币基金组织（IMF）的数据库，其中涵盖的范围相对较小，现在互联网金融等电子化渠道的发展，导致这部分数据是低估的。

（2）国际声誉风险的敏感度研究。在国际反洗钱政策的实施过程中，由于反洗钱不合作国家或地区（NCCTs）制度的存在，和洗钱及其上游犯罪的国际流转，每个国家的政策制定者要同时兼顾两方面的风险。一是黑名单制度所带来的国际声誉风险，二是纵容洗钱所带来的上游犯罪增加的风险。对国际声誉风险较敏感的国家将更倾向于积极反洗钱，那么该国采取宽松金融监管的可能性也会降低。这样其国内的恐怖主义和犯罪风险也会减少。但是，目前还无法找到合适的数据，检验一国对国际声誉风险的敏感程度。因此，可以展开对国际声誉风险的敏感度指标的研究，探讨影响一国国际声誉风险敏感程度的主要因素，并构建国际声誉风险指标和测度模型，在此基础上量化各国的国际声誉风险。根据国际声誉风险敏感度影响因素的识别，可以在政策制定过程中有所侧重的调整政策工具；而最终的国际声誉风险敏感度的测度结果，可以作为判断一个国家是否积极反洗钱的标准之一。

（3）反洗钱“灰色”地带的连续性研究。本书的研究对于资金的分类只有“脏钱”（非法资金）和“净钱”（合法资金）之分，这是一种“或黑或白”的离散性研究，对于介于这两者之间的“灰色地带”的连续性研究在后续的研究中应逐渐开展。此外，在反洗钱不合作国家或地区（NCCTs）黑名单制度中，不合作国家或地区的名单层次已经逐渐增多，但仍是“或黑或白或灰”的离散性研究，涉及更多地带的反洗钱遵守程度的连续性研究也是未来的研究方向，换句话说，对各个国家洗钱风险的打分制度的研究也可以提上日程。

附　　录

第 5 章　附录

附录 A

本书第 48 页特征①和特征②的证明过程

（1）特征①的证明：

当均衡状态 $x_M = x_M^*$ 时，可以发现 $G_M = 0$。由此可以得出公式（A-1）成立。

$$G_M(w) = U_C(0) - qb_C - (1-q)U_C(w - U_M^{-1}(qb_M + (1-q)U_M(w))) \tag{A-1}$$

其中 $EU_M^{max} = qb_M + (1-q)U_M(w)$ 是洗钱者可能获得的最大期望效用。也就说，此时他获得所有的盈余。$U_M^{-1}(EU_M^{max})$ 则表示相应的货币报酬，这个报酬显然小于盈余 w。因此，公式（A-1）可以简化为公式（A-2）。

$$G_M(w) = U_C(0) - qb_C - (1-q)U_C(w - U_M^{-1}(EU_M^{max})) \tag{A-2}$$

显然，其中 $U_C(0) \leqslant 0$，因此得到特征①：$G_M(w) < 0$。

（2）特征②的证明：

给定 $U_M(U_M^{-1}(b_M)) = b_M$ 和 $qb_M + (1-q)b_M = b_M$，计算 G_M 在 $U_M^{-1}(b_M)$ 的值，推导过程见公式（A-3）。

$$\begin{aligned} & G_M(U_M^{-1}(b_M)) \\ & = U_C(w - U_M^{-1}(b_M)) - qb_C - (1-q)U_C(w - U_M^{-1}(qb_M + (1-q)b_M)) \\ & = U_C(w - U_M^{-1}(b_M)) - qb_C - (1-q)U_C(w - U_M^{-1}(b_M)) \\ & = q(U_C(w - U_M^{-1}b_M)) - b_C) > 0 \end{aligned} \tag{A-3}$$

由此得到特征②。

第6章　附录

附录B1　定义NCCTs的标准[①]

一、金融制度方面的漏洞

（一）金融机构的监管制度缺乏或不足

1. 根据国际标准，该国家或地区（在岸或离岸）的所有金融机构对洗钱的监管制度缺乏或存在不足。

（二）金融机构的许可和创建规则存在缺陷，包括评估其管理者和受益所有人的背景。

2. 存在个人或法人在没有授权或注册（或者过于简单的手续）的情况下运营金融机构。

3. 罪犯或其同盟掌控金融机构的管制职能，控制或获得重大投资，却缺乏相应的预防措施。

（三）金融机构的客户识别需求存在不足

4. 存在匿名账户或明显的虚假姓名。

5. 在客户和利益所有者的账户识别方面，监管当局和金融机构之间缺乏有效的法律、规定和协议，金融机构之间缺乏自律协议。

——没有客户身份识别的义务；

——没有利益所有者是否代表其自身利益的识别要求；

——没有更新客户或利益所有者（当业务过程中出现疑点时）的义务；

——金融机构缺乏反洗钱培训。

6. 在交易记录保存方面，监管当局和金融机构之间缺乏有效的法律、规定和协议，金融机构之间缺乏自律协议。一般保存5年，包括客户身份，及其国内外交易。

7. 行政和司法部门对于持有者或利益所有者的信息和交易记录的信息，存在法律或实践方面的障碍。

（四）金融机构过多的保密规定

8. 可以被调用的保密规定，主管当局在涉及洗钱的询问时却无法调用。

① Criteria Defining Non – Cooperative Countries or Territories。“Report on Non – Cooperative Countries and Terrories”（FATF，2000）.

9. 可以被调用的保密规定，司法部门在涉及洗钱的犯罪调查时却无法调用。

（五）缺少有效的可疑交易报告系统

10. 缺乏有效的监测洗钱的向主管当局报告可疑交易的强制制度。

11. 缺乏可疑交易报告义务的监督和刑事、行政处罚。

二、其他监管要求的障碍

（一）企业和法人注册的商法要求不足

12. 识别、记录企业和法人相关信息（姓名、公司形式、地址、董事身份、绑定实体能力的规定）的制度不足。

（二）缺少识别法人和企业的受益所有人

13. 金融机构识别受益所有人和法人、企业的受益人和公司董事和领导的阻碍。

14. 存在这样的制度和体系，允许金融机构在不知道所有者的情况下开展金融交易，或者是不愿意透露信息的中介部门。

三、国际合作的障碍

（一）行政机关国际合作的障碍

15. 存在阻止反洗钱当局之间的信息交互的法律和制度，或者没有允许交互路径的过度限制条件。

16. 阻碍当局政府代表国外相应人员调查或询问。

17. 显然在积极回复请求方面存在不情愿（没有在恰当的时候采取恰当的措施，长久不应答）。

18. 在监管当局之间或者分析和调查可疑交易的金融情报中心（FIUs）之间，存在国际反洗钱合作中的限制性措施，特别是基于这些交易与税收事务有关时。

（二）司法机关国际合作的障碍

19. 清洗来自严重犯罪的收益，这种行为尚未定罪。

20. 存在阻止司法机关之间的信息交互的法律和制度（尤其是具体的预定，国际条约的反洗钱制度）或者对信息交互施加严格的限制条件。

21. 显然在积极回复司法互助请求方面存在不情愿（没有在恰当的时候采取恰当的措施，长久不应答）。

22. 在涉及被要求的司法权，特别在包含税收问题时，拒绝提供司法合作。

四、预防和监测洗钱活动的资源不足

（一）公共部门和私人部门的资源缺少

23. 没有给行政和司法当局提供必要的金融、人力和技术资源，来行使他们的职能，或者实施调查。

24. 在政府、司法、监管当局，或者在涉及反洗钱合规金融服务机构之间专业人员不足或者腐败。

（二）没有金融情报中心或其替代机构

25. 缺乏集中的中心（如金融情报中心）或收集、分析，并给当局政府发布可疑交易信息的等价机制。

附录 B2　2000～2007 年 NCCTs 黑名单

表 B2－1　　2000～2003 年 NCCTs 黑名单

年度	2000	2001				2002				2003				
月份	6	2	6	9	12	2	6	10	12	2	6	8	10	11
1 巴哈马（北美洲）	●	◎	○	○	○	○	○	○	○	○	○	○	○	○
2 开曼群岛（北美洲）	●	◎	○	○	○	○								
3 库克群岛（大洋洲）	●	◎	◎	◎	◎	◎	◎	◎	◎	◎	◎	◎	◎	◎
4 多米尼加岛（北美洲）	●	●	●	◎	◎	◎	◎	○	○	○	○	○		
5 以色列（亚洲）	●	◎	◎	◎	◎	◎	○	○	○	○	○	○		
6 黎巴嫩（亚洲）	●	●	◎	◎	◎	◎	○	○	○	○	○	○		
7 列支敦斯登（欧洲）	●	◎	○	○	○	○								
8 马绍尔群岛（大洋洲）	●	◎	◎	◎	◎	◎	◎	○	○	○	○	○		
9 瑙鲁（大洋洲）	●	●	●	●	★	★	★	★	★	★	★	★	★	★
10 纽埃（大洋洲）	●	●	●	●	●	●	◎	○	○	○	○	○		
11 巴拿马（北美洲）	●	◎	○	○	○	○								
12 菲律宾（亚洲）	●	●	●	●	●	●	●	●	●	●	◎	◎	◎	◎
13 俄罗斯（欧洲）	●	●	●	●	●	●	◎	○	○	○				
14 圣基茨和尼维斯（北美洲）	●	●	●	●	●	◎	○	○	○	○				
15 圣文森特和格林纳丁斯（北美洲）	●	●	●	●	●	●	◎	◎	◎	◎	○	○	○	○
16 埃及（非洲）			●	●	●	●	●	●	●	●	◎	◎	◎	◎
17 危地马拉（北美洲）			●	●	●	●	●	●	●	●	◎	◎	◎	◎
18 匈牙利（欧洲）			●	●	●	◎	○	○	○	○				

续表

年度	2000	2001				2002				2003				
月份	6	2	6	9	12	2	6	10	12	2	6	8	10	11
19 印度尼西亚（亚洲）			●	●	●	●	●	●	●	●	●	●	◎	◎
20 缅甸（亚洲）			●	●	●	●	●	●	●	●	●	●	●	★
21 尼日利亚（非洲）			●	●	●	●	●	●	●	●	●	●	●	●
22 格林纳达（北美洲）				●	●	●	◎	◎	◎	○	○	○	○	○
23 乌克兰（欧洲）				●	●	●	●	●	★	●	●	◎	◎	◎

注：根据《FATF 不合作国家或地区报告》的 8 次报告整理而成。其中，●代表被列入黑名单（Listed），★代表被列入黑名单，且要求其成员对该成员实施抵制政策（Listed and Counter - Measures apply），◎代表被列入黑名单，但是要求其提供实施计划（Listed but Implementation Plan requested），○代表被除名，但是仍在监控名单（De - Listed and Subject to Monitoring），空白代表被除名且不受监控（Not - Listed and not Monitored）。

表 B2 - 2　　2004 ~ 2007 年 NCCTs 黑名单

年度	2004			2005			2006			2007	
月份	2	7	10	2	6	10	2	6	10	6	10
1 巴哈马（北美洲）	○	○	○	○	○						
2 开曼群岛（北美洲）											
3 库克群岛（大洋洲）	◎	◎	◎	○	○	○	○				
4 多米尼加岛（北美洲）											
5 以色列（亚洲）											
6 黎巴嫩（亚洲）											
7 列支敦斯登（欧洲）											
8 马绍尔群岛（大洋洲）											
9 瑙鲁（大洋洲）	★	★	◎	◎	◎	○	○	○			
10 纽埃（大洋洲）											
11 巴拿马（北美洲）											
12 菲律宾（亚洲）	◎	◎	◎	○	○	○					
13 俄罗斯（欧洲）											
14 圣基茨和尼维斯（北美洲）											
15 圣文森特和格林纳丁斯（北美洲）	○										
16 埃及（非洲）	○	○	○								
17 危地马拉（北美洲）	◎	○	○	○							

续表

年度	2004			2005			2006			2007	
月份	2	7	10	2	6	10	2	6	10	6	10
18 匈牙利（欧洲）											
19 印度尼西亚（亚洲）	◎	◎	◎	○	○	○					
20 缅甸（亚洲）	★	★	●	◎	◎	◎	◎	◎	○	○	
21 尼日利亚（非洲）	●	◎	◎	◎	◎	◎	◎	○	○		
22 格林纳达（北美洲）	○										
23 乌克兰（欧洲）	○	○	○								

注：根据《FATF 不合作国家或地区报告》的 8 次报告整理而成。其中，●代表被列入黑名单（Listed），★代表被列入黑名单，且要求其成员对该成员实施抵制政策（Listed and Counter - Measures apply），◎代表被列入黑名单，但是要求其提供实施计划（Listed but Implementation Plan requested），○代表被除名，但是仍在监控名单（De - Listed and Subject to Monitoring），空白代表被除名且不受监控（Not - Listed and not Monitored）。

附录 B3　2008 ~2017 年 NCCTs 黑名单

附录 B3 -1　　2008 年 2 月 ~2011 年 10 月 NCCTs 黑名单

年度			2008			2009			2010			2011		
月份			2	6	10	2	6	10	2	6	10	2	6	10
1	阿富汗	亚洲												
2	阿尔巴尼亚	欧洲												
3	阿尔及利亚	非洲												④
4	安哥拉	非洲							②	④	④	③	④	④
5	安提瓜和巴布达	北美洲							④	④	④	④	④	④
6	阿根廷	南美洲											④	④
7	阿塞拜疆	亚洲							④	⑤	⑥			
8	孟加拉国	亚洲									④	④	④	④
9	玻利维亚	南美洲							④	④	④	③	②	②
10	波黑	欧洲												
11	文莱	亚洲											④	④
12	柬埔寨	亚洲											④	④
13	古巴	北美洲											②	②
14	朝鲜	亚洲							②	②	②	①	①	①
15	厄瓜多尔	南美洲							②	④	④	④	④	④

续表

年度			2008			2009			2010			2011		
月份			2	6	10	2	6	10	2	6	10	2	6	10
16	埃塞俄比亚	非洲							②	④	④	③	②	②
17	加纳	非洲									④	④	④	③
18	希腊	欧洲							④	④	④	⑤	⑥	
19	圭亚那	南美洲												
20	洪都拉斯	北美洲									④	④	④	⑤
21	印度尼西亚	亚洲							④	④	④	④	④	③
22	伊朗	亚洲	②	②	②	②	②	②	①	①	①	①	①	①
23	伊拉克	亚洲												
24	肯尼亚	非洲							④	④	④	③	②	②
25	科威特	亚洲												
26	吉尔吉斯斯坦	亚洲												④
27	老挝	亚洲												
28	蒙古国	亚洲											④	④
29	摩洛哥	非洲							④	④	④	⑤	④	④
30	缅甸	亚洲							④	④	④	③	②	②
31	纳米比亚	非洲											④	④
32	尼泊尔	亚洲							④	④	④	③	④	④
33	尼加拉瓜	北美洲											④	④
34	尼日利亚	非洲							④	④	④	③	④	②
35	塞浦路斯	欧洲	②	②	②	⑥								
36	巴基斯坦	亚洲	②	②	②	②	②	②	②	④	④	④	④	③
37	巴拿马	北美洲												
38	巴布亚新几内亚	大洋洲												
39	巴拉圭	南美洲							④	④	④	④	④	⑤
40	菲律宾	亚洲									④	④	④	④
41	卡塔尔	亚洲							④	⑤	⑥			
42	圣多美和普林西比	非洲	②	②	②	②	②	②	②	②	④	④	③	②
43	斯里兰卡	亚洲							④	④	④	③	②	②
44	苏丹	非洲							④	④	④	④	④	④
45	叙利亚	亚洲							④	④	④	③	②	②
46	塔吉克斯坦	亚洲											④	④

续表

年度			2008			2009			2010			2011		
月份			2	6	10	2	6	10	2	6	10	2	6	10
47	坦桑尼亚	非洲									④	④	④	③
48	泰国	亚洲							④	④	④	④	④	③
49	特立尼达和多巴哥	北美洲							④	④	④	③	④	④
50	土耳其	亚洲							④	④	④	③	②	②
51	土库曼斯坦	亚洲	②	②	②	②	②	②	②	④	④	④	④	④
52	乌干达	非洲												
53	乌克兰	欧洲							④	④	④	④	⑤	⑥
54	乌兹别克斯坦	亚洲	②	②	②	②	②	②	⑥					
55	瓦努阿图	大洋洲												
56	委内瑞拉	南美洲									④	④	④	④
57	越南	亚洲									④	④	④	④
58	也门	亚洲							④	④	④	④	④	④
59	津巴布韦	非洲											④	④

注：①②号名单出现在 FATF 的“公开声明”中，①号名单代表反洗钱制度有明显缺陷的国家或地区，FATF 号召其成员和非成员采用抵制措施，是最强烈的名单（也包含存在实际危害，即已经发生多起相关事件的国家或地区）。②号名单代表已经给 FATF 递交了高层政治承诺，但仍需提防的国家或地区，FATF 号召其成员对来自这些国家或地区的客户采取更加严格的尽职调查措施。③④⑤⑥号名单来自 FATF“提高全球反洗钱/反恐融资遵守度：进行中的过程”，④号名单代表已经取得一定行动进展，但仍存在问题的国家或地区，③号名单代表进展不明显，进入警告的国家或地区，⑤号名单代表反洗钱已经取得实质性进展，FATF 即将进行实地探访的国家或地区，一般下一次会被除名，特殊情况下，可能会由于战争等安全因素而无法直接实地访问，则仍然停留在该层次，如叙利亚。⑥号名单代表被除名的国家或地区，对于已经在制度层面解决洗钱漏洞的国家或地区，FATF 将组织现场访问，确认措施，如果确实有积极的效果，FATF 将考虑是否把这些国家或地区除名。

附录 B3－2　　2012 年 2 月～2014 年 10 月 NCCTs 黑名单

年度			2012			2013			2014		
月份			2	6	10	2	6	10	2	6	10
1	阿富汗	亚洲		④	④	④	④	④	③	④	④
2	阿尔巴尼亚	欧洲		④	④	④	④	④	④	④	⑤
3	阿尔及利亚	非洲	④	④	④	④	③	②	②	②	②
4	安哥拉	非洲	④	④	④	④	④	④	④	④	④
5	安提瓜和巴布达	北美洲	④	④	④	④	③	⑤	⑥		
6	阿根廷	南美洲	④	④	④	④	④	④	④	⑤	⑥

续表

年度			2012			2013			2014		
月份			2	6	10	2	6	10	2	6	10
7	阿塞拜疆	亚洲									
8	孟加拉国	亚洲	④	④	④	④	④	⑤	⑥		
9	玻利维亚	南美洲	②	②	②	⑤	⑥				
10	波黑	欧洲									
11	文莱	亚洲	④	④	④	⑤	⑥				
12	柬埔寨	亚洲	④	④	④	④	④	④	③	⑤	⑤
13	古巴	北美洲	②	②	②	④	④	④	④	⑤	⑥
14	朝鲜	亚洲	①	①	①	①	①	①	①	①	①
15	厄瓜多尔	南美洲	③	②	②	②	②	②	②	②	②
16	埃塞俄比亚	非洲	②	②	②	②	②	②	②	⑤	⑥
17	加纳	非洲	②	②	⑤	⑥					
18	希腊	欧洲									
19	圭亚那	南美洲									④
20	洪都拉斯	北美洲	⑥								
21	印度尼西亚	亚洲	②	②	②	②	②	②	②	②	②
22	伊朗	亚洲	①	①	①	①	①	①	①	①	①
23	伊拉克	亚洲						④	④	④	④
24	肯尼亚	非洲	②	②	②	②	②	②	⑤	⑥	
25	科威特	亚洲		④	④	④	④	④	④	④	⑤
26	吉尔吉斯斯坦	亚洲	④	④	④	④	④	④	⑤	⑥	
27	老挝	亚洲					④	④	④	④	④
28	蒙古国	亚洲	④	④	④	④	④	③	⑤	⑥	
29	摩洛哥	非洲	④	④	④	③	⑤	⑥			
30	缅甸	亚洲	②	②	②	②	②	②	②	②	②
31	纳米比亚	非洲	④	④	④	④	④	④	④	④	⑤
32	尼泊尔	亚洲	④	④	④	④	④	⑤	⑤	⑥	
33	尼加拉瓜	北美洲	④	④	③	④	④	④	④	④	⑤
34	尼日利亚	非洲	②	②	②	②	⑤	⑥			
35	塞浦路斯	欧洲									
36	巴基斯坦	亚洲	②	②	②	②	②	②	②	⑤	⑤
37	巴拿马	北美洲								④	④

续表

年度			2012			2013			2014		
月份			2	6	10	2	6	10	2	6	10
38	巴布亚新几内亚	大洋洲							④	④	④
39	巴拉圭	南美洲	⑥								
40	菲律宾	亚洲	③	④	④	⑤	⑥				
41	卡塔尔	亚洲									
42	圣多美和普林西比	非洲	②	②	②	②	②				
43	斯里兰卡	亚洲	②	②	②	⑤	⑥				
44	苏丹	非洲	④	④	④	④	④	④	④	④	④
45	叙利亚	亚洲	②	②	②	②	②	②	②	⑤	⑤
46	塔吉克斯坦	亚洲	④	④	④	③	④	④	④	⑤	⑥
47	坦桑尼亚	非洲	②	②	②	②	②	②	⑤	⑥	
48	泰国	亚洲	②	②	②	⑤	⑥				
49	特立尼达和多巴哥	北美洲	④	⑤	⑥						
50	土耳其	亚洲	②	②	②	②	②	②	②	⑤	⑥
51	土库曼斯坦	亚洲	⑤	⑥							
52	乌干达	非洲							④	④	④
53	乌克兰	欧洲									
54	乌兹别克斯坦	亚洲									
55	瓦努阿图	大洋洲									
56	委内瑞拉	南美洲	④	④	⑤	⑥					
57	越南	亚洲	③	②	②	②	②	⑤	⑥		
58	也门	亚洲	③	②	②	②	②	②	②	⑤	⑤
59	津巴布韦	非洲	④	④	③	④	④	④	④	④	⑤

注：①②号名单出现在 FATF 的“公开声明”中，①号名单代表反洗钱制度有明显缺陷的国家或地区，FATF 号召其成员和非成员采用抵制措施，是最强烈的名单（也包含存在实际危害，即已经发生多起相关事件的国家或地区）。②号名单代表已经给 FATF 递交了高层政治承诺，但仍需提防的国家或地区，FATF 号召其成员对来自这些国家或地区的客户采取更加严格的尽职调查措施。③④⑤⑥号名单来自 FATF“提高全球反洗钱/反恐融资遵守度：进行中的过程”，④号名单代表已经取得一定行动进展，但仍存在问题的国家或地区，③号名单代表进展不明显，进入警告的国家或地区，⑤号名单代表反洗钱已经取得实质性进展，FATF 即将进行实地探访的国家或地区，一般下一次会被除名，特殊情况下，可能会由于战争等安全因素而无法直接实地访问，则仍然停留在该层次，如叙利亚。⑥号名单代表被除名的国家或地区，对于已经在制度层面解决洗钱漏洞的国家或地区，FATF 将组织现场访问，确认措施，如果确实有积极的效果，FATF 将考虑是否把这些国家或地区除名。

附录 B3－3　　　2015 年 2 月～2017 年 11 月 NCCTs 黑名单

年度			2015			2016			2017		
月份			2	6	10	2	6	10	2	6	11
1	阿富汗	亚洲	④	④	④	④	④	④	⑤	⑥	
2	阿尔巴尼亚	欧洲	⑥								
3	阿尔及利亚	非洲	②	②	⑤	⑥					
4	安哥拉	非洲	④	④	⑤	⑥					
5	安提瓜和巴布达	北美洲									
6	阿根廷	南美洲									
7	阿塞拜疆	亚洲									
8	孟加拉国	亚洲									
9	玻利维亚	南美洲									
10	波黑	欧洲		④	④	④	④	④	④	④	⑤
11	文莱	亚洲									
12	柬埔寨	亚洲	⑥								
13	古巴	北美洲									
14	朝鲜	亚洲	①	①	①	①	①	①	①	①	①
15	厄瓜多尔	南美洲	②	⑤	⑥						
16	埃塞俄比亚	非洲							④	④	④
17	加纳	非洲									
18	希腊	欧洲									
19	圭亚那	南美洲	④	④	④	④	④	⑥			
20	洪都拉斯	北美洲									
21	印度尼西亚	亚洲	⑤	⑥							
22	伊朗	亚洲	①	①	①	①	②	②	②	②	②
23	伊拉克	亚洲	④	③	④	④	④	④	④	④	④
24	肯尼亚	非洲									
25	科威特	亚洲	⑥								
26	吉尔吉斯斯坦	亚洲									
27	老挝	亚洲	④	④	③	④	④	④	⑤	⑥	

续表

年度			2015			2016			2017		
月份			2	6	10	2	6	10	2	6	11
28	蒙古国	亚洲									
29	摩洛哥	非洲									
30	缅甸	亚洲	②	②	②	⑤	⑥				
31	纳米比亚	非洲	⑥								
32	尼泊尔	亚洲									
33	尼加拉瓜	北美洲	⑥								
34	尼日利亚	非洲									
35	塞浦路斯	欧洲									
36	巴基斯坦	亚洲	⑥								
37	巴拿马	北美洲	④	④	⑤	⑥					
38	巴布亚新几内亚	大洋洲	④	④	④	⑤	⑥				
39	巴拉圭	南美洲									
40	菲律宾	亚洲									
41	卡塔尔	亚洲									
42	圣多美和普林西比	非洲									
43	斯里兰卡	亚洲									④
44	苏丹	非洲	④	⑤	⑥						
45	叙利亚	亚洲	⑤	⑤	⑤	⑤	⑤	⑤	⑤	⑤	⑤
46	塔吉克斯坦	亚洲									
47	坦桑尼亚	非洲									
48	泰国	亚洲									
49	特立尼达和多巴哥	北美洲									④
50	突尼斯	非洲									④
51	土耳其	亚洲									
52	土库曼斯坦	亚洲									
53	乌干达	非洲	③	④	④	④	④	④	④	⑤	⑥
54	乌克兰	欧洲									

续表

年度			2015			2016			2017		
月份			2	6	10	2	6	10	2	6	11
55	乌兹别克斯坦	亚洲									
56	瓦努阿图	大洋洲				④	④	④	④	④	④
57	委内瑞拉	南美洲									
58	越南	亚洲									
59	也门	亚洲	⑤	⑤	⑤	⑤	⑤	⑤	⑤	⑤	⑤
60	津巴布韦	非洲	⑥								

注：①②号名单出现在 FATF 的“公开声明”中，①号名单代表反洗钱制度有明显缺陷的国家或地区，FATF 号召其成员和非成员采用抵制措施，是最强烈的名单（也包含存在实际危害，即已经发生多起相关事件的国家或地区）。②号名单代表已经给 FATF 递交了高层政治承诺，但仍需提防的国家，FATF 号召其成员对来自这些国家或地区的客户采取更加严格的尽职调查措施。③④⑤⑥号名单来自 FATF“提高全球反洗钱/反恐融资遵守度：进行中的过程”，④号名单代表已经取得一定行动进展，但仍存在问题的国家，③号名单代表进展不明显，进入警告的国家，⑤号名单代表反洗钱已经取得实质性进展，FATF 即将进行实地探访的国家或地区，一般下一次会被除名，特殊情况下，可能会由于战争等安全因素而无法直接实地访问，则仍然停留在该层次，如叙利亚。⑥号名单代表被除名的国家或地区，对于已经在制度层面解决洗钱漏洞的国家或地区，FATF 将组织现场访问，确认措施，如果确实有积极的效果，FATF 将考虑是否把这些国家或地区除名。

2017 年 2 月，第四轮评估中，埃塞俄比亚再次被列入名单。2017 年 11 月，斯里兰卡、特立尼达和多巴哥、突尼斯再次被列入名单。

附录 B4 全球恐怖主义指数（GTI）的计算方法

GTI 是一个反映各国恐怖主义危害的相对指标，同时包含本年度恐怖主义活动的影响和往年恐怖主义活动带来的潜在影响。具体来看，其编制过程如下。

1. 计算近五年的恐怖主义数值

这里记为：Y_i，i = 0，-1，-2，-3，-4，分别代表当年、前一年、前两年、前三年和前四年。Y_i 的取值是四大因素的加权平均值。

（1）该年度发生恐怖活动的总次数。

（2）该年度因恐怖活动而导致的总死亡人数。

（3）该年度因恐怖活动而导致的总受伤人数。

（4）该年度因恐怖活动而导致的总财产损失数量。

各个因素的权重介于 0 和 3 之间，如表 B4-1 所示，死亡人数的权重最大，财产损失的权重取决于严重程度。

表 B4－1　**各指标的权重赋值**

因素	权重
恐怖活动的总次数	1
恐怖活动的总死亡人数	3
恐怖活动的总受伤人数	0.5
恐怖活动的总财产损失	介于0和3之间，取决于损失程度

恐怖活动总财产损失的权重如表B4－2所示，共分四个层次，无数据统计，小于100万美元，介于100万美元和10亿美元之间，大于10亿美元。

表 B4－2　**总财产损失指标的权重决定**

权重	损失程度
0	未知（损失很小，没有统计）
1	较小（小于100万美元）
2	较大（介于100万美元和10亿美元之间）
3	灾难性的（大于10亿美元）

2. 计算GTI的初始值

依照上述方法计算近五年的恐怖主义数值。再对这五年数据加权平均，权重见表B4－3，可以得到GTI初始值GTI_R，如公式（B4－1）所示。

$$GTI_R = Y_0 \times 53\% + Y_1 \times 26\% + Y_2 \times 13\% + Y_3 \times 6\% + Y_4 \times 3\% \qquad (B4-1)$$

表 B4－3　**GTI年度数据的权重**

年度	权重	占比（%）
当年	16	52
前一年	8	26
前两年	4	13
前三年	2	6
前四年	1	3

3. 介于0—10的对数分档

这里得到的只是原始数据，难以比较，因此还需要进一步修正。全球恐怖主义活动的影响不是均匀分布的，往往只有少量国家或地区承受非常严重的恐怖活动伤害，而很多国家或地区承受的是非常小的恐怖活动伤害。这里采用10的对数，介于0—10，间隔0.5的分档方法。

方法如下：

（1）对各国的 GTI_R 排序，找出最小值，作为这里的“0”值。

（2）对各国的 GTI_R 排序，找出最大值，作为这里的“10”值。

（3）扣掉最高分和最低分，计算其他分值。

a 根 =2 ×（最高分值 - 最低分值）=2 ×（10 -0）=20。

b 值域 =2 ×（最高原始分值 - 最低原始分值）。

c 分值 = $\sqrt[根]{值域}$。

缩略词表

英文缩写	英文名称	中文名称
AML/CFT	Anti – money Laundering and Combating the Financing of Terrorism	反洗钱/反恐融资
APG	Asia/Pacific Group on Money Laundering	亚太反洗钱工作组
Basel	Basel Committee on Banking Supervision	巴塞尔银行监管委员会
BIS	Bank for International Settlement	国际清算银行
CDD	Customer Due Diligence	客户尽职调查
CFATF	Caribbean Financial Action Task Force	加勒比地区反洗钱金融行动特别工作组
CIA	Central Intelligence Agency	中央情报局
CTC	Counter – Terrorism Committee	打击恐怖主义委员会
EAG	Eurasian Group on Combating Money Laundering and Financing of Terrorism	欧亚反洗钱与反恐融资工作组
EC	European Commission	欧盟欧洲委员会
ESAAMLG	Eastern and Southern Africa Anti – Money Laundering Group	东南非洲反洗钱工作组
FATF	Financial Action Task Force	金融行动特别工作组
FHT	Financial & High Tech Crime	金融和高技术犯罪理事会
FinCEN	Financial Crime Enforcement Network	金融犯罪执法网络
FIUs	Financial Intelligence Units	金融情报机构
FSRBs	FATF – StyleRegional Bodies	类 FATF 区域组织
GABAC	The Task Force on Money Laundering in Central Africa	中非反洗钱工作组
GAFILAT	Financial Action Task Force of Latin America	拉丁美洲反洗钱工作组
GIABA	Inter Governmental Action Group against Money Laundering in West Africa	西非反洗钱组织

续表

英文缩写	英文名称	中文名称
GPML	Global Program Against Money Laundering	全球反洗钱计划
G7	Group of Seven	七国集团
GTD	Global Terrorism Database	国际恐怖主义数据库
GTI	Global Terrorism Index	全球恐怖主义指数
IAIS	International Association of Insurance Supervisors	国际保险监管协会
ICRG	The International Cooperation Review Group	国际合作审查小组
IEP	Institute for Economics and Peace	世界经济与和平研究所
IFS	International Financial System	国际金融系统
IMF	International Monetary Fund	国际货币基金组织
Interpol	International Criminal Police Organization	国际刑警组织
IOSCO	International Organization of Securities Commissions	国际证监会组织
ISIL	Islamic State of Iraq and the Levant	伊拉克和黎凡特伊斯兰国
KYC	Knowing Your Customers	了解你的客户
MENAFATF	Middle East and North Africa Financial Action Task Force	中东非和北非反洗钱金融行动特别工作组
MONEYVAL	Council of Europe Select Committee of Experts on the Evaluation of Anti – Money Laundering Measures	欧洲委员会评估反洗钱措施特设专家委员会
NCCTs	Non – Cooperative Countries and Territories	不合作国家或地区
Non – SRFs	Non – standardized Report Forms	非标准化的报表
NPOs	Non – Profit Organizations	非营利组织
OECD	Organization for Economic Cooperation and Development	经济合作与发展组织
OGBS	Offshore Group of Banking Supervisors	离岸银行业监管集团
SDR	Special Drawing Right	特别提款权
SRFs	Standardized Reports Forms	标准化的报表
UN	United Nations	联合国
UNODC	United Nations Office on Drugs and Crime	联合国禁毒署的全称是联合国毒品与犯罪控制办公室
WB	World Bank	世界银行

参考文献

[1] 曹争鸣．金融机构可疑交易报告有效吗？——实证调查及政策建议［J］．金融会计，2011（4）：74－76.

[2] 戴德茂．FATF国际合作审查机制演变及对我国的启示［J］．福建金融，2014（9）：21－24.

[3] 戴淑庚，吴锦蓉．反洗钱的博弈分析和我国反洗钱机制之完善［J］．理论探讨，2008（5）：99－103.

[4] 段云龙，张新启，余义勇．产业技术创新战略联盟稳定性影响因素研究［J］．经济问题探索，2019（2）：173－182.

[5] 付玉明，王耀彬．新疆反恐的国际合作与法律适用．江西社会科学，2017，37（4）：190－198.

[6] 高婧．反洗钱信息共享的国际与借鉴［J］．国际金融研究，2013（4）：64－73.

[7] 高增安．反洗钱：可疑交易行为报告制度有效吗［J］．证券市场导报，2007（4）：17－22.

[8] 高增安．金融机构基于风险的反洗钱机制探讨［J］．证券市场导报，2007（10）：65－70.

[9] 高增安，王延伟．我国反洗钱风险评估“脆弱性—有效性”（V—E）系统构建——基于人民币国际化视阈［J］．山西大学学报（哲学社会科学版），2015，38（3）：113－118.

[10] 郭新明．双层委托代理国库制度的激励机制与银行行为研究［J］．金融研究，2007（5）：181－190.

[11] 韩光林．中国反洗钱监管制度变迁的路径锁定及对策［J］．国际金融研究，2010（11）：73－80.

[12] 何靖，杨胜刚，吴志明．反洗钱的国际经验与中国的对策［J］．财经理论与实践，2004（5）：119－124.

[13] 侯合心，冯乾．我国参与国际反洗钱金融情报合作问题研究——基于 FATF 关于中国反洗钱评估报告的分析 [J]．金融监管研究，2016 (2)：97 – 109.

[14] 侯合心，冯乾．国际反洗钱金融情报集团组织体系进展与启示 [J]．上海金融，2014 (10)：30 – 36.

[15] 侯合心，唐旭．洗钱及洗钱上游犯罪国际关系研究——基于我国西南边境特殊地缘关系的分析 [J]．财经科学，2012 (12)：15 – 23.

[16] 侯合心，张思．反洗钱监管模式的国际比较与借鉴 [J]．财经科学，2011 (5)：10 – 17.

[17] 黄文正，宋根苗．基于博弈视角的洗钱成本分析 [J]．学术论坛，2011 (5)：127 – 130.

[18] 霍明．中国反洗钱制度效力评价研究 [D]．上海：复旦大学，2014.

[19] 靳锐．FATF 恐怖融资类型研究及对我国反恐融资工作的建议 [J]．金融发展评论，2011 (5)：74 – 79.

[20] 李春．中国与东南亚反洗钱多边合作机制构建．暨南学报（哲学社会科学版），2019，41 (3)：23 – 41.

[21] 李培正，李怀舟．开放经济背景下中国金融业反洗钱机制新选择——以国际比较和背景分析为考察视野 [J]．甘肃社会科学，2007 (2)：37 – 40.

[22] 李琦．金融领域洗钱的博弈分析 [J]．中山大学研究生学刊（社会科学版），2011，32 (2)：120 – 128.

[23] 李琼婕，薛耀文．最小费用最大流维度拓展及其在反洗钱中的应用研究 [J]．山西师范大学学报（自然科学版），2014，28 (1)：28 – 32.

[24] 李涛，张伟．第三方支付平台隐含的洗钱风险及防控对策 [J]．中国人民公安大学学报（社会科学版），2016 (1)：12 – 18.

[25] 李晓欧．美国 FinCEN 反洗钱机制及其启示 [J]．亚太经济，2014 (1)：35 – 39.

[26] 李晓欧．打击跨国洗钱犯罪对策研究——以 FATF 工作任务为观照 [J]．东北师大学报（哲学社会科学版），2014 (1)：19 – 24.

[27] 李子白，沈杰，贺聪．金融机构反洗钱的激励机制研究 [J]．金融理论与实践，2007 (9)：22 – 25.

［28］黎宜春．澳大利亚反洗钱机制及对我国的启示［J］．学术论坛，2007（4）：72－76.

［29］黎宜春，张荣晖．自由贸易区贸易洗钱模式及防范策略——以中国—东盟自由贸易区为例［J］．广西社会科学，2016（1）：35－39.

［30］廖晓雯．“风险为本”视角下的金融机构反洗钱评价体系研究［J］．福建金融，2014（1）：20－24.

［31］林泰和．国际恐怖主义的资金流动［J］．问题与研究，2011（1）：112.

［32］刘德海，周婷婷，王维国．反恐国际合作双重标准问题的序贯互惠博弈模型．中国管理科学，2015，23（S1）：301－309.

［33］刘磊．恐怖融资与反恐怖融资研究综述［J］．国际研究参考，2017（10）：52－57.

［34］刘洪来，刘伟．论金融机构如何有效履行可疑交易报告义务［J］．金融理论与实践，2008（8）：53－56.

［35］刘森．关于银行业反洗钱行为的博弈研究［D］．济南：山东师范大学，2010.

［36］刘兴华．国际规范、团队认同与国内制度改革［J］．当代亚太，2012（4）：04－32.

［37］刘应淑，周哲，胡健，等．金融机构反洗钱工作非现场监管评价指标的构建及应用［J］．金融纵横，2009（2）：55－58.

［38］刘勇为，崔启明．俄罗斯反恐的国际合作［J］．俄罗斯研究，2008（6）：46－53.

［39］罗婧，张先德．FATF 洗钱类型报告对我国反洗钱工作的启示［J］．广西金融研究，2006（10）：42－44.

［40］罗玮，史高飞．反洗钱体系建立与运行中群体理性的丧失与恢复［J］．金融论坛，2005（10）：52－56＋63.

［41］罗纬凡．客户风险评级管理工作研究——以湖北省证券保险行业为例［J］．云南财经大学学报（社会科学版），2011，26（5）：62－65.

［42］毛成辉，张瑜．美、日、澳三国反洗钱工作状况及其对我国的启示［J］．经济体制改革，2006（1）：151－154.

［43］梅德祥．世界流入中国的洗钱规模研究［J］．经济与管理研究，2015，36（9）：43－52.

[44] 梅德祥，高增安．中国产生的洗钱规模及其流出研究 [J]．经济学家，2015 (1)：64－72.

[45] 孟建华．巴塞尔委员会的反洗钱原则 [J]．上海金融，2005 (11)：55－57.

[46] 苗文龙．互联网支付：金融风险与监管设计 [J]．当代财经，2015 (2)：55－65.

[47] 潘丽，刘伟．可疑交易资金监测分析制度及效率研究 [J]．山东社会科学，2009 (3)：81－85.

[48] 裴平，金素．洗钱的规模测度和渠道识别——基于中国 2001～2009 年样本数据的分析 [J]．江苏行政学院学报，2011 (2)：46－52.

[49] 彭韶兵，周婧．银行业反洗钱内部控制效率评价指数研究 [J]．国际金融研究，2013 (1)：66－76.

[50] 邱兆祥，朱宝明．反洗钱的外部性与激励机制的建立 [J]．金融理论与实践，2007 (1)：4－7.

[51] 屈文洲，许文彬．反洗钱监管：模式比较及对我国的启示 [J]．国际金融研究，2007 (7)：72－79.

[52] 沈悦，郭培利．经济增长、银行信贷与住宅价格波动——基于 35 个大中城市异质面板的实证分析 [J]．软科学，2014，28 (7)：1－5.

[53] 宋媚，薛耀文，张朋柱．洗钱者与金融机构的博弈研究 [J]．太原科技大学学报，2006，27 (1)：56－60.

[54] 宋媚，张朋柱，薛耀文，等．反洗钱跨组织多层次监测体系构建及其仿真验证 [J]．系统工程理论与实践，2011，31 (1)：1－7.

[55] 孙婧雯．洗钱风险的构成及其管理框架构建 [J]．当代经济科学，2014 (4)：117－123＋128.

[56] 孙陵霞，张成虎．反洗钱预防政策的实施效果及其国际比较 [J]．财经科学，2016 (7)：10－19.

[57] 孙陵霞，张成虎．NCCTs 黑名单制度：产生、变迁及启示 [J]．经济体制改革，2017 (2)：156－160.

[58] 孙陵霞，张成虎．反洗钱 NCCTs 黑名单与国家禀赋关系研究 [J]．金融论坛，2019 (5)：11－20＋31.

[59] 孙陵霞，张成虎，周东．国际反洗钱预防政策：传导过程、激励机制及政策效果 [J]．南方经济，2015 (8)：32－49.

[60] 孙森，韩光林．反洗钱激励与风险为本方法的应用研究［J］．金融发展研究，2011（8）：7－12.

[61] 孙森，韩光林．关于洗钱与反洗钱监管的研究综述［J］．金融理论与实践，2011（8）：106－111.

[62] 唐旭，师永彦，曹作义．中国反洗钱工作有效性研究［J］．金融研究，2009（8）：1－16.

[63] 唐旭，张雁，师永彦，等．中国洗钱风险评估研究［J］．金融发展评论，2011（5）：121－146.

[64] 唐朱昌．俄罗斯经济转型中的政府反洗钱措施评析［J］．俄罗斯研究，2007（2）：24－29.

[65] 童文俊．反洗钱可疑交易报告制度有效性探析［J］．金融教学与研究，2011（3）：29－32.

[66] 童文俊．基于互联网的恐怖融资研究［J］．上海公安高等专科学校学报，2012（1）：74.

[67] 童文俊．国际金融业反洗钱监管：发展、挑战与政策趋势［J］．金融理论与实践，2009（12）：37－40.

[68] 童文俊．反洗钱与反恐融资违规制裁制度的国际经验与启示［J］．金融教学与研究，2012（2）：8－12＋29.

[69] 童文俊．货币服务商洗钱风险分类与管理研究［J］．金融发展研究，2013（6）：38－42.

[70] 童文俊．互联网金融洗钱风险与防范对策研究［J］．金融教学与研究，2014（4）：7－10.

[71] 童文俊．国际反扩散融资标准对我国反洗钱工作的挑战与对策研究［J］．金融发展研究，2015（4）：47－51.

[72] 万魏，陈康贤，陈小敏．“一带一路”框架下中国—东欧自由贸易区反洗钱监管合作研究［J］．区域金融研究，2015（12）：50－53.

[73] 王宝运．中国商业银行反洗钱有效性影响因素研究［D］．西安：西安交通大学，2013.

[74] 王凡．基于 z－score 模型的支付清算组织洗钱风险分析［J］．金融纵横，2011（5）：65－68.

[75] 王鹏，林小玲．中国内地与香港反洗钱合作问题研究［J］．广东金融学院学报，2007（3）：68－72.

[76] 王萍. 风险监管理念在中部地区反洗钱工作中的应用探索 [J]. 金融理论与实践, 2010 (7): 112 - 115.

[77] 吴丽华. 反洗钱机构的博弈与成本分析 [J]. 中国经济问题, 2007 (1): 61 - 67.

[78] 吴志明. 转轨国家反洗钱的国际比较——兼论我国的反洗钱对策 [J]. 求索, 2004 (1): 43 - 45.

[79] 奚尚琴. 基于风险为本原则的反洗钱现场检查转型思考——以江苏为例 [J]. 金融纵横, 2014 (9): 4 - 8.

[80] 徐军华. "一带一路" 背景下中国开展反恐国际合作的国际法战略. 法学评论, 2019, 37 (1): 136 - 147.

[81] 许朝霞. 对"风险为本"反洗钱监管机制的探讨 [J]. 金融纵横, 2009 (8): 53 - 56.

[82] 薛耀文, 贾超, 刘娜. 基于资金流、物流、信息流匹配原则的反洗钱监管——以信用证支付方式为例 [J]. 山西师大学报 (社会科学版), 2016, 43 (3): 72 - 77.

[83] 严立新. 欧美反洗钱组织架构的设立模式对我国的启示 [J]. 江苏社会科学, 2006 (6): 67 - 70.

[84] 严立新. 黑白芝麻理论与中国银行业反洗钱激励机制的构建 [J]. 上海金融, 2010 (9): 22 - 28 + 16.

[85] 杨波. FATF 新支付方式洗钱类型研究对我国的借鉴 [J]. 金融发展评论, 2012 (4): 155 - 158.

[86] 杨冬梅, 冯芸, 吴冲锋. 国家反洗钱政策组合效果分析——国家监管机构、金融机构和洗钱者的博弈分析 [J]. 系统管理学报, 2008, 17 (2): 181 - 188.

[87] 杨杰. 我国商业银行反洗钱激励制度研究 [D]. 上海: 复旦大学, 2009.

[88] 杨泾, 吴志明. 境外洗钱区域流向的新分析框架——以中国为例 [J]. 金融监管研究, 2013 (4): 78 - 89.

[89] 杨莎莎, 刘振. P2P 网络借贷平台洗钱风险及反洗钱政策建议 [J]. 金融纵横, 2015 (4): 62 - 70.

[90] 杨莎莎, 刘振. 文物艺术品拍卖反洗钱业务探讨 [J]. 金融纵横, 2015 (10): 87 - 92.

[91] 杨胜刚，何靖．反洗钱领域大额与可疑信息报告制度的经济学分析［J］．金融研究，2004（10）：113－119.

[92] 杨胜刚，何靖，曾翼．反洗钱中监管机构和商业银行的博弈与委托代理问题研究［J］．金融研究，2007（1）：71－83.

[93] 殷中强，韩跃．风险矩阵法在金融产品洗钱风险评估中的应用［J］．山东财经大学学报，2014（5）：31－36.

[94] 于春敏，周艳军．互联网金融时代反洗钱防御体系的构建［J］．财经科学，2014（11）：22－30.

[95] 原永中，张新福．商业银行和中央银行在反洗钱问题上的博弈［J］．山西财经大学学报，2003，25（3）：70－73.

[96] 岳意定，张璇．金融领域反洗钱的经济学分析［J］．山东工商学院学报，2006，20（3）：10－15.

[97] 查宏．英国的《2007年反洗钱条例》及其实践［J］．上海金融，2008（8）：59－62.

[98] 詹欣，乔晗．网络支付行业主体反洗钱博弈模型及策略研究［J］．系统工程理论与实践，2015，35（8）：1947－1955.

[99] 张超林，杨竹清．股票流动性、代理效率与企业技术创新——基于泊松回归的实证研究［J］．华东经济管理，2018，32（11）：151－158.

[100] 张成虎．反洗钱中的可疑金融交易识别［M］．北京：经济管理出版社，2013.

[101] 张成虎，李霖魁．基于信息融合的多层次多因素客户洗钱风险综合评价研究［J］．湖南社会科学，2015（1）：116－121.

[102] 张成虎，孙陵霞．国际反洗钱预防政策的有效性及其衡量［J］．经济体制改革，2013（6）：156－160.

[103] 张成虎，孙陵霞．部门容忍洗钱动机研究——基于非法产品供需均衡的视角［J］．北京社会科学，2015（9）：39－47.

[104] 张成虎，王宝运．国际反洗钱新标准及我国反洗钱策略研究［J］．理论学刊，2012（6）：47－50＋128.

[105] 张合金，甘力，刘颖．基于委托－代理模型的反洗钱监管行为研究［J］．西南民族大学学报（人文社会科学版），2011（3）：121－127.

[106] 张蕾，郝薇薇．电子货币对反洗钱的新挑战［J］．云南社会科学，2004（6）：79－82.

[107] 张燕华，薛耀文. 金融机构客户洗钱风险评估——基于中国洗钱案例实证研究 [J]. 金融理论与实践，2015 (3)：24 - 29.

[108] 张自力. 国际反洗钱可疑交易报告制度改革：英国的实践与启示 [J]. 上海金融学院学报，2006 (2)：55 - 61.

[109] 郑重. 北京地区银行机构反洗钱约束激励机制调查研究 [J]. 北京金融评论，2016 (1)：205 - 211.

[110] 中国人民银行长沙中心支行反洗钱处课题组. 金融机构可疑交易报告有效性研究 [J]. 金融理论与实践，2011 (5)：40 - 44.

[111] 中国人民银行海口中心支行课题组，吴崇攀，玄立平. 银行代理保险业务的洗钱风险及防范对策 [J]. 上海金融学院学报，2014 (5)：90 - 95.

[112] 朱宝明. 我国银行业反洗钱的成本与收益分析——从博弈论的视角 [J]. 金融研究，2004 (4)：57 - 65.

[113] Ai L. "Rule - based but Risk - oriented" Approach for Combating Money Laundering in Chinese Financial Sectors [J]. Journal of Money Laundering Control, 2012, 15 (2): 198 - 209.

[114] Alexander K. The International Anti - Money - Laundering Regime: The Role of the Financial Action Task Force [J]. Journal of Money Laundering Control, 2001, 4 (3): 231 - 248.

[115] Alkaabi A., Mohay G., McCullagh A., et al. Money Laundering and FATF Compliance by the International Community [C], 2010.

[116] Araújo R. A. An Evolutionary Game Theory Approach to Combat Money Laundering [J]. Journal of Money Laundering Control, 2010, 13 (1): 70 - 78.

[117] Araújo R. A., Loureiro P. R. A. The Economic Foundations of Anti - Money Laundering Regulation [J]. Economic Analysis of Law Review, 2015, 6 (2): 322 - 332.

[118] Araújo R. A., Moreira T. B. S. An Inter - Temporal Model of Dirty Money [J]. Journal of Money Laundering Control, 2005, 8 (3): 260 - 262.

[119] Araujo R. A., Moreira T. B. S. An Economic Investigation of Confiscation as a Tool against Money Laundering [J]. Revista EconomiA, 2012, 13 (2): 1 - 10.

[120] Araújo R. S. A. Assessing the Efficiency of the Anti – Money Laundering Regulation: An Incentive – Based Approach [J]. Journal of Money Laundering Control, 2008, 11 (1): 67 – 75.

[121] Araújo R. S. A. Assessing the Efficiency of the Brazilian Anti – Money Laundering Regulation: a Game Theoretic Approach [J]. Revista de Economia Mackenzie, 2009, 7 (1): 30 – 42.

[122] Argentiero A., Bagella M., Busato F. Money Laundering in a Two – Sector Model: Using Theory for Measurement [J]. European Journal of Law and Economics, 2008, 26 (3): 341 – 359.

[123] Arnone M., Borlini L. International Anti – Money Laundering Programs. Empirical assessment and Issues in Criminal Regulation [J]. Journal of Money Laundering Control, 2010, 13 (3): 226 – 271.

[124] Arnone M., Padoan P. C. Anti – Money Laundering by International Institutions: A Preliminary Assessment [J]. European Journal of Law and Economics, 2008, 26 (3): 361 – 386.

[125] Bagella M., Becchetti L., Cicero M. L. Regional Externalities and Direct Effects of Legislation Against Money Laundering: A Test on Excess Money Balances in the Five Andean Countries [J]. Journal of Money Laundering Control, 2004, 7 (4): 347 – 366.

[126] Bagella M., Busato F., Argentiero A. Money Laundering in a Microfounded Dynamic Model: Simulations for the U. S. and the EU – 15 Economies [J]. Review of Law and Economics, 2009, 5 (2): 779 – 902.

[127] Baity W. Banking on Secrecy — The Price for Unfettered Secrecy and Confidentiality in the Face of International Organised and Economic Crime [J]. Journal of Financial Crime, 2000, 8 (1): 83 – 86.

[128] Barone R., Masciandaro D. Organized Crime, Money Laundering and Legal Economy: Theory and Simulations [J]. European Journal of Law and Economics, 2011, 32 (1): 115 – 142.

[129] Baumol W. Entrepeneurship: Productive, Unproductive and Destructive [J]. Journal of Political Economy, 1990, 98 (5): 893 – 921.

[130] BergstrÖM M., Helgesson K. S, MÖRth U. A New Role for For – Profit Actors? The Case of Anti – Money Laundering and Risk Management [J].

JCMS: Journal of Common Market Studies, 2011, 49 (5): 1043 - 1064.

[131] Bhattacharyya D. K. An Econometric Method of Estimating the "Hidden Economy," United Kingdom (1960 - 1984): Estimates and Tests [J]. Economic Journal, 1990, 100 (402): 703 - 717.

[132] Boles J. R. Financial Sector Executives as Targets for Money Laundering Liability [J]. American Business Law Journal, 2015, 52 (3): 365 - 433.

[133] Boorman J., Ingves S. Financial System Abuse, Financial Crime and Money Laundering—Background Paper [J]. Monetary and Exchange Affairs and Policy Development and Review Department, 12th February, IMF Washington, 2001: 22.

[134] Bosworth - Davies R. Living with the Law: A Survey of Money - Laundering Reporting Officers and Their Attitudes Towards the Money - Laundering Regulations [J]. Journal of Money Laundering Control, 1998, 1 (3): 245 - 253.

[135] Bosworth - Davies R. Money Laundering: Towards an Alternative Interpretation - Chapter two [J]. Journal of Money Laundering Control, 2006, 9 (4): 346 - 364.

[136] Bryans D. Bitcoin and Money Laundering: Mining for an Effective Solution [J]. Indiana Law Journal, 2014, 89 (1): 441 - 472.

[137] Burdon W. M., Harvey J. A Plea for Adoption of Ethical Compliance: Avoiding Pitfalls of Compliance Groupthink and Consulting [J]. Journal of Money Laundering Control, 2016, 23 (1): 187 - 200.

[138] Busato F., Chiarini B. Market and Underground Activities in a two Sector Dynamic Equilibrium Model [J]. Economic Theory, 2004 (23): 1 - 31.

[139] Camacho A. R. Modelling the Risk Profiles of Clients in the Fight Against Money Laundering and Terrorism Financing [J]. International Journal of Business and Economics, 2013, 12 (2): 97 - 120.

[140] Cindori S. Money Laundeirng: Correlation BetweenRisk Assessment and Suspicious Transanctions [J]. Financial Theory and Practice, 2013, 37 (2): 181 - 206.

[141] Collins R. Anti Money Laundering: A View from the Industry [J]. Journal of Money Laundering Control, 1999, 3 (2): 132 - 134.

[142] Cuéllar M - F. The Tenuous Relationship between the fight against

Money Laundering and the Disruption of Criminal Finance [J]. The Journal of Criminal Law and Criminology (1973 -), 2003, 93 (2/3): 311 - 466.

[143] Curtis E. S. , Waller C. J. A Search - Theoretic Model of Legal and Illegal Currency [J]. Journal of Monetary Economics, 2000, 45 (1): 155 - 184.

[144] Dragos R. International Organizations Involved in Money Laundering Prevention [J]. Seria Stiinte Socio - Umane si Juridice, 2010, LXII (1): 43 - 48.

[145] Dusabe F. Rwanda: Assessing the Effectiveness of Legal and Policy Responses to Fight Money Laundering [J]. Journal of Money Laundering Control, 2016, 19 (1): 21 - 31.

[146] El - QorchiM. Hawala [J]. Finance & Development, December, 2002: 33.

[147] Europol. Why is Cash still King? A Strategic Report on the Use of Cash by Criminal Groups as a Facilitators for Money Laundering [J]. Trends in Organized Crime, 2015 (18): 355 - 379.

[148] FATF, Financing of the Terrorist Organisation Islamic State in Iraq and the Levant [R]. 2015.

[149] FATF, Emerging Terrorist Financing Risks [R]. 2015.

[150] FATF, Terrorist Financing in Central and West Africa [R]. 2016.

[151] FATF, Financing of Recruitment for Terrorist Purposes [R]. 2018.

[152] Federco V. How Mafias Take Advantage of Globalization the Russian Mafia in Italy [J]. British Journal of Criminology, 2012, 52 (2): 235 - 253.

[153] Ferwerda J. The Economics of Crime and Money Laundering: Does Anti - Money Laundering Policy Reduce Crime? [J]. Review of Law and Economics, 2009, 5 (2): 903 - 929.

[154] Ferwerda J. , Kattenberg M. , Chang H - H, et al. Gravity Models of Trade - based Money Laundering. DNB Working Paper No. 318: http: //ssrn. com/abstract = 1943473, 2011.

[155] Freeman, M. Terrorism Financing Case Study [M]. Ashgate Publishing Limited, Farnham, 2012: 9.

[156] Friesendorf C. Squeezing the Balloon? [J]. Crime, Law and Social Change, 2005, 44: 35 - 78.

[157] Garcia, S. International Conference on Financial Crime and Terrorism Financing 2014 [J]. The Evolution of Compliance, 2014: 8 - 9.

[158] Geiger H., Wuensch O. The Fight against Money Laundering: An Economic Analysis of a Cost - Benefit Paradoxon [J]. Journal of Money Laundering Control, 2007, 10 (1): 91 - 105.

[159] Giles D. E. A. Measuing the Hidden Economy: Implications for Econometric Modelling [J]. Economic Journal, 1999, 109 (456): 370 - 380.

[160] Gill M., Taylor G. Preventing Money Laundering or Obstructing Business? Financial Companies' Perspectives on "Know Your Customer" Procedures [J]. British Journal of Criminology, 2004, 44 (4): 582 - 594.

[161] Gnutzmann H., McCarthy K. J, Unger B. Dancing with the Devil: Country Size and the Incentive to Tolerate Money Laundering [J]. International Review of Law and Economics, 2010, 30 (3): 244 - 252.

[162] Haigner S. D., Schneider F., Wakolbinger F. Combating Money Laundering and the Financing of Terrorism: A Survey. Economics of Security Working Paper Series 65: Berlin, 2012: 1 - 106.

[163] Harvey J. An Evaluation of Money Laundering Policies [J]. Journal of Money Laundering Control, 2005, 8 (4): 339 - 345.

[164] Heilmann S., Schulte - Kulkmann N. The Limits of Policy Diffusion: Introducing International Norms of Anti - Money Laundering into China's Legal System [J]. Governance, 2011, 24 (4): 639 - 664.

[165] Hinterseer K. An Economic Analysis of Money Laundering [J]. Journal of Money Laundering Control, 1997, 1 (2): 154 - 164.

[166] Huang J. Y. Effectiveness of US Anti - Money Laundering Regulations and HSBC Case Study [J]. Journal of Money Laundering Control, 2015, 18 (4): 525 - 532.

[167] Hülsse R. Even Clubs Can't Do Without Legitimacy: Why the Anti - Money Laundering Blacklist Was Suspended [J]. Regulation & Governance, 2008, 2 (4): 459 - 479.

[168] Issaoui F., Wassim T., Hassen T. The Effects of Money Laundering (ML) on Growth: Application to the Gulf Countries. Federal Reserve Bank of St Louis: St. Louis, 2016.

[169] Jensen N., Png C - A. Implementation of the FATF 40 + 9 Recommendations: A Perspective from Developing Countries [J]. Journal of Money Laundering Control, 2011, 14 (2): 110 - 120.

[170] Johnson J. Australia: Attitudes to Extending the Scope of Anti - Money Laundering Legislation [J]. Journal of Money Laundering Control, 2001, 5 (1): 16 - 24.

[171] Johnson J., Lim Y. C. D. Money Laundering: Has the Financial Action Task Force Made a Difference? [J]. Journal of Financial Crime, 2002, 10 (1): 7 - 22.

[172] Jayasree V., Balan R. V. S. Money Laundering Regulatory Risk Evaluation Using Bitmap Index - Based Decision Tree [J]. Journal of the Association of Arab Universities for Basic and Applied Sciences, 2016: 1 - 7.

[173] Keikha M., Salmani K., Nikjoo G. Innovation a Modern Model for Estimating Volume of Money Laundering [J]. Journal of Economics and Sustainable Development, 2012, 3 (2): 10 - 17.

[174] Keiman J. H. C. States Can Play, Too: Constructing a Typology of State Participation in Illicit Flows [J]. Crime Law Soc Change, 2018 (64): 37 - 55.

[175] Kersop M., Toit. SFd. Anti - Money Laundering Regulations and the Effective Use of Mobile Money in South Africa - Part 2 [J]. Potchefstroom Electronic Law Journal, 2015, 18 (5): 1637 - 1668.

[176] Krämer G. Combating Money Laundering by German Banks—Results of an Empirical Survey [J]. Banks and Bank Systems, 2009, 4 (3): 12 - 19.

[177] Levi M. How Well do Anti - Money Laundering Controls Work in Developing Countries? In: Reuter P., editor. Draining Development? Controlling Flows of Illicit Funds from Developing Countries. The World Bank: Washington DC, 2012.

[178] Lukito A. S. Financial Intelligent Investigations in Combating Money Laundering Crime: An Indonesian Legal Perspective [J]. Journal of Money Laundering Control, 2016, 19 (1): 92 - 102.

[179] Machado M. Similar in Their Differences: Transnational Legal Processes Addressing Money Laundering in Brazil and Argentina [J]. Law & Social In-

quiry, 2012, 37 (2): 330 – 366.

[180] Maggetti M. Promoting Corporate Responsibility in Private Banking: Necessary and Sufficient Conditions for Joining the Wolfsberg Initiative against Money Laundering [J]. Business & Society, 2012: 1 – 33.

[181] Marie W. Emerging Informal Network Structures in Global Governance inside the Anti – Money Laundering Regime [J]. Nordic Journal of International Law, 2008, 77 (4): 509 – 531.

[182] Masciandaro D. Money Laundering, Banks and Regulators: An Economic Analysis [J]. IGIER Working Paper Series, Bocconi University, 1995, 73.

[183] Masciandaro D. Money Laundering Regulation: the Micro Economics [J]. Journal of Money Laundering Control, 1998, 2 (1): 49 – 58.

[184] Masciandaro D. Money Laundering: the Economics of Regulation [J]. European Journal of Law and Economics, 1999, 7 (3): 225 – 240.

[185] Masciandaro D. The Illegal Sector, Money Laundering and the Legal Economy: A Macroeconomic Analysis [J]. Journal of Financial Crime, 2000, 8 (2): 103 – 112.

[186] Masciandaro D. False and Reluctant Friends? National Money Laundering Regulation, International Compliance and Non – Cooperative Countries [J]. European Journal of Law and Economics, 2005, 20 (1): 17 – 30.

[187] Masciandaro D. Financial Supervisory Unification and Finance Intelligence Units [J]. Journal of Money Laundering Control, 2005, 8 (4): 354 – 370.

[188] Masciandaro D., Filotto U. Money Laundering Regulation and Bank Compliance Costs: What do Your Customers Know? Economics and the Italian Experience [J]. Journal of Money Laundering Control, 2001, 5 (2): 133 – 145.

[189] Masciandaro D., Portolano A. It Takes Two to Tango: International Financial Regulation and Offshore Centres [J]. Journal of Money Laundering Control, 2003, 6 (4): 311 – 330.

[190] Masciandaro D., Unger B. Black Finance: The Economics of Money Laundering [M]. Cheltenham: Edward Elgar, 2007.

[191] Masharsky A., Mensleris R. Economic Aspects of Anti – Money Laundering In Latvian Banking System [J]. Human Resources: The Main Factor

of Regional Development, 2011 (5): 188 - 196.

[192] McCarthy K. J. , Santen P. V. , Fiedler I. Modeling the Money Launderer: Microtheoretical Arguments on Anti - Money Laundering Policy [J]. International Review of Law & Economics, 2015, 43: 148 - 155.

[193] Metz - Diuorkin A. A Call For Sanctions: Argentina's Black Market Currency Whitening and Violations of International Anti - Money Laundering Conventions and Protocols [J]. George Washington International Law Review, 2016, 48 (2): 441 - 474.

[194] Moiseienko A. "No safe haven": Denying Entry to the Corrupt as a new Anti - Corruption Policy [J]. Journal of Money Laundering Control, 2015, 18 (4): 400 - 410.

[195] Morris - Cotterill N. The International Effect of Money Laundering Laws [J]. Journal of Financial Regulation and Compliance, 1996, 4 (1): 67 - 81.

[196] Moreira T. B. S. , Sachsida A. , Loureiro P. R. A. A Dynamic Model of Organized Crime and Money Laundering [J]. Economics and Finance Review, 2012, 1 (11): 42 - 47.

[197] Mugarura N. Uncoupling the Relationship Between Corruption and Money Laundering Crimes [J]. Journal of Financial Regulation and Compliance, 2016, 24 (1): 74 - 89.

[198] Muthoo A. Bargaining Theory and Applications [M]. Cambridge, UK: Cambridge University Press, 1999.

[199] Nagi N. Regulating Cryptocurrency to Prevent Fraud and Money Laundering [D]. Ann Arbor: Utica College, 2014.

[200] Nicol M. , al e. U. S. and International Anti - Money Laundering Developments [J]. International Lawyer, 2011, 45 (1): 365 - 379.

[201] Nikolosk S. , Simonovski I. Role of Banks as Entity in the System for Prevention of Money Laundering in the Macedonia [J]. Procedia - Social and Behavioral Sciences, 2012, 44 (0): 453 - 459.

[202] Olaim AMAA, Rahman A. A. The Impact of Jordanian Anti - Money Laundering Laws on Banks [J]. Journal of Money Laundering Control, 2016, 19 (1): 70 - 78.

[203] Omar N., Johari Z. A., Arshad R. Money Laundering – FATF Special Recommendation VIII: A Review of Evaluation Reports [J]. Procedia – Social and Behavioral Sciences, 2014, 145: 211 –225.

[204] Otusanya O. J., Ajibolade S. O., Omolehinwa E. O. The Role of Financial Intermediaries in Elite Money Laundering Practices: Evidence from Nigeria [J]. Journal of Money Laundering Control, 2012, 15 (1): 58 –84.

[205] Pamplin B. A. Virtual Currencies and the Implications for U. S. Anti – Money Laundering Regulations [D]. Ann Arbor: Utica College, 2014.

[206] Patrick J. O' Halloran, Christian Leuprecht, Ali Ghanbar Pour Dizboni, Alexandra Green, David Adelstein. The Terrorist Resourcing Model Applied to Canada [J]. Journal of Money Laundering Control, 2018, 21 (1): 33 –46.

[207] Pellegrina L. D., Masciandaro D. The Risk – Based Approach in the New European Anti – Money Laundering Legislation: A Law and Economics View [J]. Review of Law and Economics, 2009, 5 (2): 931 –952.

[208] Perspective FMDS – ACJ. Money Laundering Through Art [M]. Springer International Publishing Switzerland, 2013.

[209] Peter R., Edwin M. T. Chasing Dirty Money: The Fight against Money Laundering [M]. Washingtion, D. C.: Institute for International Economics, 2004.

[210] Pieth M., Aiolfi G. A Comparative Guide to Anti – Money Laundering: A Critical Analysis of Systems in Singapore, Switzerland, the UK and the USA [M]. Cheltenham: Edward Elgar, 2004.

[211] Plantin JM. Complicity in the Wire Transfer Process a Cause for Increased Money Laundering [D]. Ann Arbor: utica College, 2014.

[212] Quirk P. J. Macroeconomic Implications of Money Laundering [J]. Trends in Organized Crime, 1997, 2 (3): 10 –14.

[213] Rahn R. W. Why the War on Money Laundering should be Aborted [J]. Financial Cryptography, 2002, 2339: 149 –155.

[214] Reuter P., Truman E. M. Anti – Money Laundering Overkill? [J]. International Economy, 2005, 19 (1): 56 –60.

[215] Reynolds J. A. The New US Anti – Money Laundering Offensive: Will It Prove Successful? [J]. Cross Cultural Management: An International Journal,

2002, 9 (3): 3 –31.

[216] Rubinstein A. Perfect Equilibrium in Bargaining Model [J]. Ecomometrica, 1982, 50: 97 –109.

[217] Rusmin R., Brown A. M. Indonesian Stakeholder Viewpoints of Indonesia's Anti – Money Laundering Legislation [J]. Journal of Money Laundering Control, 2008, 11 (3): 261 –268.

[218] Schneider F. Shadow Economies and Corruption All Over the World: What do We really Know? The Open Access, Open Assessment E – Journal. Economics Discussion Papers 2007 –9, 2007: 1 –66.

[219] Schneider F. Turnover of Organized Crime and Money Laundering: Some Preliminary Empirical Findings [J]. Public Choice, 2010, 144 (3): 473 –486.

[220] Schneider F., Windischbauer U. Money Laundering: Some Facts [J]. European Journal of Law and Economics, 2008, 26 (3): 387 –404.

[221] Seccombe R. Squeezing the Balloon: International Drugs Policy [J]. Drug and Alcohol Review, 1995 (14): 311 –316.

[222] Shah S. A. H., Khan S. Governance of Money Laundering: An Application of the Principal – Agent Model [J]. Pakistan Development Review, 2006, 45 (4): 1117 –1133.

[223] Shah S. A. H, Khan S. Anti – Money Laundering Mechanism: An Application of Principal – Agent Model for Pakistan [J]. International Journal of Human Development, 2007, 3 (1): 61 –82.

[224] Sharman J. C. Power and Discourse in Policy Diffusion: Anti – Money Laundering in Developing States [J]. International Studies Quarterly, 2008, 52 (3): 635 –656.

[225] Simwayi M., Guohua W. The Role of Commercial Banks in Combating Money Laundering [J]. Journal of Money Laundering Control, 2011, 14 (4): 324 –333.

[226] Soudjin M. Hawala and Money Laundering: Potential Use of Red Flags for Persons Offering Hawala Services [J]. European Journal of Criminal Policy and Research, 2014.

[227] Stack G. Money Laundering in Ukraine [J]. Journal of Money Laun-

dering Control, 2015, 18 (3): 382 – 394.

[228] Stuhlmiller L. Mitigating Virtual Money Laundering: An Analysis of Virtual Worlds and Virtual Currencies [D]. Ann Arbor: Utica College, 2013.

[229] Takáts E. A Theory of "Crying Wolf": The Economics of Money Laundering Enforcement [J]. Journal of Law, Economics, and Organization, 2011, 27 (1): 32 – 78.

[230] Tang X., Shi Y. Y., Cao Z. Y. The Effectiveness of China's Anti – Money Laundering Policies [J]. China Economist, 2010 (24): 80 – 92.

[231] Tanzi V. Money Laundering and the International Financial System. International Monetary Fund Working Paper. The International Monetary Fund, 1996: 186 – 200.

[232] Todd D. Cleaning Up Anti – Money Laundering Strategies: Current FATF Tactics Needlessly Violate International Law [J]. Houston Journal of International Law, 2002, 24 (2): 279 – 313.

[233] Tropina T. Fighting Money Laundering in the Age of Online Banking, Virtual Currencies and Internet Gambling [J]. ERA – Forum, 2014, 15 (1): 69 – 84.

[234] Unger B. The Amounts and the Effects of Money Laundering [M]: Cheltenham: Edward Elgar, 2007.

[235] Unger B. Money Laundering—A Newly Emerging Topic on the International Agenda [J]. Review of Law and Economics, 2009, 5 (2): 807 – 819.

[236] Unger B., Ferwerda J. Regulating Money Laundering and Tax Havens: The Role of Blacklisting [J]. Tialling C Koonmans Institute Discussion Paner Seriesnr: 08 – 12, 2008: 1 – 33.

[237] Unger B., Hertog J. D. Water Always Finds Its Way: Identifying New Forms of Money Laundering [J]. Crime, Law and Social Change, 2012, 57 (3): 287 – 304.

[238] Unger B., Rawlings G. Competing for Criminal Money [J]. Global Business and Economics Review, 2008, 10 (3): 331 – 352.

[239] Unger B., Waarden F. V. How to Dodge Drowning in Data? Rule – and Risk – Based Anti Money Laundering Policies Compared [J]. Review of Law and Economics, 2009, 5 (2): 953 – 985.

[240] Walker J. Estimates of the Extent of Money Laundering in and through Australia [J]. Australian Transactions Research and Analysis Centre, Sydney, 1995.

[241] Walker J. How Big is Global Money Laundering? [J]. Journal of Money Laundering Control, 1999, 3 (1): 25 – 37.

[242] Walker J., Unger B. Measuring Global Money Laundering: "The Walker Gravity Model" [J]. Review of Law and Economics, 2009, 5 (2): 821 – 853.

[243] Wood K. P. Anti – money Laundering in Banking: an Enterprise – wide Risk Approach [D]. Ann Arbor: Utica College, 2014.

[244] Zaiton Hamin, Rohana Othman, Normah Omar, Hayyum Suleikha Selamat. Conceptualizing Terrorist Financing in the Age of Uncertainty [J]. Journal of Money Laundering Control, 2016, 19 (4): 397 – 406.

[245] Zdanowicz J. S. Trade – based Terrorist Financing Analysis: Suspicious Trade with Al Qaeda Countries [J]. International Trade Alert Working Paper, 2005.

[246] Zdanowicz J. S. Trade – Based Money Laundering and Terrorist Financing [J]. Review of Law and Economics, 2009, 5 (2): 855 – 878.